通化
统计年鉴
2016

通 化 市 统 计 局
国家统计局通化调查队 编

中国统计出版社
China Statistics Press

图书在版编目（CIP）数据

图书在版编目（ＣＩＰ）数据

通化统计年鉴. 2016 / 通化市统计局, 国家统计局通化调查队编. -- 北京 : 中国统计出版社, 2016.10
ISBN 978-7-5037-7971-8

Ⅰ. ①通… Ⅱ. ①通… ②国… Ⅲ. ①统计资料－通化－2016－年鉴 Ⅳ. ①C832.344-66

中国版本图书馆 CIP 数据核字(2016)第 217373 号

通化统计年鉴-2016

作　　者/通化市统计局　国家统计局通化调查队
责任编辑/佘竞雄
装帧设计/李雪燕
出版发行/中国统计出版社
通信地址/北京市丰台区西三环南路甲 6 号　邮政编码/100073
电　　话/邮购（010）63376909　书店（010）68783171
网　　址/http://www.zgtjcbs.com/
印　　刷/通化新华印务有限公司
经　　销/新华书店
开　　本/880mm×1230mm　1/16
字　　数/680 千字
印　　张/22
版　　别/2016 年 12 月第 1 版
版　　次/2016 年 12 月第 1 次印刷
定　　价/298.00 元

如有印装差错，由本社发行部调换。

《通化统计年鉴-2016》

编委会和编辑人员

编辑委员会

编　辑　部

编者说明

一、《通化统计年鉴 2016》是一部全面反映通化市经济和社会发展情况的资料性年刊。本年鉴收录整理了全市和各县（市、区）2015 年经济和社会方面大量统计数据，主要统计数据延展到有关年份。

二、全书内容分为两部分，第一部分综述，即通化市人民政府工作报告、通化市 2015 年国民经济和社会发展计划执行情况与 2016 年国民经济和社会发展计划(草案)的报告、通化市 2015 年预算执行情况和 2016 年预算草案的报告。第二部分统计资料，即，1.行政区划和土地面积；2.综合；3.人口；4.从业人员和职工工资；5.固定资产投资；6.能源消费；7.财政、金融和保险；8.物价；9.人民生活；10.城市建设和环境保护；11.农业；12.工业；13.建筑业；14.交通运输和邮电通信业；15.贸易、外经和旅游业；16.教育和文化事业；17.体育和卫生事业；18.基本单位情况；19.城市社会经济基本情况。

三、本年鉴大部分资料来自定期统计报表和抽样调查，其中 2015 年数据为初步核算数，部分资料来自相关部门。对过去发表的有关数据凡与本年鉴有出入的，均以本年鉴为准。

四、地区生产总值、各产业增加值绝对数按当年价格计算,增长速度按可比价格计算；其他指标的增长率均按现价计算的名义增长率。第三次经济普查后，将 2013 年 GDP 数据进行了总量调整，增长速度没有改变。2014 年数据是以 2013 年普查年度数据为基期进行核算的，同时各县（市、区）也同时进行相应调整。2015 年当年价 GDP 统一核算而调整数据，与 2014 年不可比。

五、本年鉴“空格”表示该项指标数据不详或无该项数据，“#”表示其中项。

六、本年鉴的编辑出版得到市直有关部门、各县（市、区）政府及有关企事业单位的大力支持，我们对此表示诚挚的谢意。

七、由于编写时间仓促，编辑人员水平有限，难免有疏漏和错误，敬请批评指正。

《通化统计年鉴》编辑部

二〇一六年九月二十日

目　　录

Contents

第一部分　综　述

第二部分　统计资料

八、物　价

九、人民生活

十、城市建设和环境保护

十一、农　业

十二、工　业

十三、建筑业

十四、交通运输和邮电通信业

十五、贸易、外经和旅游业

十六、教育和文化事业

十七、体育和卫生事业

一、综　述

政府工作报告

——2016 年 1 月 12 日在通化市第七届

人民代表大会第四次会议上

各位代表:

现在，我代表市政府，向大会作政府工作报告，请予审议，并请市政协各位委员提出意见。

一、“十二五”和 2015 年工作回顾

“十二五”是我市应对复杂挑战、经受严峻考验、取得重大成就的五年。五年来，我们在省委、省政府和市委的正确领导下，在市人大、市政协的监督支持下，坚持稳中求进工作总基调，统筹稳增长、调结构、促改革、惠民生，扎实进取，奋力拼搏，圆满完成了“十二五”规划确定的各项任务。

——综合实力显著增强。预计 2015 年实现地区生产总值 1059 亿元，是 2010 年的 1.7 倍，年均增长 10.9%; 地方级财政收入 78.1 亿元，是 2010 年的 2.3 倍，年均增长 18.1%; 规模以上工业总产值 2118 亿元，是 2010 年的 2.3 倍，年均增长 18.1%; 社会消费品零售总额 479 亿元，是 2010 年的 2 倍，年均增长 14.2%; 固定资产投资累计完成 3853 亿元，比“十一五”净增 1914 亿元，年均增长 17.3%。医药产业产值年均增长 29.4%，食品、建材、装备制造等支柱优势产业和战略性新兴产业、山区特色农业加快发展，新增规模以上工业企业 144 户、国家级高新技术企业 13 户、中国驰名商标 11 件，旅游收入是 2010 年的 3.3 倍，民营经济占 GDP 的比重达到 53%。

——改革开放成果丰硕。经济体制改革富有成效，社会体制、民主法制改革取得重大进展，生态文明、文化体制改革扎实推进，一些制约发展的深层次矛盾得到有效破解，开放型经济达到新水平。医药高新区晋升为国家级高新区，国家农业科技园区规划建设获得批准，7 个省级开发区创新发展成果持续扩大。招商引资到位资金 2860 亿元，实际利用外资 16.9 亿美元，一批国内外知名企业落户通化。境内外上市企业达到 19 户。外贸进出口总额累计完成 29.4 亿美元。通道建设实现重大突破，至沈阳、丹东、长春 3 条高速公路全线贯通，通丹铁路建成通车，通化机场实现通航，通化的区位优势明显提升。

——城乡面貌发生较大变化。市区城建投资 210 亿元，完成 50 多项重点工程，城市功能和品位加速提升。“暖房子”工程改造面积 774 万平方米，获“中国人居环境范例奖”; 拆迁棚户区 50112 户，改造棚户区 580 万平方米; 集中供热率、供水普及率、垃圾处理率分别达到 95%、92%、96.8%，燃气用户发展到 10.2 万户; 改造建设了 118 条街路巷路、10 座桥梁、6 个公园广场，新增绿地面积 447 万平方米; 江南新区初具规模。县域综合发展能力持续增强，特色鲜明的县城形象进一步展现。实施新农村建设项目 2.3 万个，建成省级示范村、重点村 275 个，修建农村公路 1988 公里、江河堤防 256 公里，植树造林 60.5 万亩，连续 61 年无重大森林火灾，农村人居环境明显改善。

——人民生活水平进一步提高。坚持实施民生工作计划，每年为群众办 100 多件实事。城镇居民人均可支配收入由 16704 元增加到 28436 元，年均增长 11.2%; 农村居民人均可支配收入由 6572 元增加到 10621 元，年均增长 10.1%。企业退休人员养老金、城市和农村低保标准分别提高 60.7%、73.1%和 84.4%，城乡养老、城镇医疗、新农合保障实现全覆盖，工伤、生育保险和住房公积金参保人数分别增长 50.4%、34.4%、19.2%，全方位救助体系基本形成。保障性安居工程、农村危房改造全面推进，24.8 万户住房困难群众居住条件得到改善。解决了 56 万农村人口的饮水安全问题。教育、卫生、体育事业长足进步，文化事业和文化产业蓬勃发展，人民群众幸福感进一步增强。

各位代表！刚刚过去的2015年，面对经济下行压力加大的外部环境和艰巨繁重的改革发展稳定任务，我们强力推进振兴发展落实年攻坚战，抓招商、落项目、保运行，主动作为，精准发力，全市经济社会发展稳中有进、总体向好。预计地区生产总值增长7%，固定资产投资增长12%，社会消费品零售总额增长9%，规模以上工业总产值增长10.2%。受“营改增”、部分重点税种税率调整等因素影响，地方级财政收入下降6.7%。一年来，脚踏实地做了以下主要工作：

一是全力稳定了经济增长。把稳投资作为稳增长的关键，加大重点产业、基础设施、社会民生等投资，组织开展重大项目巡检活动，亿元以上在建项目达到360个、新上项目占47.8%。修正医药科技产业园等40个10亿元以上项目开工建设，东宝120万瓶人血清白蛋白、天实5000万瓶大容量注射剂、金马异地新建等项目建成投产。招商引资到位资金831亿元，实际利用外资4.3亿美元，上海万峰等100个亿元以上项目落地开工。通梅高速公路竣工通车，通靖高速公路路基工程完工，通集、辉白高速公路开始征地拆迁。城市地下综合管廊列入全省试点，开工15.4公里，建成廊体3.5公里。全力以赴稳工业，定向精准施策，工业增速在全省“领跑”。工业企业扩能提升和“巨人”企业培育计划全面推进，131个技改升级工程启动实施，5户企业完成并购重组，30种新产品实现规模化生产，重点培育的60户“巨人”企业产值增长20%，修正药业进入中国企业500强。积极应对钢铁行业“严冬”，支持服务通钢解决生产经营难题，环保控制区拆迁安置工程顺利完成，冶金产业园建设扎实推进。7个江东老工业区搬迁改造项目列入国家支持范围。对中小微企业落实税收优惠政策、减免税收1.5亿元，扩大“营改增”试点范围、直接减税3.1亿元，新增本外币贷款105亿元，这些措施实实在在为企业减了负、输了血、增加了活力。

二是加快了产业结构调整。制定了绿色转型发展规划和医药健康、食品等5个产业发展实施意见。大健康产业布局全面展开，争取到了全省56%的医药健康产业专项资金等支持政策，生物医药集聚区试点通过国家评审，累计85户医药企业通过新版GMP认证，医药产业产值达到1100亿元。医药高新区引进亿元以上项目27个，高端产业集聚平台作用开始显现。食品、建材、装备制造、化工产业增速均超过10%。益盛汉参等人参产业项目快速推进，快大人参交易市场投入运营，人参产业产值增长30%。鸭绿江河谷葡萄种植达到2.1万亩，汇源酒庄等项目建成投产，葡萄酒产业产值增长20%。通化山葡萄酒和万通药业荣登中国品牌价值榜。评选推出“通化旅游十景”，龙溪健康养生谷等20个重点旅游项目开工，集安市、辉南县分别被评为国家级生态文明旅游示范区、全国休闲农业与乡村旅游示范县，高句丽文物景区晋升5A级通过评审，旅游收入增长25%。红星美凯龙家居购物中心建成开业。注册开业电商超过1万户，“9521”买药网等电商平台上线运营，吉林省人参电子交易平台试运营，国富人参交易中心获省政府批准，通化县成为全国电子商务进农村综合示范县。三次产业结构调整到9:53:38，现代服务业投资比重比上年提高2个百分点。

三是推动了农业转型和县域发展。粮食生产再获丰收，总产量达到45亿斤。新建粮油高产万亩示范区41个、高标准基本农田10.7万亩、科学储粮仓5000套，完成水利工程61项。建设标准化牧业小区201个，畜禽规模化养殖比重达到85%。建成农特产业示范基地15个，食（药）用菌、鲜食玉米、山核桃等特色产业得到了较快发展。新增棚膜蔬菜面积4000亩。实施千万元以上农业产业化项目20项，规模以上龙头企业达到270户。新创绿色有机无公害农产品标识20个。新增家庭农场167个、农民专业合作社538个，土地流转面积达到128.5万亩，完成196个试点村土地确权登记工作。新农村建设取得实效，45个省级重点村完成省补项目70项。县域经济实现平稳较快发展。梅河口市扩权强县试点成效突出，发展活力显著增强。集安市推动开放发展，被省委、省政府确定为扩权强县试点。辉南县推动朝（朝阳镇）辉（辉南镇）一体化建设，产业集群集聚步伐加快。柳河县强化项目攻坚，特色产业、生态农业快速发展。通化县推进创新突破，生物制药等战略性新兴产业增势强劲。在全省县域发展综合考评排序中，梅河口市位列第1，通化县、柳河县、集安市、辉南县分列第9、11、18和20位，我市被评为组织推动工作先进单位。

四是加强了城市建设和管理。市区改造各类棚户区100万平方米，开工率居全省第1位，货币化安置拆迁户的做法在全省推广。综合整治老旧住宅小区24万平方米；通化大街工程开工，升级改造街路巷路

36 条，滨江堤防加固改造、二道江公铁立交等 4 座桥梁改造建设和绿化美化亮化、玉皇山公园改造等工程如期完工，佟佳江公园建成开放；城市二次供水改造 3 年任务 2 年完成，解决了 9.4 万户居民用水和水质安全问题，在全国作了经验介绍；72 公里灰口铸铁燃气管网改造全面完成，燃气管网老化的安全问题得到有效改善；完成天然气门站及管线建设；新增供热面积 100 万平方米，热网监控和服务管理实现智能化；改造地下排水管网 30.2 公里、供水管网 21 公里；建成水冲公厕 25 座；开展文明交通城市创建活动，施划停车泊位 9000 个；新建公交候车亭 22 个，新增新能源公交车 30 辆，成为全国公交“一卡通”互联互通试点城市；综合整治市容环境，严格城区文明祭祀管理，城市管理效能进一步增强。物业管理覆盖率达到 65%。新型城镇化规划编制和中心城市总体规划评估工作全面完成，“城中村” 改造扎实推进。东昌区推动产城融合发展，城镇化建设迈出新步伐。二道江区狠抓城区和工矿区改造，公共服务设施明显改观。我市列入国家智慧城市试点，成为全国首批、全省首个全光网城市。

五是狠抓了生态环境保护建设。生态保护红线划定工作开始启动，创建全国国土资源节约集约模范市通过验收，完成大气污染治理、污染物减排和重点流域污染防治项目 69 个，累计淘汰燃煤小锅炉 118 台，注销黄标车 1060 辆，农村环境连片整治、哈泥河水源保护取得新进展。成功申报“中国野生山核桃之乡”，林地清收走在全省前列。完成了佛山等 7 个地质灾害及矿山地质环境治理工程，南山生态移民工程启动实施，垃圾焚烧发电工程开工。通化县成为全省首个国家级生态县，柳河、集安成为省级生态县。新增省级生态乡镇 7 个、生态村 15 个，石湖保护区晋升为国家级自然保护区。我市被确定为全国地级市唯一生态系统生产总值（GEP）核算试点，被评为全国首批绿色发展优秀城市。

六是统筹推进了改革创新工作。市级层面 106 项改革任务全部完成。市政府部门权力清单对外公布，行政职权、许可事项分别削减 44%、45.7%，部门和项目进厅率达到 100%，向东昌区、二道江区和医药高新区下放管理权限 26 项。实施重点项目“一站式办理、并联式审批”流程再造，平均压缩审批时间 80 天。完成不动产统一登记职责整合和机构组建。推行“五证合一、一照一码”，新登记内资企业增长 13.8%。建立并推进了国家新政策辅导机制，辅导各类企业 2800 户次。在全省率先实施收购现房安置棚改户政策，回购存量商品房 50 万平方米。制定了利用 PPP 模式引入社会资本加快市政设施建设试行办法，29 个 PPP 项目纳入全省储备库。信通融资担保公司和通粮集团组建工作扎实推进。嘉浩盈华股权投资基金进入通化。正和药业等 5 户企业在“新三板”和上海股交中心挂牌。列入国家和省科技专项 80 项，新增省级科技企业 34 户、省级企业技术中心 4 户，东宝药业被认定为国家技术创新示范企业。成功举办了长白山医药健康产业发展论坛和科技成果对接会等活动，累计与“十四校两所”签订科技战略合作协议，吉林大学技术转移中心和全省首家医药行业知识产权维权中心在我市成立。

七是着力保障和改善了民生。承诺的“十大民生工程”、107 件民生实事按期完成。城镇新增就业 4.1 万人，农村劳动力转移就业 25.7 万人。城乡居民养老保险实施并轨，企业退休人员月人均养老金增加 214 元，城市低保月标准、农村低保年标准分别提高到 450 元和 2600 元，新农合政府补贴人均增至 380 元。机关事业单位养老保险制度改革全面启动。市区安置棚改居民 7318 户，建设公共租赁住房 6 万平方米，1.6 万户低收入住房困难家庭享受到租赁补贴。改造农村危房 5822 户。协调发展各项社会事业，新建改建幼儿园 59 所，改造了 30 所学校的基础设施，取消了普通高中择校生，5 个县（市、区）通过国家义务教育均衡发展评估认定。通化师院应用技术学院获批成立；县级公立医院改革全面推开，基本公共卫生计生服务逐步实现均等化，传染病防治水平稳步提升。完成 259 所村卫生室标准化建设。我市被确定为全省中医药综合改革示范区；建成 24 个社区老年人日间照料中心；成功举办通化市田径运动会和市民、农民文化节，社区活动室、乡镇文化站实现全覆盖。佟江文化创意产业园投入运营，丸都山城遗址本体保护工程全面启动。实施了无线数字电视惠民工程。市全民健身中心开工建设，科技文化活动中心对外开放。组织开展了纪念抗日战争胜利 70 周年系列活动，全省纪念东北抗联精神大会在我市举行。民族团结进步和妇女儿童、老龄、残疾人事业全面发展。被评为全国未成年人思想道德建设先进城市。军民共建再创佳绩，通过全国双拥模范城“八连冠”检查验收。

八是加强了政风建设和公共服务管理。扎实开展“三严三实”专题教育，组织开展了“机关作风建设年”活动，一批群众反映强烈的问题得到解决。积极推进法治政府建设，自觉接受市人大及其常委会的法律监督、工作监督和市政协的民主监督。办结人大代表建议75件、政协提案133件。“六五”普法全面完成。制定出台“三重一大”事项集体决策、重大决策专家咨询论证等制度规定35项。政务微博“通化发布”获全省城市新媒体综合影响力奖。加强廉政建设，落实行政监察，完善审计监督，查处了一批违法违纪案件。化解信访积案1208件，信访总量、进京非正常访数量分别下降16.5%和65%。市长公开电话受理群众来电5.5万件。排查整改安全隐患10379项，被评为全国安全生产月活动先进单位。“食品药品生产质量管理提升年”活动取得阶段性成果，各县（市）均被评为全省食品药品安全示范县（市）。妥善处置“7·01”集安重大涉外交通事故，得到了省委、省政府充分肯定和国务院应急办通报表扬。持续开展严打整治专项行动，深化反恐防暴和边境地区管控，圆满完成一系列重大活动安保任务，确保了全市政治稳定、社会稳定、治安稳定和边境稳定。

各位代表！过去一年和“十二五”的成绩来之不易，这里饱含着省委、省政府对通化发展的亲切关怀，凝聚着全市广大人民群众的辛勤汗水。这些成绩是市委正确领导的结果，是市人大、市政协监督支持的结果。在此，我代表市政府，向全市各族人民，向人大代表、政协委员，向各民主党派、工商联、无党派人士和各人民团体，向驻通国省属单位、驻通部队和武警官兵，向所有关心支持通化发展的同志们、朋友们，表示衷心的感谢！

在总结成绩的同时，我们也清醒地认识到存在的问题：经济发展面临较大下行压力，增长动力转换较慢，冶金行业和部分企业生产经营困难较多，财政收支矛盾凸显；服务业发展相对滞后，缺少大项目、好项目支撑，科技创新能力不强，推动产业转型升级需下更大力气；区域发展不平衡、不协调，医药高新区辐射带动作用远未形成，市本级实力不强、亟待提速发展；创新社会治理面临许多新情况、新问题，不稳定因素依然较多，安全生产形势不容乐观，一些群众的利益诉求还没有得到很好解决，维护社会和谐稳定的任务还很繁重；政风建设有待进一步加强，一些公职人员懒政怠政、不敢担当、不善作为、效率不高、执行力不强，违法违纪案件仍有发生，软环境仍亟待改善。对于这些问题，我们将在今后工作中加倍努力，采取有效措施，认真加以解决。

二、“十三五”发展目标和重点任务

“十三五”是我市绿色转型发展的攻坚期，是全面建成小康社会的决胜期，尽管宏观形势和外部环境错综复杂，但重大机遇和有利条件很多。国家实施“一带一路”和新一轮东北振兴战略，全省加快东部绿色转型发展、打造医药健康支柱产业、建设借港出海南部大通道和鸭绿江国际经济带，为我们立足大格局、推动大开放提供了重要契机。我市优良的生态环境、优越的资源禀赋、独特的区位优势、坚实的产业基础、深厚的文化底蕴，为绿色转型、全面振兴提供了重要支撑。我们要抢抓机遇，奋发图强，扎实做好打基础、破难题、固根本、利长远、惠民生的各项工作，努力在新的历史起点上开创通化全面振兴发展新局面。

“十三五”时期，我市经济社会发展的指导思想是：全面贯彻党的十八届五中全会、省委十届六次全会和市委六届五次全会精神，认真落实中央“四个全面”战略布局、省委“三个五”战略部署，按照市委关于妥善处理“五个关系”、扎实推进“六个一”发展布局、着力打造“七个通化”的总体要求，以绿色转型、全面振兴为主题，以如期全面建成小康社会为目标，以创新、协调、绿色、开放、共享发展理念为引领，推动新型工业化、信息化、城镇化、农业现代化同步发展，推动医药高新区、中心城区和县域统筹协调发展，加快把通化建设成为吉林省东部绿色转型发展示范区、东北东部中心城市和国际医药健康名城。

“十三五”的主要奋斗目标：地区生产总值年均增长7.5%左右，固定资产投资年均增长12%以上，规模以上工业总产值年均增长9%左右，社会消费品零售总额年均增长10%左右，地方级财政收入年均增长5%。到2020年，地区生产总值和城乡居民收入比2010年翻一番，确保如期全面建成小康社会。

实现上述目标，必须主动适应新常态，着力保持经济中高速增长，着力推动产业迈向中高端水平，着力提高发展质量和效益，着力形成平衡发展结构，着力改善生态环境，着力实现合作共赢，着力增进人民福祉，着力打造绿色通化、开放通化、活力通化、法治通化、和谐通化、幸福通化、美丽通化。

（一）推进实现动力转换，保持经济稳定增长。突出投资拉动，扩大有效投资，构建以重点产业、基础设施、科技创新、生态环保、改善民生、社会建设“六大板块”为主的项目支撑体系，实施一批补短板、上水平、增后劲的重大工程，固定资产投资累计超过 5000 亿元。全力推进工业企业扩能提升和“巨人”企业培育计划，扩大技术改造和战略性新兴产业投资比重，培育产值超 10 亿元的工业企业 50 户，其中超 20 亿元的 20 户、超 50 亿元的 10 户、超百亿元的 5 户，建成一批国内国际知名度高、竞争力强的旗舰企业。实施创新驱动，建立以高校院所为依托的产业技术创新联盟，重点建设省级以上特色产业示范基地，加快建设国家重点实验室、企业技术中心和中试中心、院士和博士后工作站等服务平台，培育创客空间等新型孵化器，科技进步贡献率由 50%提高到 55%，努力把我市建成东北东部区域创新极和重要的科研基地、实践基地、科技成果转化基地。支持民营企业完善现代企业制度，加强技术创新、管理创新、商业模式创新。民营经济占 GDP 的比重要达到 64%。

（二）加大结构调整力度，构建现代产业体系。突出发展大健康产业，以医药、食品、旅游三大支柱产业为支撑，以山区现代特色农业为基础，拓展领域、整合提升、互促共进，形成具有持续竞争力和支撑力的通化特色产业体系。推行“健康+N”产业模式，促进医药工业、医药商业与流通、医药包装、医疗器械、中药材规范化生产、医疗与健康服务协调发展，巩固和扩大“药”的基础、补上补齐“医”的短板，拉长健康产业链，打造具有国际影响力的现代医药健康名城。加大长白山绿色食品资源、特色农副产品开发转化力度，提高系列化、规模化、品牌化加工深度，建成全国重要的绿色食品和功能保健品产业基地。整体谋划推进大长白山旅游圈和鸭绿江旅游带，形成“大旅游、大产业、大发展”的格局，建成吉林省生态文化旅游第二极和东北亚国际重要旅游目的地。加快发展冶金、建材、装备制造三大优势产业，培育壮大新材料、新能源、节能环保等战略性新兴产业。实施品牌和标准化战略，创建全国知名品牌示范区。实施现代服务业提升工程，建设东北东部商贸物流中心。加快发展养老养生产业，建设国际养生休闲度假基地。抓好“互联网+”应用实施，建成吉林省东南部云计算中心、东北东部信息交通枢纽。第三产业增加值占 GDP 比重要达到 43%以上。

（三）加快农业转型发展，率先基本实现特色农业现代化。高质量建设国家农业科技园区，形成北部粮牧、南部特产、中部城郊等 3 个特色农业功能区。实施通化大米、鲜食玉米等优质粮食丰产工程，推进发展粮改饲和种养结合循环农业，加快发展优质畜牧业、园艺特产业，扶持壮大产业化龙头企业。建设全国人参科研、种植、物流基地和人参精深加工中心，大力开发药食同源新产品，做大做强人参产业。加快建设鸭绿江河谷葡萄产区，做优做响通化葡萄酒品牌。着力发展中药材、林蛙、食（药）用菌、蓝莓等系列产业，因地制宜发展红松果林、山核桃、大榛子等经济林木和林下经济。实施棚膜蔬菜工程，建成一批蔬菜标准化种植基地。培养新型职业农民，抓好农产品品牌培育、市场开发，强化农业科技服务，健全农产品质量安全全过程监管体系。推行一县一特色、一乡一品种等特色农业发展模式，全面加快特色农业产业化进程，推动农村一二三产业融合发展，争创全省山区特色农业转型发展排头兵。

（四）立足大开放格局，加快国际化大通道建设。着力实施吉林省东南对外开放战略，深度对接辽宁沿海经济带、环渤海和京津冀经济圈，主动融入中韩自贸区建设，加强与韩、朝、俄、日、蒙等东北亚地区合作，对接国际化，把我市建成吉林省向南开放的重要窗口。全面提高交通基础设施内外联通水平，实现高速公路“县县通”、中心城市“全辐射”，争取通化至沈阳、丹东、长春、佳木斯、集安 5 条快速铁路工程全部启动，推动通化机场扩建和升级口岸机场，打通吉林省东南部借港出海大通道，打造东北东部区域性立体交通枢纽。全面推进鸭绿江国际经济带核心区建设，加快建设以“通化国际内陆港务区、医药高新区、集安边境经济合作区，中韩医药健康产业园、台湾生物科技产业园，东北亚医药健康产品展示中心、跨境电子商务中心及长白山国际医药健康产业发展论坛”为核心的“三区、两园、两中心、一论坛”国际化平台，真正使我市成为东北东部经济带开发开放的示范区。大力开展招商引资，扩大对外贸易，引进内资年均增长 12%，实际利用外资和外贸进出口总额年均分别增长 7%和 5%。

（五）推动新型城镇化，促进区域协调发展。科学推进城镇体系建设，以完善体系功能推动新型城镇化。着力发展壮大通化都市区，推进中心城区改造提升，加快新区开发、新城建设，实施地下综合管廊、生态公园、东南环路等一批提升品位、惠及民生的重点工程，完善市政设施和综合交通网络，完成地下管网改造升级，推进市区与通化县、集安市一体化发展，把通化建成风光秀美、生活舒适的宜居山水城市。大力发展城区经济，以现代服务业为主要抓手，抓产业、抓税源项目、抓后劲培育，做大总量、做强实力。举全市之力推进医药高新区跨越发展，将其打造成为全市体制机制创新的示范区、高端医药产业的集聚区、科技创新和转型升级的核心区、经济发展的重要增长极、新一轮振兴发展的排头兵，成为全国医药健康产业发展的一面旗帜。建设智慧城市，构建高速、移动、安全、泛在的新一代信息基础设施。实施“气化通化”工程，实现城市天然气管网全覆盖。完成水利工程 143 项，形成防洪、供水、灌溉等保障体系。围绕大健康产业发展，统筹市区、县城和特色城镇“三大板块”协调联动，形成融合配套、错位分工、优势互补的区域发展格局。全面实施东昌老工业区和二道江工矿区改造建设，增强县城和重点镇集聚服务功能。县城建设要完善功能、提升品质，城镇建设要突出特色、打造亮点。加快培育“养生镇”、“旅游镇”、“生态镇”、“滑雪镇”、“人参镇”等特色小镇，以城镇化推动县域经济争先晋位、加快发展。

（六）全面深化改革，加快体制机制创新。完善“四张清单一张网”，深入推进简政放权、放管结合和优化服务，抓好行政审批制度改革，打造一流发展环境。按照省里统一部署，推动集安扩权强县改革，扩大县（市）经济社会管理权限，建立权责一致、责任和财力相匹配的城区经济社会管理体制。推动金融产品创新，积极引进各类金融机构。争取 IPO 或转板上市企业增加 3 户、“新三板”等场外交易市场挂牌企业突破 30 户。推进不动产统一登记制度改革。打好国企改革攻坚战，规范有序发展混合所有制经济，切实解决厂办大集体改革等历史遗留问题。抓好国有林区和国有林场改革，促进林区经济社会全面转型。深化农村综合改革，加快土地所有权、承包权、经营权分置并行，开展农村土地经营权抵押贷款等多种融资模式，实施城乡建设用地增减挂钩，稳步推进集体经营性建设用地入市，实施水利管理、水权制度改革，增强供销社社会化服务功能，确保社会体制等领域改革取得重大进展。

（七）加强生态文明建设，增强发展可持续性。实施绿色低碳产业发展、重大节能减排与污染防治、循环经济、生态区域保护、生态廊道建设、生态文化与基础建设“六大工程”，巩固提升生态资源优势，加大水、大气、森林、土壤等生态修复治理力度，增强国家级自然保护区、森林公园和湿地保护区生态功能，完成哈泥河等饮用水源的生态环境综合治理，推动辉南县龙湾群、通化县石湖两大生态保护开发协作区建设，打造沿江沿山沿路生态长廊，构建科学合理的生态文明制度体系。单位 GDP 能耗年均下降 2.1%，城市生活污水和垃圾无害化处理率分别达到 95%、97.3%，实现国家卫生城市、园林城市、森林城市和生态文明建设示范市创建目标，全面提升长白山林区生态屏障重要门户的功能作用，坚决留给子孙后代一个天蓝、地绿、水净的美丽家园！

（八）加大民生改善力度，实现发展成果共享。城乡居民收入增速超过全省平均水平，城镇居民人均可支配收入达到 41300 元，农村居民人均可支配收入达到 19000 元，各项民生指标争取排在全省前列。打赢扶贫脱贫攻坚战，确保 2018 年基本实现脱贫目标。落实就业优先政策，进一步增强社会保障能力。加快保障性住房建设，完成城市棚户区、“城中村”和农村危房改造。推进医养结合，建设以居家为基础、社区为依托、机构为补充的多层次养老服务体系。提高教育质量，促进教育公平。大力发展学前教育，均衡发展义务教育，普及高中阶段教育，加快发展现代职业教育。支持通化师院转型发展。打造区域医疗卫生中心，建立覆盖城乡的基本医疗卫生制度和现代医院管理制度。提升人口素质，促进人口长期均衡发展。繁荣发展文化事业和文化产业，建设长白山医药健康文化中心。争创全国双拥模范城“九连冠”。增强城乡社区服务功能，强化安全生产监督管理和平安通化建设，构建全民共建共享的社会治理格局，争创全国依法治市先进城市。

三、2016 年主要工作

认真落实中央和全省经济工作、城市工作会议精神，坚持稳增长、调结构、惠民生、防风险，围绕去产能、去库存、去杠杆、降成本、补短板五大任务，促进经济社会平稳健康发展，努力实现“十三五”良好开局。预期地区生产总值增长 7.5%左右，地方级财政收入增长 2%以上，固定资产投资增长 12%左右，社会消费品零售总额增长 10%左右，居民消费价格涨幅控制在 3%以内，城镇登记失业率控制在 4.5%以内，城乡居民人均可支配收入与经济增长同步，节能减排完成省下达的指标任务。

（一）全力推进项目建设和招商引资。新建续建亿元以上项目 238 个、10 亿元以上项目 45 个，固定资产投资达到 1100 亿元。开工建设东宝生物医药产业园、众方医药健康产业园和万通中药新药等新项目，加快实施修正科技产业园、紫鑫异地改造等续建项目，推动东宝 6000 万瓶甘精及门冬胰岛素注射剂、长龙 3 万箱海昆肾喜等项目建成投产。立足大健康、大生态、大旅游、大枢纽等生产力布局，加强项目谋划储备，争取更多项目列入国家和省计划盘子。有针对性地开展园区招商、专业招商、以商招商，抓好“台资企业吉林行”和“世界 500 强企业走进吉林”等重大活动招商引资，引进亿元以上项目 300 个，引进资金 760 亿元。抢前抓早，组织好项目、招商等“冬季行动”，新建、续建项目 5 月份开工率要分别达到 80%、90%。

（二）促进工业稳定增长和产业转型升级。继续实施工业企业扩能提升和“巨人”企业培育计划，推进 100 个重点技改项目、10 户企业并购重组、120 种产品创新，技改投资占工业投资比重达到 60%以上。推动工业提质增效，抓好改善消费品供给、降本增效、制造业升级 3 个专项行动。制定降低企业成本的具体措施，实行收费清单管理模式，为企业减轻负担。加强银企对接、产需衔接和生产要素供应保障，搞好监测分析，稳定工业运行。规模以上工业总产值增长 9%。

加快产业结构优化升级。启动大健康产业 5 年行动计划，谋划布局千亿级产业扩容集群项目。抓好 30 个重大医药健康产业项目、10 个中药大品种二次开发，推进建设国家生物医药集聚区，创建全省医药健康产业发展示范区，把“通化 · 中国医药城”长白山医药健康产业发展论坛打造成为国家级永久性论坛品牌。加快发展绿色食品和保健品产业，实施康美、美保等 30 个超亿元功能食品项目，提高食品产业精深加工能力和附加值。实施通葡、通天等葡萄酒系列产品改造，促进葡萄酒产业快速发展。加快建设冶金产业园，支持服务通钢保生产、保稳定，协调消化钢铁产能。加快江东老工业区搬迁改造，续建装备制造产业园，石油化工机械改造项目投产达效。抓好玄武岩、石墨、钾长石、火山岩等战略性新兴产业集聚区建设，开发高端产品。实施矿产资源“探宝工程”计划，推动石油项目勘探开发。启动消费品质量提升工程，继续开展“食品药品生产质量管理提升年”活动，全面提升通化产品和品牌声誉。

打好服务业发展攻坚战。加快建设旅游支柱产业，实施太极湾国际旅游度假区、罗通山遗址国家考古公园等重点旅游项目，争取龙湾等景区晋升 5A 级景区；启动冰雪旅游发展计划，规划建设果松国际滑雪场和金川滑雪游乐场，改建金厂滑雪场；整合旅游资源，策划覆盖全域、全时节的特色旅游线路，创建国家全域旅游示范区；加强旅游基础设施、标识建设和标准化服务管理，发展智慧旅游，开发特色旅游产品；强化宣传推介，抱团整体促销，组织好龙湾野生杜鹃花卉旅游节、鸭绿江国际枫叶旅游节等节庆活动，扩大通化旅游的吸纳力、影响力。加快实施龙溪健康养生谷、贵隆养生养老等项目，推动养生养老产业化。提速发展商贸物流业，推进市区果蔬、粮油等交易市场建设，加快江南商圈业态提升；筹建通化综合物流港和铁路物流中心、城市配送物流中心，建成运营辉南鸿丰等物流园区；依托人参交易市场，争取国家“市场采购贸易”试点。大力发展互联网经济，加快“通药网”医药电子平台建设，提升吉林省人参电子交易和国富人参交易平台功能，推动电子商务进农村、进企业、进社区。优化开发结构，发展房屋租赁，总结收购现房安置棚改户经验，积极消化库存商品房，促进房地产业健康发展。

（三）全面做好“三农”工作。立足山地资源，突出发展特色农业。加快构建粮经饲三元种植结构，重大粮食增产技术推广面积达到 200 万亩，正常年景下粮食产量稳定在 36 亿斤，优质大米产量提高到 70%，鲜食玉米种植达到 7.5 万亩、加工能力达到 11 万吨。新建标准化牧业小区 40 个，完成无疫区建设任务。

推动建设环城农业产业带、生态农业产业园、特色农业示范区，抓好 20 个千万元以上产业化项目。发展壮大中药材、食（药）用菌、蓝莓、山核桃、大榛子等特色产业，每个县（市）建设 1 个以上示范基地，特产业基地面积达到 110 万亩。新建棚膜蔬菜 4000 亩。实施快大人参饮片加工等 10 个亿元以上人参产业项目，推进人参种植规范化、质量标准化、加工精深化、产业集约化，人参产业产值增长 31%。推动长白山林蛙产业园竣工投产，开发林蛙系列产品。整合优选农特产品资源，集中进行品牌培育和宣传，扩大通化大米、长白山人参、集安山珍等品牌的知名度和市场占有率。新创绿色有机无公害产品标识 20 个。推动耕地向专业大户流转，促进农业规模化经营。发展壮大家庭农场、农民专业合作社、休闲农庄等新型农业经营主体，完善农村市场营销网络。加强城镇规划设计，搞好金厂省级城镇化试点，启动示范镇、重点镇建设和扩权试点，打造一批生态特色小镇。深入实施“百村示范、全面提升”工程，建设 45 个省级重点村。抓好农村环境连片整治，启动农村“厕所革命”，推动农药化肥施用量零增长，建成 10 个省级美丽乡村，创建 2 万个美丽庭院、2 万户干净人家。打响精准扶贫、精准脱贫攻坚战，实施单位包村、干部包户、党员参与帮扶，完成农村人口脱贫 1.18 万人。

（四）加快基础设施和城市建设。通靖高速公路建成通车，通集、辉白高速公路全线开工，做好集安至本溪高速公路前期工作，加快建设通化大街和西昌、五月花互通立交工程。推动通沈高铁和通化至佳木斯、四平快速铁路完成前期工作，同步筹划通化火车站搬迁改造，争取尽早开工。谋划推进通丹、通集快速铁路工程，做好通化机场扩建和口岸机场争取工作。新建柳河风电工程。抓好江河堤防整治等 45 项水利工程。筹划实施城区水源取水口迁移及第二净水厂、应急备用水源和天然气置换工程。

加大城市建设和管理力度。坚持规划先导、建管并重，更加注重城市品质，更加注重市民意愿，着力提升城市功能和宜居水平。市区改造棚户区 67 万平方米，综合整治老旧住宅小区 19 万平方米，加快二道江棚改小区配套设施建设。实施官道岭拓宽改造，启动红旗桥东侧立交工程，升级改造 3 座危桥和 30 条主次街路。加快供热供气供水设施改造，完成调峰热源环保扩能、12 座换热站新建、24.2 公里老旧燃气和供水管网改造工程。新建续建城市地下综合管廊，争取国家管廊试点和海绵城市试点。实施污水处理厂二期扩建，治理 35 公里排污沟壑，新建 3 座强排泵站、22 座水冲公厕。实施三期平湖改造，改善提升城区水域景观带。高水准搞好绿化美化亮化工程。统筹实施吉林省东南部云数据基地及智慧城管、智慧交通等信息化应用工程。开展“城市建设管理提升年”活动。进一步加强物业管理。继续抓好文明交通创建活动，改扩建光明路等停车场，增加一批停车位。推进“四城联创”，国家卫生城市、园林城市、全国生态文明建设示范市创建工作要取得实质性进展，国家森林城市要力争通过检查验收。

（五）进一步深化改革开放。突出供给侧结构性改革，确保改革落点实、效果好。完善权力清单，建立责任清单、投资负面清单、财政专项资金管理清单和政务服务网。抓好行政审批制度改革，优化流程，提高效率。赋予医药高新区、东昌区、二道江区更加完整、更加规范的管理权限，实现事权、财权相匹配，促进城区加快发展。理清市县财权和事权关系，调动各方面积极性。深化国税、地税征管体制改革，完成金税三期工程建设。建立跨年度财政预算平衡机制，防范化解债务风险。健全国有资本监管运营体系，推进市属经营性国有资产统一纳入国资监管范围。实行统一的市场准入制度，实现企业注册全程电子化。实施 PPP 项目 13 个，做大信通等投融资平台。推进农村土地确权、土地经营权抵押贷款试点和农业保险工作，抓好 27 个国有林场改革试点。深化教育、医疗、文化领域改革，深化公安机关管理体制和人民警察管理制度改革，稳步实施社会保障、事业单位、价格市场化、群众信访等改革。启动开展私营企业建立现代企业制度试点工作，争取纳入东北振兴国家民营经济改革试点。

加快新一轮对外开放。落实省委、省政府支持集安开放发展若干意见，抓好集安扩权强县 247 项政策承接工作，做好国家级边境经济合作区和保税区申报工作。推进建设“通白丹”经济协作区，推动东北东部经济带上升为国家战略，争取鸭绿江国际经济合作区先行先试，实现中朝界河大桥和公路口岸联运通行。规划筹建通化国际内陆港务区，逐步构建集保税加工、现代物流、产业合作、科技创新于一体的开放合作区。加快建设中韩医药健康产业园、台湾生物科技产业园，推动各类开发区提速发展。医药高新区地区生产总值增长 10%，开工、投产亿元以上项目超过 30 个。加强医药、食品、钢铁等出口基地建设，把更多的通化地产品推向国际市场。

（六）推动创新发展。申报 60 项国家和省科技专项，筹建产业创新联盟和医药研发及中试中心，用好市科技成果交易中心和省科技大市场，加快院士工作站和科技企业孵化器建设，与中关村和“十四校两所”搞好产学研用合作对接，推进重大科技成果转化。创新金融服务，积极引进各类金融机构，大力发展产业金融，开展好“助保金池”、“缴税贷”、“税易贷”等业务，支持银行扩大信贷投放规模，新增贷款达到 110 亿元。鼓励保险资金投向重大项目和基础设施。抓好企业上市，力争 5 户企业在“新三板”等资本市场挂牌融资。继续实施国家新政策辅导机制，举办双导师制硕士研究生班，全面开展“互联网+小微企业”行动，推进大众创业、万众创新。大力培养和引进领军型企业人才、创新型科技人才和高素质专家型人才，加大应用型、复合型、技能型人才培养和引进力度。重视企业家队伍建设，尊重企业家、关心企业家，努力让所有企业家和创业者在通化大地上都有施展才华、发展事业的广阔天地。

（七）抓好生态环境保护建设。高度关注空气质量，开展建筑和道路施工扬尘、城市裸露渣土和交通扬尘及燃煤、机动车排放、餐饮油烟污染等 5 个专项治理行动，继续淘汰黄标车；加大对秸秆焚烧的治理和管控力度，抓好通化县秸秆青贮和生物质、菌基、制酒等综合利用试点，其他县（市）搞好两个以上综合利用试点。高度关注水质状况，加强哈泥河等水源地环境保护，加快建设城镇污水和垃圾处理设施；开展玉带河、通天河、金厂河等小流域治理，整治污水沟渠，改善城乡亲水环境。推行工业节能、绿色建筑、绿色交通计划，推广循环经济和清洁生产。完成垃圾焚烧发电主体工程和设备安装。鼓励发展林下经济、沟域经济，植树造林 10 万亩，清收林地 2.6 万亩，标准化绿化村屯 76 个。加快矿区生态和地质环境综合整治。划定生态保护红线，加强自然保护区、国家森林公园和湿地公园等重要生态区域保护，推进保护区重要区域生态移民。基本完成南山生态移民工程。建设浑江、鸭绿江水系生态廊道，筹建哈泥河与浑江交汇口及金厂河口湿地公园，建设蝲蛄河湿地公园。继续开展生态系统生产总值（GEP）核算试点。要通过大力推进生态文明建设，真正让全市人民在青山绿水中欣赏美丽、在蓝天白云下享受幸福。

（八）加强以改善民生为重点的社会建设。带着感情和责任，切实加大民生投入，着力解决民生问题，让全市人民的生活每年都有新变化、一年更比一年好。落实市委确定的“十大民生工程”，办好 100 件左右民生实事。城镇新增就业 3.9 万人，农村劳动力转移就业 24 万人。推进社保扩面和保费征缴，提高企业退休职工养老金水平和城镇医保、新农合补助标准，推进城乡低保统筹发展，实现社会保障“一卡通”。健全以“保基本、救急难”为核心的大救助体系，保障困难群众基本生活。发展医养结合型养老机构，加快社区居家养老服务中心和农村养老服务大院建设。加强残疾人基本公共服务。抓好保障性安居工程，为 1.5 万户住房困难家庭发放住房租赁补贴。强化物业管理，市区基本物业覆盖率提高到 70%。继续推进“城中村”改造。新建公交候车亭 30 个，新增城市新能源公交车 30 辆。改造农村危房 5000 户。新建改造农村公路 200 公里。

协调发展各项社会事业。改扩建公办和奖补民办幼儿园 30 所，改造义务教育薄弱校舍 6 万平方米，推进中小学示范性综合实践基地、市一中教学楼工程建设。筹建通化医药健康职业技术学院。抓好医疗资源整合，完善公共卫生服务体系，加快多元化办医进程。继续实施传染病防治工程。新建市医院门诊楼，建成市结核病防治所，完成市中医院搬迁改造。落实好两孩生育政策。实施文化惠民工程，开办“健康大讲堂”，培育有医药城特色的医药健康文化氛围。推进无线数字电视工程建设。做好万发遗址、自安山城等文化遗产保护工作。推进城市规划展览馆建设。长白山民俗博物馆、市图书馆和朝鲜族艺术馆建成开馆。规划建设文化创意产业园。建成市全民健身中心，实现社区、乡镇、行政村公共体育设施全覆盖。备战好第十三届全国冬运会。推动民族团结进步。保障妇女和未成年人权益。加强国防动员和后备力量建设，推进军民深度融合发展。

提高社会治理水平。实施“七五”普法规划，做好地方立法工作，推进全国法治城市建设。加快信用体系建设，提高社会信用水平。加强矛盾纠纷排查调处，推动信访事项及时就地化解。创新立体化治安防控体系，依法打击各类违法犯罪。维护边境安全稳定。落实安全生产目标责任，强化重点领域专项整治，防范重特大事故发生。完善应急管理协调机制。抓好防汛抗旱、森林防火、地震防灾减灾等工作。健全覆盖城乡最严格的食品药品安全监管体系，保障人民群众“舌尖上的安全”。

（九）强化政风建设。适应经济发展新常态和从严治党新要求，市政府要致力形成“负责任、敢担当，重实干、抓落实，有能力、会干事，严自律、保干净”的政风，始终不渝推进法治政府、服务政府、效能政府、清廉政府建设。强化依法行政，做到心中有规矩。认真贯彻《法治政府建设实施纲要（2015-2020年）》，加快建设职能科学、权责法定、执法严明、公开公正、廉洁高效、守法诚信的法治政府。增强法治思维，依法决策、依法办事、依法接受监督。完善国家工作人员尊法学法用法守法制度，办好“政府法制大讲堂”。落实重大决策专家咨询论证和政府法律顾问制度，规范公正文明执法；强化从严治政，做到心中有戒尺。深入推进政府系统党风廉政建设，强化行政监察，推动公共资金、国有资产、国有资源等重点领域审计监督全覆盖，坚决查处腐败案件。严格执行中央八项规定和省委、市委具体规定，持之以恒纠治“四风”。以“三严三实”为行为准则，守纪律、讲规矩，干干净净做事，清清白白做人；强化政府服务，做到心中有人民。加大考核督查问责力度，坚决纠正不作为、乱作为，坚决克服懒政、怠政，坚决惩处失职、渎职。抓好软环境建设，真心实意帮助基层和群众解决问题；强化工作落实，做到心中有担当。树立大局观念和责任意识，保持昂扬向上、积极进取的精神状态，集中精力干事创业谋发展，主动作为，善谋善为，创造性地开展工作。雷厉风行抓落实，精益求精抓落实，坚持不懈抓落实，推动各项工作在全省“争一保二不出三”。

各位代表！新的一年开启新的希望，新的征程承载新的梦想。让我们在市委的正确领导下，在市人大、市政协的监督支持下，动员组织全市人民，夙夜在公，真抓实干，为如期实现全面建成小康社会宏伟目标而努力奋斗！

通化市第七届人民代表大会第四次会议秘书处
2016年1月11日

注释：

1.“通化十景”：高句丽文物古迹、龙湾火山口湖群、杨靖宇烈士陵园、五女峰国家森林公园、白鸡峰国家森林公园、云霞洞地质奇观旅游区、振国养生谷·壹号庄园、大泉源酒历史文化区、通天山葡萄酒文化产业园、罗通山风景旅游区。

2.生态系统生产总值（GEP）：是借鉴国内生产总值（GDP）核算理论提出的，目的是评价与分析生态系统对人类经济社会发展支撑作用，以及对人类福祉的贡献。GEP核算通过计算森林、湿地、农田、城市绿地等自然和人工生态系统的生产总值，为生态保护与生态文明制度建设提供科学依据。

3.“五证合一、一照一码”：是指将企业登记时依次申请，由工商部门核发营业执照、质监部门核发组织机构代码证、税务部门核发税务登记证、社保部门核发社会保险登记证和公安部门核发刻制公章准许证明，改为一次申请，由工商（市场监管）部门核发一个加载18位统一社会信用代码的营业执照，作为企业唯一合法身份证明。质监、国税、地税、社保、公安部门不再发放组织机构代码证、税务登记证、社保登记证和刻制公章准许证明。工商（市场监管）部门核发“一照一码”后，申请材料和审核信息在部门间共享，实现数据交换、档案互认。

4.“十四校两所”：东北师范大学、长春理工大学、吉林农业大学、长春工业大学、沈阳药科大学、中央财经大学、中国农业大学、北京林业大学、长春中医药大学、吉林大学、延边大学、通化师范学院、中国药科大学、南京中医药大学；中科院长春光机所、应化所。

5.“四张清单一张网”：权力清单、责任清单、投资负面清单、财政专项资金管理清单、政务服务网。

关于通化市2015年国民经济和社会发展计划执行情况与2016年国民经济和社会发展计划（草案）的报告

——2016年1月12日在通化市第七届

人民代表大会第四次会议上

通化市发展和改革委员会

各位代表：

受市政府委托，向大会报告通化市国民经济和社会发展2015年计划执行情况与2016年计划（草案），请予审议。

一、2015年国民经济和社会发展计划执行情况

2015年是“十二五”规划的收官之年。市政府按照市委的总体部署，认真贯彻落实市委六届四次全会和市七届人大三次会议精神，抢抓新一轮振兴东北机遇，坚持稳中求进、改革创新、绿色转型和依法行政，统筹推进稳增长、调结构、促改革、惠民生、防风险各项工作，全市经济和社会事业呈现平稳健康发展态势。预计地区生产总值实现1059亿元，同比增长7%；全社会固定资产投资完成976亿元，同比增长12%；规模以上工业总产值完成2118亿元，同比增长10.2%；社会消费品零售总额实现479亿元，同比增长9%；全口径财政收入和地方级财政收入分别完成116.1亿元和78.1亿元，同比分别下降5.5%和6.7%；城镇居民、农村居民人均可支配收入分别达到28436元和10621元，同比分别增长6.5%和9.5%。

（一）农业经济稳步发展，新农村建设全面推进

全市粮食总产量达到45亿斤。特色产业蓬勃发展，人参产业实现产值130亿元，增长30%；实施“菜篮子”工程，新增棚膜蔬菜面积4000亩。农业产业化进程稳步推进，全市实施20个千万元以上农业产业化项目，规模以上龙头企业达到270户，省级以上龙头企业发展到57家，农产品加工销售收入达到500亿元以上，同比增长10%。建成标准化牧业小区201个，畜牧业产值增长7%。深化农村改革走在全省前列，农村土地流转面积达到128.5万亩，新增农民专业合作社538个，发放土地收益保证贷款和土地经营权抵押贷款超过5800万元。开工新农村建设项目1700项，高标准完成45个省级重点村建设任务，深入开展农村环境综合整治，农村人居环境进一步改善。

（二）工业经济运行平稳，民营经济活力增强

全市规模以上工业总产值预计完成2118亿元，同比增长10.2%。医药行业拉动作用突出，医药产业实现产值1100亿元，同比增长17%，产业总量连续三年占据全省医药工业一半以上；食品行业运行速度稳步提高，实现产值324亿元，同比增长12.7%；通钢二号高炉建成投产，进一步推进冶金产业转型升级，冶金产业实现产值150亿元，同比下降11.6%。食品、建材、机械制造、化工产业增速均超过10%；实施工业扩能提升和“巨人”企业培育计划，完成并购重组企业5户。全市新增省级技术中心4户，新增省级科技企业34户，新产品实现产值220亿元。围绕推进大众创业、万众创新，积极搭建创业平台、强化政策扶持、完善公共服务、优化发展环境，民营经济实现快速发展，中小企业公共服务平台作用充分显现，民营经济主营业务收入增长7.7%，企业户数突破1.2万户。

（三）服务业稳定发展，内部结构逐步优化

加快推进现代服务业发展提速提质，推进服务业市场化、集聚化、产业化经营。狠抓服务业重点项目和集聚区建设，完成全市 50 户企业非主营业务剥离工作。金融服务地方经济能力显著增强，金融机构存款余额达到 1010 亿元，新增本外币贷款 105 亿元，工业、涉农、小微企业贷款分别增长 17%、18%和 32%。电子商务发展势头良好，吉林省人参电子交易平台试运营，注册开业电商超过 1 万户。旅游产业健康发展，新建续建旅游项目 20 项，成功举办"中国·龙湾野生杜鹃旅游节"、"中国·集安鸭绿江国际枫叶文化旅游节"，推出"通化十景"、"通化十大旅游品牌产品"，全年接待旅游者达 900 万人次、总收入 125 亿元，分别增长 19%和 25%。

（四）固定资产投资增长较快，重点项目建设进展顺利

固定资产投资完成 976 亿元，增长 12%；全市开复工 3000 万元以上项目 1224 项，亿元以上项目 360 项，10 亿元以上项目 40 项，省调度的 165 项亿元以上重点项目全部开复工。大项目支撑作用突出，开复工亿元以上项目数量较上年同期增加 10 项，亿元以上项目完成投资 465.1 亿元，占投资总量的 47.7%。

切实发挥投资稳定经济增长的关键作用，强化项目前期工作，加强包保服务，推行项目集中审批，全力加快推进重点项目建设。在全省项目"大巡检"中，我市的思路和做法得到省委、省政府高度评价；7 月下旬组织开展"抓招商、落项目、保运行"百日攻坚活动，10 月下旬组织开展全市重点项目巡检，营造了"比、学、赶、超"、争创一流的良好氛围。修正医药科技产业园、东宝胰岛素类似物、万通 40 亿片感通片、金马异地新建、石油装备扩能改造等一批产业项目实施力度加大；通梅高速公路建成通车，通靖高速公路路基工程完工；通化大街、城市地下综合管廊、全民健身中心和垃圾焚烧发电工程等一批重点民生项目全面开工。

（五）财税征收力度不断加大，招商引资成效显著

财税部门密切沟通协作，充分发挥综合治税平台作用，深入挖掘征收潜力，做好税源跟踪调查，确保应收尽收；依法加强非税收入管理，努力增加非税收入；加强国有资产、罚没财物等收入管理，努力增加可用财力。深化财税体制改革，推进预算管理制度改革，深化国有资产管理改革，推行政府和社会资本合作（PPP）融资模式。借助"民企吉林行"、"央企走进吉林"和"东博会"开展平台招商，全市引进外省资金 680 亿元，同比增长 21.6%；实际利用外资 4.3 亿美元，同比增长 12.9%。

（六）城市建设加快推进，城乡面貌明显改善

实施棚户区改造 100 万平方米，改造老旧小区 24 万平方米。实施热网循环泵扩容和供热管网改造，新增城市供热面积 100 万平方米。完成二次供水管线改造 30.6 公里、灰口铸铁燃气管网改造 72 公里、改造地下排水管网 30.2 公里，升级改造街路巷路 36 条，升级市区公园 2 个。市区主要路段行道树栽植、美化、绿化、亮化工程如期完成，五月花、西昌互通立交工程开工建设，二道江公铁立交桥建成通车，"气化通化"工程竣工、具备通气条件。

（七）统筹推进各项改革，释放发展活力

全面完成市级层面的 106 项改革任务。实施项目审批制度改革，实现了"一站式办理、并联式审批"的流程再造，平均压缩审批时间 80 天。深入推进行政审批制度改革，加快各部门职能转变，部门和项目进厅率达到 100%；进一步清理规范市级行政审批事项，行政职权、许可事项分别削减 44%、45.7%。制定了利用 PPP 模式引入社会资本加快市政设施建设实行办法，29 个 PPP 项目纳入全省储备库。

（八）民生实事扎实推进，社会事业健康发展

民生工作计划中 107 件实事全面完成。城镇登记失业率控制在 4.5%以内，城镇新增就业 4.1 万人，农村劳动力转移就业 25.7 万人次。城乡养老、城镇医疗、新型农村合作医疗保障实现全覆盖。企业退休人员月人均养老金增加 214 元，城市低保月标准、农村低保年标准分别提高到 450 元和 2600 元，新型农村合作医疗政府补贴人均增至 380 元。成功举办通化市 2015 年田径运动会和第三届吉林通化松花砚（石）文化节，"通化佟江文化创意产业园"建成运营，社区活动室、乡镇文化站实现全覆盖。实施学校基础设施改

造项目30个，新建、改建幼儿园59所；大学区管理体制全面实施，交流教师176人；通化师范学院应用技术学院获批。全市84所基层医疗卫生机构和村卫生室全部实施了零差率销售的基本药物制度，社区卫生服务提升工程全面启动，国家卫生城市创建深入推进。为1.6万户住房困难家庭发放租赁补贴，改造农村危房5822户，建成农村饮水安全工程165处，解决了7.44万人饮水安全问题。全市"十三五"规划编制工作圆满完成，绘就了通化全面建成小康社会的宏伟蓝图，成为通化未来五年绿色转型、全面振兴的行动纲领。

总的看，全市2015年国民经济和社会发展计划执行情况是好的，但也存在一些问题。一是经济总量不大、增速放缓、结构不优，服务业发展相对滞后，转型升级和进位赶超压力加大。二是中心城市规模小，发展空间有限，辐射带动能力不强。三是财政增收压力加大，财政在扶持产业发展、支持民生改善、调控经济转型等方面难度加大。四是大项目支撑不足，土地供应紧张、征地拆迁、资金筹措等问题仍然存在。五是增加城乡居民收入、扩大就业、提高社会保障水平的任务还很繁重。

对于这些问题，我们将予以高度重视，努力采取措施，切实加以解决。

二、2016年国民经济和社会发展计划安排

2016年是"十三五"规划的起步之年，全市国民经济和社会发展计划工作要遵循《政府工作报告》中提出的总体要求，全面贯彻党的十八大和十八届三中、四中、五中全会、省委十届六次全会、市委六届五次全会精神，贯彻落实中央"四个全面"战略布局，坚持"创新、协调、绿色、开放、共享"五大发展理念，牢牢把握省委"三个五"战略部署，妥善处理"五个关系"，扎实推进"六个一"发展布局，着力打造"七个通化"。坚持稳中求进总基调，围绕振兴发展、绿色转型和全面建成小康社会的目标，打好打赢扶贫攻坚战、服务业攻坚战和国企改革攻坚战，坚定信心、振奋精神、勇于担当、攻坚克难，全面完成市七届人大四次会议确定的各项任务。

国民经济和社会发展的主要预期目标是：地区生产总值增长7.5%左右，固定资产投资增长12%左右，全市规模以上工业总产值增长9%，地方级财政收入增长2%以上，社会消费品零售总额增长10%左右，城乡居民人均可支配收入增长与经济增长同步，居民消费价格涨幅控制在3%以内，城镇登记失业率控制在4.5%以内。

（一）突出投资拉动和项目带动作用，着力提升项目建设成效

坚持把抓投资作为稳增长、调结构、促升级的重要手段，确保投资力度不减、投资规模不降、投资增速高于全省水平，新建续建亿元以上项目238个，10亿元以上项目45个，固定资产投资达到1100亿元。继续强化项目推进图板和投资运行调度，完善项目推进责任制；做好项目建设各环节服务工作，强化项目管理和服务保障；围绕国家、省"十三五"规划和新一轮振兴东北的产业政策和投资导向，全力做好项目谋划储备，切实增强发展后劲。开工建设东宝科技产业园、万通中药新药、中方生物科技等新项目，加快实施修正科技产业园、天实制药二期、紫鑫异地改造等续建项目，推动东宝6000万瓶甘精及门冬胰岛素注射剂、长龙3万箱海昆肾喜等重点项目建成投产。

（二）集中精力抓好工业运行，着力提高工业发展质量

实施创新引领、产业兴市，加强银企对接、要素保障和生产运行组织，稳步提高工业经济运行质量，规模以上工业总产值增长9%。促进企业规模不断壮大，推动企业发展升级。滚动实施100个重点技术改造项目，开发新产品120个，新产品产值率达到10%以上。支持企业拓展国际国内两个市场，进一步提升知名度和市场份额。

着力推进"大健康"产业发展，巩固"药"的优势，拉长"医"的短板，协调发展现代中药、化学药、生物药、生物健康材料以及医疗器械、制药检测仪器与设备、医药商贸与物流、医疗卫生与健康服务等行业板块。食品产业以打造极具长白山地域特色品牌为重点，大力发展保健食品、功能食品；加强通化山葡萄酒原产地保护，打造独具通化特色的"鸭绿江河谷"，提升通化葡萄酒的品牌价值和市场认可度，振兴通化葡

萄酒品牌。支持通钢推进装备升级改造和转型发展，大力发展与通钢协作配套产业，推进冶金产业园建设。加强对建材、机械制造等产业运行监测，引导和推进骨干企业的结构调整和换代升级工作。加快培育和发展战略性新兴产业，继续抓好新材料、新能源、先进装备制造、节能环保、信息等产业发展。

（三）大力发展现代农业，进一步增强农村经济活力

依托我市农特产业资源丰富和农业发展基础较好的优势，全面促进农业增效、农民增收、农村繁荣。继续做好种植业结构调整优化，确保我市粮食种植面积稳定在450万亩以上，正常年景下粮食产量稳定在36亿斤。抓好产业化龙头企业的培育，积极争取产业化专项资金，加快原料基地标准化建设，农产品加工业增速超过15%。做大做强特产业，人参产业总产值达到170亿元，增长31%。强化质量安全监管，深入实施“放心肉”工程。

（四）打好服务业发展攻坚战，提升对经济增长的贡献度

推动生产性服务业向专业化发展，推动生活性服务业向便利化和高品质转变，促进服务业发展提速、比重提高、水平提升。加快培育旅游支柱产业，重点打造鸭绿江国际旅游带、集安高句丽世界文化遗产和辉南龙湾群旅游度假区；积极发展特色旅游，重点实施万峰集团健康小镇、太极湾国际旅游度假区等30个重点旅游项目，力争旅游收入增长30%以上。加快发展信息产业，实施“互联网+服务业”，推动云计算、大数据、物联网在服务业中的应用，打造服务业发展新支撑。着力培育现代物流、金融、科技、商务、商贸、健康养老、文化“七大新兴业态”。推动服务业集聚发展，重点打造一批有特色、有影响、辐射带动作用强的现代服务业集聚区。推进企业非主营业务剥离，必保完成60户、力争完成80户。2016年，服务业增速达到10%以上。

（五）拓宽财税征收渠道，加大招商引资力度

努力调动征管部门征收积极性，继续强化税收收入征管，大力推进国地税联合办税和综合治税机制，实现税收收入稳定增长。加强非税收入征管，着力推进票据电子化平台建设，增强财政统筹资金能力。强化税务稽查、财政监督检查、审计监督等监管手段，确保财政收入应收尽收。建立市、县（市、区）统筹协调机制，实行统筹招商、联合招商、全域招商。抓住长三角、珠三角、环渤海、港澳台等地区产业转移的契机，围绕域内外大的战略投资者,重点引进一批先进制造业、高新技术领域的重大项目。针对“大健康”产业、文化创意、现代服务等领域，利用出海大通道、医药高新区、经济开发区等平台，以“无中生有”、“有中生新”的理念谋划项目；同时，加强项目用地的储备和规划，完善配套功能和基础设施，提升区域招商的影响力和竞争力。

（六）积极推进新型城镇化，加快基础设施建设

以《通化市新型城镇化规划》为指导，构建格局科学合理、发展模式可持续、水平质量稳步提升、体制机制更加完善的通化市新型城镇化格局，2016年，力争全市城镇化率达到55.5%。在全省率先开展市级试点，从各县（市、区）选择具有发展成为工业重镇、商贸大镇、旅游名镇潜力的1个示范镇和1-2个重点镇，先行先试，引领带动全市城镇化健康有序发展。制定义务教育、住房保障、医疗卫生等综合性配套政策，不断提高基本公共服务覆盖率；深化户籍制度改革，全面推行居住证制度，形成户籍制度和居住证制度有效衔接的人口管理制度。重点推进通化江东城区老工业区、二道江区独立工矿区搬迁改造、辉南县采煤沉陷区综合治理和医药高新区产城融合示范区“四区”建设。加快基础设施重点项目建设，提升城镇综合承载能力和城市区位条件。市区改造棚户区67万平方米，综合整治老旧住宅小区19万平方米。实施城市管网新建、升级改造工程，完成通化大街建设工程，实施红旗桥东侧立交桥建设工程，五月花、西昌互通立交建成通车，力争开工建设城区第二水源，加快垃圾焚烧发电项目建设，提标扩建市区污水处理厂，续建通化大街综合管廊项目。通靖高速公路建成通车，通集、辉白高速公路全线开工，抓好通本高速公路前期工作；推动通化至沈阳高铁和四平至通化至松江河快速铁路加快完成前期准备工作，争取尽早开工，筹划通化至丹东快速铁路、通化至集安铁路扩能改造和通化火车站整体搬迁改造；推进通化机场扩建和开通口岸机场前期工作。

（七）全面深化改革，增强发展动力

推进供给侧改革，加快推进供给结构与需求结构相匹配，提高经济增长的质量与效益。深化政府权力清单、责任清单、投资负面清单、财政专项资金管理清单和政务服务网“四张清单一张网”改革，推进政府职能转变。打好国企改革攻坚战，规范有序发展混合所有制经济，切实解决厂办大集体改革等历史遗留问题。抓好行政审批制度改革，优化流程，提高效率。深化教育、医疗、文化领域改革，提高公共服务均等化水平。

（八）加大民生投入力度，统筹推进社会事业发展

整合人才市场和劳动力市场资源，建立人力资源供求信息平台和覆盖全市城乡的培训机制，城镇新增就业 3.9 万人，农村劳动力转移就业 24 万人次。继续抓好各类社会保险扩面工作，努力做到应保尽保。积极推进社会保障“一卡通”工作，加快社会保障数据采集、信息审核、制卡发卡进度。改扩建公办和奖补民办幼儿园 30 所，推进市一中校舍扩建和中小学示范性综合实践基地项目建设，支持通化师范学院应用技术学院及其分院建设。长白山民俗博物馆、市图书馆和朝鲜族艺术馆建成开馆；发展文化创意产业，促进文化创意和设计服务与支柱优势产业融合发展。积极稳妥推进公立医院改革和基本药物制度，实施基本和重大公共卫生服务项目；启动市医院门诊楼建设项目。加快创新型城市建设步伐，争取列入国家和省重大科技专项 15 项以上。加快保障性安居工程和旧城改建，对南山、平岗山、锁厂等 88 个地块进行开发建设，计划征收房屋建筑面积 362.96 万平方米，计划征收房屋占地面积 1136.41 万平方米。

（九）深入实施精准扶贫，打好打赢扶贫攻坚战

把思想和行动统一到中央和省委对打赢脱贫攻坚战的决策部署上来，围绕“三确保、两不愁、三保障”的目标要求，在保证脱贫质量的前提下，实现“五年任务、三年完成、一年巩固、一年提升”。突出抓好脱贫攻坚的责任落实；着力提高脱贫攻坚精准度，精准确定“扶持谁”、精准抓好“如何退”、精准解决“怎么扶”；加快推进基础设施建设；不断完善脱贫攻坚支撑保障体系。进一步动员全社会力量，广泛参与，形成脱贫攻坚整体合力，扎实开展《关于在全市脱贫攻坚战中实施单位包村、干部包户、党员参与帮扶活动》，号召市县乡村四级联动，分析好致贫原因，研究好相关政策，谋划好产业发展，实施好易地搬迁和教育扶贫，加强医疗保险和医疗救助，抓好社会保障兜底。进一步加强基层组织建设，配强班子，选好能人，确保我市 2016 年完成农村人口脱贫 1.18 万人，到 2018 年实现 73 个贫困村全部“摘帽”，在档农村贫困人口 31719 人和市区不在档的农村贫困人口 4416 人全部脱贫。

各位代表，让我们在市委的正确领导下，在市人大的正确监督下，抢抓机遇、开拓创新、奋发有为、扎实工作，全面完成全年国民经济和社会发展计划，为加快推进全市新一轮振兴和绿色转型发展，早日实现全面建成小康社会的目标而奋斗！

通化市第七届人民代表大会第四次会议秘书处

2016 年 1 月 11 日

关于通化市 2015 年预算执行情况和 2016 年预算（草案）的报告

——2016 年 1 月 12 日在通化市第七届

人民代表大会第四次会议上

通化市财政局

各位代表:

受市政府委托，现将通化市 2015 年预算执行情况和 2016 年预算草案提交市七届人大四次会议，请予审议。

一、2015 年预算执行情况

2015 年，在市委的正确领导下，在市人大依法监督和市政协的大力支持下，全市财税工作紧紧围绕贯彻落实党的十八大、十八届三中、四中全会精神和习近平总书记系列重要讲话精神，结合市委对全市经济工作的总体部署，坚持以改革谋发展，充分发挥财税工作在支持经济社会发展中的保障和带动作用，全力推动经济和社会各项事业平稳较快发展。

（一）一般公共预算执行情况

1. 全市预算执行情况

收入完成情况: 2015 年，全市地方级财政收入 781264 万元，完成预算 103.1%（市人大常委会调整后预算，下同），下降 6.7%。主要是受"营改增"和部分重点税种税率调整等因素影响。主要收入项目:

——增值税 46485 万元，完成预算 101.5%，下降 20.2%。主要是受四环药业税收下降和东宝药业税率调整影响。

——营业税 94150 万元，完成预算 100.0%，下降 19.1%。主要是受"营改增"政策影响。

——企业所得税 66528 万元，完成预算 100.0%，增长 26.2%。主要是医药行业增收和广电行业股票转让拉动。

——个人所得税 15983 万元，完成预算 100.2%，下降 13.2%。主要是受解禁限售股转让减少影响。

——行政事业性收费等非税收入 214733 万元，完成预算 101.1%，下降 22.2%。主要是受上年非税收入基数较高、国家取消和减免部分收费项目政策影响。

全市地方级财政收入加上上划中央和省级收入，全市全口径财政收入 1161286 万元，完成预算 102.2%，下降 5.5%。

支出完成情况: 2015 年，全市财政支出 2302612 万元，完成预算 97.4%（由于部分支出结转下年影响），增长 10.3%。主要支出项目:

——一般公共服务支出 157926 万元，完成预算 99.7%，增长 10.2%。

——公共安全支出 107710 万元，完成预算 99.4%，增长 1.7 %。

——教育支出 348004 万元，完成预算 98.5%，增长 19.0%。主要是调整工资标准增加的支出。

——科学技术支出 47010 万元，完成预算 97.9%，下降 3.4%。

——文化体育与传媒支出 52609 万元，完成预算 96.1%，增长 43.8%。主要是通化市科技文化中心建设增加的支出。

——社会保障和就业支出 398885 万元，完成预算 97.8%，增长 18.7%。主要是养老保险、最低生活保障等增加的支出。

——医疗卫生与计划生育支出 179217 万元，完成预算 96.7%，增长 24.2%。主要是城镇居民和新农合医保等增加的支出。

——节能环保支出 74247 万元，完成预算 91.6%，下降 23.3%。主要是受上年“暖房子”工程支出较大影响。

——城乡社区支出 232433 万元，完成预算 97.0%，增长 18.2%。主要是老工业区搬迁改造等增加的支出。

——农林水支出 241304 万元，完成预算 95.2%，增长 9.7%。

——交通运输支出 73741 万元，完成预算 99.0%，下降 21.5%。主要是受梅河口市、集安市上年公路建设资金较大影响。

——资源勘探信息等支出 105696 万元，完成预算 97.6%，下降 26.2%。主要是受上年扶持企业发展资金较大影响。

——住房保障支出 138476 万元，完成预算 96.8%，下降 5.1%。

收支平衡情况：2015 年，全市地方级财政收入 781264 万元，加上税收返还、转移支付等上级补助收入 1351997 万元，债务转贷收入 254116 万元，上年结余（结转）收入 80446 万元和调入资金 133414 万元，财政收入总计 2601237 万元。全市财政支出 2302612 万元，加上上解省支出 58743 万元，债务还本支出 179319 万元和结转下年支出 60300 万元，财政支出总计 2600974 万元。收支相抵，净结余 263 万元。

2. 市本级预算执行情况

收入完成情况：2015 年，市本级地方级财政收入 155447 万元，完成预算 103.6%，下降 20.5%。地方级财政收入加上上划中央和省级收入，市本级全口径财政收入 335707 万元，完成预算 101.7%，下降 7.9%。

支出完成情况：市本级财政支出 695870 万元，完成预算 94.1%，增长 14.6%。主要支出项目：

——一般公共服务支出 57095 万元，完成预算 99.5%，增长 16.9%。主要是调整工资标准增加的支出。

——公共安全支出 45792 万元，完成预算 98.6%，下降 8.8%。

——教育支出 86456 万元，完成预算 98.3%，增长 34.7%。主要是调整工资标准增加的支出。

——科学技术支出 17665 万元，完成预算 94.7%，增长 10.6%。

——文化体育与传媒支出 24324 万元，完成预算 99.5%，增长 163.0%。主要是通化市科技文化中心建设增加的支出。

——社会保障和就业支出 120549 万元，完成预算 93.2%，增长 13.5%。

——医疗卫生与计划生育支出 44802 万元，完成预算 88.5%，增长 21.4%。主要是城镇居民和新农合医保等增加的支出。

——节能环保支出 25947 万元，完成预算 83.8%，下降 46.9%。主要是受上年“暖房子”工程支出较大影响。

——城乡社区支出 70962 万元，完成预算 93.2%，增长 43.0%。主要是老工业区搬迁改造、城市地下管廊建设等工程增加的支出。

——农林水支出 30658 万元，完成预算 79.3%，增长 45.9%。主要是水利工程建设增加的支出。

——交通运输支出 27028 万元，完成预算 98.1%，增长 101.3%。主要是五月花公路立体交叉工程建设增加的支出。

——资源勘探信息等支出 23448 万元，完成预算 92.0%，下降 42.9%。主要是受上年扶持企业发展资金较大影响。

——住房保障支出 56097 万元，完成预算 93.9%，下降 14.8%。主要受上年棚户区改造、廉租房建设资金较大影响。

收支平衡情况：2015 年，市本级地方级财政收入 155447 万元，加上税收返还、转移支付等上级补助收入 407567 万元，债务转贷收入 122549 万元，上年结余（结转）收入 61961 万元和调入资金 87431 万元，财政收入总计 834955 万元。财政支出 695870 万元，加上上解省支出 14638 万元，债务还本支出 80729 万元和结转下年支出 43718 万元，财政支出总计 834955 万元。收支相抵，当年预算平衡。

（二）政府性基金预算执行情况

1．全市预算执行情况

收入完成情况：2015 年，全市基金预算收入 147775 万元，完成预算 55.5%，下降 59.5%。主要是受土地交易量下降影响。其中，国有土地使用权出让收入 121525 万元，完成预算 87.6%，下降 63.2%。

支出完成情况：2015 年，全市基金预算支出 226378 万元，完成预算 79.0%，下降 47.2%。主要是受基金收入下降及统筹到一般公共预算影响。其中，城乡社区事务支出 191903 万元，完成预算 84.6%，下降 48.0%。

收支平衡情况：2015 年，全市基金预算收入 147775 万元，加上上年结余、上级补助收入、地方政府专项债务转贷收入、上解收入、调入资金等 278127 万元，收入总计 425902 万元。全市基金预算支出 226378 万元，加上地方政府专项债务还本支出、上解支出、调出资金等 171649 万元，支出总计 398027 万元。预算结余 27875 万元。

2．市本级预算执行情况

收入完成情况：2015 年，市本级基金预算收入 39820 万元，完成预算 63.7%，下降 47.3%。主要是受土地交易量下降影响。其中，国有土地使用权出让收入 19498 万元，完成预算 43.3%，下降 67.2%。

支出完成情况：2015 年，市本级基金预算支出 48925 万元，完成预算 63.2%，下降 41.7%。主要是受基金收入下降及统筹到一般公共预算影响。其中，城乡社区事务支出 35019 万元，完成预算 56.4%，下降 44.2%。

收支平衡情况：2015 年，市本级基金预算收入 39820 万元，加上上年结余、上级补助收入、地方政府专项债务转贷收入、上解收入、调入资金等 121838 万元，收入总计 161658 万元。市本级基金预算支出 48925 万元，加上地方政府专项债务还本支出、上解支出、调出资金等支出 97480 万元，支出总计 146405 万元。预算结余 15253 万元。

二、2015 年主要工作

2015 年，受经济下行压力、历年基数高增长叠加和结构性减税等因素影响，财政收入一直处于负增长区间。同时，由于行政事业单位人员工资调整、养老并轨和偿还政府性债务等刚性支出不断增加，导致我市收支矛盾更加尖锐，财税工作遇到了空前的压力和困难。面对严峻的形势，全市财税工作始终坚持市委的正确领导，团结拼搏、务实进取，基本完成了工作目标任务，保持了总体平稳的运行态势。

（一）千方百计组织收入，努力收窄下降幅度

年初以来，面对收入下降的严峻形势，市领导高度重视，深入基层、亲自督战。全市各级财税部门坚持依法征收，相互配合，定期召开收入调度会，组织开展联合调研，综合分析收入变化情况，科学安排全年征收工作。加强税收征管体制改革，在抓好综合治税、税源调查分析等工作的基础上，不断强化税收风险管理，自主研发征管任务推送系统，进一步提升了征管质效，确保了应收尽收。加强非税收入管理，搭建电子化平台，推进"以票促收"、"以票管费"，着力增加非税收入。同时，强化对水利基金、土地出让金、价调基金等基金收入的监管，不断增加政府收入。在抢抓收入的基础上，全力争取上级转移支付补助，全年共争取国家、省级债券和专项资金 43.9 亿元。

（二）坚持深化财税改革，提升财税管理水平

先后制定下发了《通化市政府性投资项目资金管理办法》、《通化市关于深化预算管理制度改革的实施意见》、《通化市人民政府关于加强地方政府性债务管理的实施意见》、《通化市鼓励高新技术产业发展实施意见》、《通化市政府购买服务实施意见》等一系列文件，进一步规范了财税运行秩序，为更加深入地推进财税改革打牢了制度基础。积极开展涉企政策宣传和解读工作，帮助企业更好、更快掌握国家政策，助力企业发展。深化纳税服务改革，建立即办涉税事项一次性办结工作制度，推出"税易贷"信用贷款服务，为纳税人提供了便利。建立重大资金审批制度，成立了市直财政资金管理委员会，按照"三重一大"要求，对重大资金实行集中集体审批。认真做好公务用车改革前摸底、测算以及法院、检察院、监狱上划省级管理前资产清查和基数划转测算等各项准备工作，为全面改革做好了前期准备。深入研究产业投资引导基金管理新模式，制定了《通化市医药健康产业引导基金管理办法》。完成信通公司资产整合和构架组建等工作，保证了企业顺利运营。全面推行政府和社会资本合作（PPP）融资模式，筹建 PPP 管理中心，并推进实施了我市地下综合管廊及道路改造 PPP 项目。建立了区域性重大项目各级政府共同分担机制。认真做好国库集中收付、公务卡、政府采购等各项改革的后续保障工作，确保改革真正取得实效。

（三）加强财政预算管理，保障各类重点支出

根据新修订《预算法》规定，按照大力压缩一般性支出、全力"保重点、保民生、保稳定"的原则，科学编制 2015 年度财政预算并严格预算执行，在我市财力异常紧张的情况下，有效保障了民生及各项重点支出需要。

1. 保障重点建设需要。拨付资金 3 亿元，支持重点交通建设、二次供水、环境保护、垃圾处理、燃气管网、地下综合管廊、重大水利工程等，完善了城市基础功能。拨付资金 1.6 亿元，支持企业技术改造、产业升级和高新技术企业加快发展，为进一步筑牢税源基础提供了保障。拨付资金 1.9 亿元，支持独立工矿区、老工业区搬迁改造，改善了老工业区发展环境和基础条件。拨付资金 1.3 亿元，用于通化机场扩建和航线补贴，保证了机场顺利运营。

2. 支持民生事业发展。拨付资金 2 亿元，重点支持了义务教育、基础教育、中职教育以及科技、文化、体育、传媒等社会事业全面进步。拨付资金 10.2 亿元，保证养老金、低保补助、医疗保险补贴、再就业资金等及时足额发放，连续 11 年落实了养老金提标政策，着力推进了社会保障体系建设，促进了城乡统筹发展。拨付资金 8139 万元，兑现各类强农惠农政策，支持农业产业化发展和农业综合开发以及农村饮水安全、农村危房改造等工程建设，提升了农民生产生活水平。拨付资金 5.9 亿元，积极推进暖房子改造、棚户区改造等重点工程建设，改善了城乡人居环境。同时，进一步加强开行棚户区贷款资金使用管理，严格资金拨付程序，累计拨付开行棚改一期贷款资金 30.7 亿元，有力支持了我市棚户区改造工作。

3. 积极维护社会稳定。统筹安排资金 3.3 亿元，保证了市直机关事业单位津贴补贴调整及养老并轨政策的落实。拨付资金 1.3 亿元，不断加大政法部门办案、警力装备、基础设施建设等投入力度，支持了安全生产、食品安全和维护社会稳定等工作。

4. 努力偿还政府债务。市直多方筹措资金 18.8 亿元，用于偿还到期政府性债务（含本金和利息），维护了政府信用。其中：争取省置换债券资金 9 亿元，一定程度上缓解了我市偿债压力。

（四）强化财政资金监管，确保资金安全运行

加大财政监督检查力度，科学制定监督检查计划，重点对专项资金使用、预算执行、预决算公开、政府采购代理机构和落实"公务卡强制结算目录"等情况进行了专项检查。充分发挥投资评审和工程预决算审查在强化资金管理、规范投资行为等方面的作用，认真开展各项工作，有效节约了财政资金。组织开展行政事业单位内部控制建设，强化内部控制管理，提高了内部管理水平。不断加大财政业务培训力度，对市直 330 个预算单位 700 余名工作人员进行了财政业务工作流程培训，提升了全市财务工作人员的整体水平。

总体来看，2015 年，虽然克服了重重压力完成了各项工作目标，但对执行中出现的困难和问题必须高度重视：一是受房地产、冶金、能源等原有经济体整体受挫，新增经济体尚未完全形成，以及上年一次性收入过大影响，全口径和地方级财政收入首次同时出现了负增长。二是受我市财政供养人口多、人员增资大等因素影响，财政刚性支出不断攀升。三是偿还债务进入高峰期，偿债资金筹措渠道收窄，偿债压力逐年增加。四是在财政收入下降、支出增加和还债压力剧增的多重作用下，平衡预算难度极大，政府资金周

转十分困难。上述困难和问题在2016年工作中还将进一步释放，均应采取积极有效措施，努力度过难关，促进地方经济发展。

三、2016年预算（草案）

2016年，预算安排的指导思想是：以党的十八大、十八届三中、四中、五中全会和市委六届五次全会精神为指导，深入贯彻习近平总书记系列重要讲话精神，紧紧抓住国家实施新一轮振兴东北政策机遇，围绕市委"六个一"战略部署和打造"七个通化"的总体要求，坚持依法行政、阳光理财，推动建立更加科学的现代预算管理制度，着力化解我市收支矛盾，为支持通化科学发展、加快振兴，实现绿色转型努力奋斗。

按照上述指导思想，2016年预算情况如下：

（一）一般公共预算情况

1. 全市预算情况

收入计划：2016年，全市地方级财政收入796666万元，增长2.0%，与全省财政收入增幅同步。主要收入项目：

——增值税60896万元，增长31.0%。主要是"营改增"扩面增加的收入。

——营业税97614万元，增长3.7%。

——企业所得税66765万元，增长0.4%。

——个人所得税16119万元，增长0.8%。

——行政事业性收费等非税收入190899万元，下降11.1%。

支出计划：2016年，全市财政支出1783743万元，比上年（上年计划，下同）增长30.8%（主要是省提前下达转移支付支出增加）。主要支出项目：

——一般公共服务支出153857万元，增长17.7%。

——公共安全支出80482万元，下降0.8%。

——教育支出303225万元，增长13.0%。

——科学技术支出17895万元，下降38.4%。

——文化体育与传媒支出27656万元，增长85.8%。

——社会保障和就业支出390560万元，增长53.4%。

——医疗卫生与计划生育支出136294万元，增长51.8%。

——节能环保支出180070万元，下降17.4%。

——城乡社区支出156285万元，增长38.7%。

——农林水支出170646万元，增长51.8%。

——交通运输支出50445万元，增长84.9%。

——资源勘探信息等支出65132万元，下降40.0%。

——住房保障支出54385万元，增长106.5 %。

——预备费16150万元。

预算平衡情况：2016年，全市地方级财政收入796666万元，加上税收返还、转移支付等上级补助收入957645万元，上年结余（结转）收入60563万元，调入资金31005万元和债务转贷收入166615万元，财政收入总计2012494万元。全市财政支出1783743万元，加上上解省支出50704万元和债务还本支出178047万元，财政支出总计2012494万元。收支相抵，当年预算平衡。

2. 市本级预算情况

收入计划：2016年，市本级地方级财政收入158555万元，增长2.0%。

支出计划：2016年，市本级财政支出494533万元，比上年增长32.1%（主要是省提前下达转移支付支出增加）。主要支出项目：

——一般公共服务支出 49588 万元，增长 9.4%。

——公共安全支出 37330 万元，增长 14.4%。

——教育支出 81080 万元，增长 23.5%。

——科学技术支出 5278 万元，下降 9.8%。

——文化体育与传媒支出 4177 万元，下降 26.6%。

——社会保障和就业支出 131015 万元，增长 52.3%。

——医疗卫生与计划生育支出 24536 万元，增长 7.2%。

——节能环保支出 2564 万元，下降 59.0%。

——城乡社区支出 13845 万元，增长 41.8%。

——农林水支出 16519 万元，下降 9.9%。

——交通运输支出 4432 万元，增长 32.9%。

——资源勘探信息等支出 17190 万元，下降 34.8%。

——住房保障支出 21406 万元，增长 70.6%。

——预备费 6050 万元。

预算平衡情况：2016 年，市本级地方级财政收入 158555 万元，加上税收返还、转移支付等上级补助收入 306898 万元，上年结余（结转）收入 43718 万元和债务转贷收入 147811 万元，财政收入总计 656982 万元。市本级财政支出 494533 万元，加上上解省支出 14638 万元和债务还本支出 147811 万元，财政支出总计 656982 万元。收支相抵，当年预算平衡。

（二）政府性基金预算情况

1. 全市预算情况

收入计划：2016 年，全市基金预算收入 134854 万元，下降 8.7%。主要是受 3 项基金转列一般公共预算影响。

支出计划：2016 年，全市基金预算支出 162238 万元，下降 28.6%，主要是受部分基金转列及统筹到一般公共预算影响。其中，城乡社区事务支出 143215 万元，下降 25.4%。

预算平衡情况：2016 年，全市基金预算收入 134854 万元，加上上年结余、上级补助收入、地方政府专项债务转贷收入等 105400 万元，收入总计 240254 万元。全市基金预算支出 162238 万元，加上地方政府专项债务还本支出和调出资金等支出 70000 万元，支出总计 232238 万元。预算结余 8016 万元。

2. 市本级预算情况

收入计划：2016 年，市本级基金收入 27216 万元，下降 31.7%。主要是受 3 项基金转列一般公共预算影响。

支出计划：2016 年，市本级基金预算支出 34023 万元，下降 31.8%。主要是受部分基金转列及统筹到一般公共预算影响。其中，城乡社区事务支出 26032 万元，下降 25.7%。

预算平衡情况：2016 年，市本级基金预算收入 27216 万元，加上上年结余、上级补助收入、地方政府专项债务转贷收入等 84252 万元，收入总计 111468 万元。市本级基金预算支出 34023 万元，加上地方政府债务还本支出和调出资金等 70000 万元，支出总计 104023 万元。预算结余 7445 万元。

四、锐意进取，迎难而上，努力完成 2016 年预算任务

2016 年是“十三五”规划的开局之年，全市财税工作要认真贯彻落实习近平总书记在吉林考察时的重要讲话精神，坚决按照市委工作部署，认真执行市人大审议通过的有关决议，继续大力组织收入，狠抓财税改革，科学调度资金，强化财政监管，为推动我市绿色转型发展做出新的贡献。

（一）积极转变增收思路，确保完成收入任务

2016 年，我市组织收入工作将面临更加严峻的形势，全市财税部门将紧密配合，转变思路，着力从增

强内生动力上下功夫。一是全力培植与涵养税源。结合推进江东老城区改造和城港经济带建设，通过强化招商引资和加大扶持力度等方式，支持战略性新兴产业和具有自主研发能力的企业做大做强，建立税收增长的长效机制。二是多措并举组织收入。强化财税部门之间的沟通协作，实现信息互通共享；进一步加大综合治税力度，努力挖掘增收潜力，确保税收及时足额入库；严格减免税管理，建立税收优惠政策备案审查、定期评估和退出机制；加强非税收入征管，发挥票据电子化管理系统作用，进一步规范征收行为，杜绝“跑冒滴漏”。三是在向上争取资金上下功夫。深入研究省政府《关于改革和完善省对市县转移支付制度的意见》，认真分析我市各项经济指标与省转移支付所需数据之间的逻辑关系，寻找争取一般性转移支付的突破口，做实相关指标，努力争取更多的上级转移支付资金，弥补我市财力缺口。

（二）坚持深化财税改革，提升科学化管理水平

深化改革是当前财税工作的重中之重，各级财税部门将积极研究，认真落实，切实做好各项改革。一是转变政府收支理念，深化全口径预算管理，进一步加大各项资金、基金的统筹力度，深入推进预决算公开，提高预算体系的完整性、统筹性和透明性。二是实施预算编制改革，按照全面反映财政收支状况、增强政府调控能力的原则，建立规范、透明的预算编制和执行程序，科学制定各项定额标准，充分发挥支出标准在预算编制和管理中的基础支撑作用。三是进一步推进“营改增”扩面工作，打通流通领域各个环节，避免重复征税，减轻纳税人负担。四是实行“金税”三期改革，统一国税、地税征管系统，提高税收管理水平。五是落实国务院《深化国税、地税征管体制改革方案》，进一步深化国税、地税之间的合作，努力为纳税人提供更加高效、优质的服务。六是进一步深化政府购买服务改革，加快转变政府职能，提高财政资金使用效益。七是合理发挥 PPP 模式的潜在优势，继续推进我市地下综合管廊及道路改造 PPP 项目建设，并且优先考虑将政府存量债务转化成 PPP 模式以化解当前债务风险。八是研究编制中长期财政发展规划，建立跨年度预算平衡机制，推进跨年度预算资金统筹使用。

（三）加大资金调度力度，提升财政保障能力

针对 2016 年财政资金周转困难局面，加强资金调度，保证资金链安全成为财税工作的新重点。一是明确资金统筹调度的范围，将政府所有资金包括一般公共预算、政府性基金预算、国有资本经营预算、社会保险基金预算资金以及各种政府性融资资金、借债资金、大额度资金等，全部纳入预算统筹调度的范围。二是继续加大盘活存量资金力度，定期对专户进行清理，减少资金沉淀，同时严格落实部门预算实际执行率不得低于 85%的规定，避免产生新的结余。三是加大一般公共预算对基金预算的统筹力度，避免资金重复安排，努力发挥资金效益最大化。四是积极筹集偿债资金，争取债券置换最大额度，努力偿还政府债务。

（四）加强财政支出管理，保障重点支出需要

一是继续贯彻中央厉行节约、反对浪费精神，树立过紧日子思想，大力压缩行政运转经费支出，保证人员支出和基本运行需要。二是进一步严格预算执行，严控预算外追加，对大额支出必须经财经委员会研究通过，将有限的资金用在刀刃上。三是加大养老、医疗、低保、文化、教育等民生工程支持力度，建立民生投入良性增长机制，全力支持民生改善。四是发挥政府性资金引导作用，用足、用好专项资金，大力扶持巨人企业发展，支持棚户区改造等保障性安居工程建设以及各项城市重点工程建设，促进经济社会协调发展。五是加大农业、农村投入力度，大力支持农村合作经营，重点扶持农业产业化龙头企业发展，帮助贫困群众实现脱贫致富。

（五）严格财政资金监管，实现资金高效运转

一是用好财政监督检查职能，加强事前、事中监管，并积极统筹财政监督和审计监督的监管效应，构筑内外协作的监督模式，确保财政资金合理、安全、高效使用。二是拓宽财政监督检查渠道，对网络平台资金使用情况进行网上巡查和账务延伸核查，规范财经秩序。三是继续强化工程预决算审查和财政投资评审职能，主动介入项目事前评估审查和竣工验收评审，减少工程资金的浪费。四是进一步加强工程审查、政府采购和国库集中支付的执行力度，规范项目资金使用，堵塞资金使用的不合理途径。五是进一步强化会计信息质量和会计从业人员资质管理，加大财税业务培训力度，提升财税干部职工和部门单位财务工作

人员整体素质。

各位代表，2016年全市财税工作仍将面临巨大的挑战，我们将继续坚持市委的领导，深入贯彻落实全市“十三五”发展规划，坚定信心，逆境突围，努力实现财税工作新突破，为支持全市绿色转型和全面建成小康社会做出新的、更大的贡献！

通化市第七届人民代表大会第四次会议秘书处

2016年1月11日

名词解释：

1. 结构性减税：结构性减税就是“有增有减，结构性调整”的一种税制改革方案，主要内容是：增值税转型改革、调整进出口退税政策、取消和停止征收100项行政事业性收费。结构性减税有别于全面的减税，是针对特定税种、基于特定目的而实行的税负水平消减。其所涉及的税种是有选择的，并非对所有税种“一刀切”式的削减。结构性减税还有别于大规模减税，所实行的是小幅度、小剂量的税负水平消减，意在从量上削减税负水平，因此是“有限度而不是大量”的减税。落实结构性减税政策，减少了我市的税收，对地方级收入产生了一定影响。

2. PPP融资模式：PPP模式为Public—Private—Partnership的字母缩写，即政府和社会资本方在基础设施及公共服务领域建立的一种长期合作关系。通常模式是由社会资本承担设计、建设、运营、维护基础设施的大部分工作，并通过“使用者付费”及必要的“政府付费”获得合理投资回报；政府部门负责基础设施及公共服务的价格和质量监管，以保证公共利益最大化。

3. 公务卡强制结算目录：按照《关于转发吉林省财政厅〈关于实施市（州）、县（市）公务卡强制结算目录的通知〉的通知》（通市财库〔2014〕6号）文件要求，我市自2014年11月1日起，强制要求部门单位印刷费、水电费、邮电费、差旅费、会议费、培训费、公务接待费、公务用车运行维护费均按规定使用公务卡结算，不再使用现金结算。目前，我市由于水电费支出暂不具备刷卡环境，各单位仍使用转账方式支付。

4. 全口径预算管理：全口径预算就是把政府所有收支全部纳入统一管理，其目标是构建一个覆盖所有收支，不存在游离于预算外的政府收支体系。

二、统计资料

1. 行政区划和土地面积

1-1 行政区划

(2015年) 单位：个

县(市)区	乡镇数	街道办事处	镇	乡	村委会
全 市	**78**	**17**	**61**	**17**	**988**
市 区	7	9	4	3	37
东 昌	3	7	1	2	14
二道江	4	2	3	1	19
开发区					4
梅河口市	19	5	16	3	303
集安市	11	3	9	2	126
通化县	15	-	10	5	160
辉南县	11	-	10	1	143
柳河县	15	-	12	3	219

1-2 土地面积(2015)

县(市)区	土地面积		人口密度
	平方公里	公 顷	人/平方公里
全 市	**15608**	**1560780**	**142**
市 区	745	74535	593
东昌区	376	37596	840
二道江区	369	36939	341
梅河口市	2174	217421	279
集安市	3342	334204	65
通化县	3725	372475	65
辉南县	2272	227232	151
柳河县	3349	334913	110

2. 综　合

2-1 国民经济主要指标

指　　标	单 位	2015年	2014年	2015年比2014年增长(%)
一、综　　合				
年末总人口	人	2211041	2221902	-0.5
全社会劳动者	人	1175057	1236857	-5.0
#职工人数	人	280660	289585	-3.1
城镇失业人数	人	8400	9095	-7.6
地区生产总值	万元	10012129	10084958	7.2
第一产业	万元	924120	904705	5.2
第二产业	万元	5120043	5340148	8.0
第三产业	万元	3967966	3840105	6.5
二、固定资产投资				
固定资产投资总额	万元	9791051	8714457	12.4
#城　镇	万元	9008251	7684223	17.2
房地产开发	万元	632000	854434	-26.0
农村固定资产投资	万元	150800	175800	-14.2
三、财政、金融				
财政收入	万元	1161286	1228547	-5.5
其中：地方财政收入	万元	781264	837190	-6.7
财政支出	万元	2302612	2086990	10.3
金融机构本外币各项存款余额	万元	10502722	9188739	14.3
金融机构本外币各项贷款余额	万元	6684014	5854658	14.2
四、人民生活				
在岗职工平均工资	元	43671	38697	12.9
城镇常住居民人均可支配收入	元	22254	20856	6.7
农村常住居民人均纯收入	元	10117	9700	4.3
城乡居民人民币储蓄存款余额	万元	7062432	6372275	10.8
人均住宅建筑面积	平方米	34.94	34.84	0.3

注：①人均住宅建筑面积取自公用局。

2-1 续表 1

指　标	单位	2015年	2014年	2015年比2014年增长 (%)
五、农　业				
乡村劳动力资源	人	653707	643358	1.6
农林牧渔业总产值	万元	1749592	1697241	3.1
主要农产品产量				
谷　物	吨	1778059	1753353	1.4
油　料	吨	898	1318	-31.9
园　参	吨	38299	38907	-1.6
瓜　果	吨	60970	69787	-12.6
猪牛羊肉	吨	114989	110538	4.0
六、工　业				
工业总产值	万元	21450859	19156226	12.0
轻工业	万元	15420489	13178742	17.0
重工业	万元	6030370	5977484	0.9
工业增加值	万元	5873935	5232106	9.4
主要工业产品产量				
生　铁	吨	3840965	4439456	-13.5
粗　钢	吨	3698764	4391172	-15.8
钢　材	吨	3753920	4384897	-14.4
焦　炭	吨	1672629	1871294	-10.6
发 电 量	万千瓦小时	387663	395466	-2.0
原　煤	吨	2000461	2299459	-13.0
农用化肥	吨	44016	11843	271.7
中 成 药	吨	170689	154742	10.3
啤　酒	吨	256915	220074	16.7

2-1 续表 2

指 标	单 位	2015年	2014年	2015年比2014年增长(%)
规模以上工业企业财务指标				
年末流动资产平均余额	万元	6183300	5885020	5.1
利润税金总额	万元	1997849	1680467	18.9
#利润总额	万元	1366729	1017612	34.3
七、运输、邮电				
货 运 量	万吨	2685	2963	-9.4
客 运 量	万人	2992	2372	26.1
邮电业务收入	亿元	14.8	15.2	-2.6
固定电话用户	万户	45.2	45.6	-0.9
移动电话用户	万户	234.2	215.1	8.9
八、内外贸易和旅游				
社会消费品零售总额	万元	4832797	4397449	9.9
进出口总额	万美元	63094	76244	-17.2
#出口额	万美元	25094	26120	-3.9
接待国内旅游人数	万人	862.9	739.5	16.7
接待境外旅游人数	人	199018	168700	18.0
九、在校学生数				
高等学校	人	12598	12418	1.4
中等职业学校	人	6717	6342	5.9
普通中学	人	80468	83305	-3.4
小 学	人	93024	93325	-0.3
十、卫 生				
医疗卫生机构	个	832	687	21.1
#医 院	个	61	40	52.5
医疗床位数	张	13880	11801	17.6
卫生技术人员	人	12660	11671	8.5
#执业医师	人	4858	4585	6.0

2-2 国民经济主要比例关系

单位：%

指 标	2005年	2009年	2010年	2012年	2013年	2014年	2015年
地区生产总值	**100**	**100**	**100**	**100**	**100**	**100**	**100**
第一产业	16.1	10.8	10.4	9.9	9.4	8.8	9.2
第二产业	46.3	51.8	52.1	53	54.2	52.9	51.2
第三产业	37.6	37.4	37.5	37.1	36.4	38.3	39.6
全部从业人员	**100**	**100**	**100**	**100**	**100**	**100**	**100**
第一产业	51.0	46	46.2	42.9	37.7	39.6	43.2
第二产业	18.2	20.5	20.3	19.7	24.5	22.7	19.9
第三产业	30.8	33.5	33.5	37.4	37.8	37.7	36.9
工业总产值	**100**	**100**	**100**	**100**	**100**	**100**	**100**
轻工业	39.1	48.9	52.1	60.9	65.7	68.8	71.9
重工业	60.9	51.1	47.9	39.1	34.3	31.2	28.1
农林牧渔业总产值	**100**	**100**	**100**	**100**	**100**	**100**	**100**
农 业	53.2	46.2	46.8	48.1	50	48.5	48.1
林 业	3.1	3.5	3.4	7.3	6.8	6.7	7.3
牧 业	41.1	42.7	41.4	35.5	34.2	35	35.5
渔 业	2.0	2.6	2.8	3.4	3.2	2.7	3.4
农林牧渔服务业	0.6	5.0	5.6	5.7	5.8	7.1	5.7

2-3 按人口平均的国民经济主要指标

指　　标	单位	2005年	2009年	2010年	2012年	2013年	2014年	2015年
地区生产总值	元／人	10065	22820	27690	39111	41991	45378	45171
工业总产值	元／人	10413	28931	38415	60459	73963	86195	96779
农业总产值	元／人	2885	4389	5050	6782	7351	7637	7894
主要工农业产品产量								
啤　　酒	公斤／人	7.6	33.2	62.7	74.1	83.8	99	115.9
原　　煤	公斤/人	1950	2487	2539	2383	1083.2	1034.7	902.5
发电量	千瓦时／人	1309	2302	2339	1422	1647	1779	1749
猪牛羊肉	公斤／人	101.3	97.2	38.9	47.3	48.5	49.7	51.9
瓜　　果	公斤／人	27	28.2	31	29.1	29.7	31.4	27.5
固定资产投资	元／人	4906	25607	36083	33772	35838	39211	44174
全口径财政收入	元／人	1062	2079	2723	4710	5163	5528	5239
财政支出	元／人	1460	4114	5295	7819	8980	9391	10389
城乡居民人民币储蓄存款余额	元／人	9126	15181	16944	22331	25068	28673	31863
社会消费品零售总额	元／人	4024	9117	10910	15604	17406	19787	21804
高等学校在校生	人/万人	41.4	46.9	47.6	52.7	54.1	55.8	56.9
医疗卫生机构	个/万人	0.8	2.4	2.9	2.8	3	3	4
医　　院	个/万人	0.24	0.19	0.19	0.17	0.17	0.18	0.27
医疗床位	张／万人	33.6	41.9	42.9	44.7	51.9	53.1	62.6
卫生技术人员	人/万人	53.5	46	47	51.1	50.8	52.5	57.1
#执业医师	人/万人	20.2	22.6	23	20.4	20.5	20.5	21.9

2-4 历年地区生产总值

单位：万元

年 份	地区生产总值	第一产业	第二产业	#工 业	第三产业	#运输邮政	批发零售贸易餐饮业	人均生产总值
1985	183937	64763	77660	67874	41514			868
1986	194548	64147	86805	75696	43596			917
1987	238527	77425	106154	92278	54948			1117
1988	298287	80605	137560	120079	80122			1376
1989	316514	69497	151322	137294	95695			1447
1990	358964	103742	149171	133688	106051			1630
1991	395319	104846	167022	149490	123451			1786
1992	481529	106320	224541	190647	150668	32291	34202	2176
1993	633999	125725	317867	275547	190407	40394	45615	2857
1994	787591	204651	339549	295480	243391	50528	60836	3527
1995	811585	179034	324567	278071	307984	71207	74979	3583
1996	975089	278970	355460	318456	340659	97949	95455	4247
1997	1037154	257864	397134	359935	382157	111614	102263	4452
1998	1089039	277064	419948	381472	392027	116899	106382	4716
1999	1138955	278207	439355	399836	421393	124647	111876	4984
2000	1172795	282956	445204	401885	444635	130537	112513	5166
2001	1432149	308727	586324	504442	537098	156001	133172	6309
2002	1569125	323712	643429	544387	601984	171291	146532	6912
2003	1721384	336413	715666	602537	669305	174025	161967	7583
2004	1928600	361400	815800	692200	751400	186600	184400	8668
2005	2292384	368984	1062051	911615	861349	202841	213720	10065
2006	2847362	406271	1384524	1211491	1056567	252711	258761	12495
2007	3536277	496978	1757054	1526494	1282245	288091	328851	15310
2008	4483291	517354	2293600	1981100	1672337	422789	510091	19747
2009	5180017	560580	2684417	2341697	1935020	471884	623366	22820
2010	6270844	650773	3268480	2918439	2351591	555479	776775	27690
2011	7802319	787543	4081103	3724647	2933673	681939	960279	34515
2012	8811232	870600	4670308	4136275	3270324	563726	1099313	39111
2013	9382345	887138	5014280	4261022	3480927	554455	1139950	41991
2014	10084958	904705	5340148	4553333	3840105	612918	1267148	45378
2015	10012129	924120	5120043	4537546	3967966	608694	1294462	45171

2-5 历年地区生产总值指数

年份	地区生产总值	第一产业	第二产业	#工业	建筑业	第三产业	#运输邮电	批发零售贸易餐饮业
1985	110.8	108.1	115.5			108.9		
1986	103.7	94.0	114.8			102.0		
1987	122.4	135.4	114.6			116.7		
1988	110.5	86.8	123.6			128.7		
1989	101.8	88.5	103.9			113.7		
1990	104.3	118.3	96.2			104.0		
1991	105.3	102.6	105.8	108.0	90.5	107.3		
1992	114.2	97.1	125.1	119.6	171.3	115.9		
1993	115.8	113.9	115.9	117.2	108.1	117.3	130.5	122.8
1994	113.2	108.8	112.5	115.4	93.4	117.9	112.7	119.7
1995	103.1	79.5	107.4	106.9	111.7	114.3	117.5	123.8
1996	114.2	144.8	108.8	113.2	75.4	105.7	131.4	108.2
1997	106.4	94.5	112.3	113.1	103.0	106.7	121.1	103.3
1998	109.4	121.0	106.7	106.2	112.7	105.9	105.6	109.2
1999	108.6	104.4	110.6	110.3	114.9	108.5	109.1	106.3
2000	107.7	101.9	110.1	109.7	115.0	108.1	105.8	107.9
2001	109.7	106.7	110.6	109.7	118.5	110.7	104.7	114.6
2002	110.6	105.3	113.0	111.0	129.6	111.6	109.8	109.5
2003	112.3	104.3	116.1	114.4	128.9	112.9	109.4	110.3
2004	114.2	105.2	117.2	116.2	123.5	115.9	114.2	114.0
2005	116.8	110.3	125.2	126.3	118.7	111.1	109.6	114.6
2006	118.3	106.3	123.1	125.0	111.7	117.5	116.0	117.0
2007	120.1	105.8	125.0	124.7	126.7	119.3	113.4	125.0
2008	121.6	110.4	124.4	122.6	136.6	121.4	115.5	131.4
2009	115.3	108.4	116.6	116.7	115.9	115.6	109.8	122.9
2010	117.1	106.1	122.8	126.7	99.0	112.7	109.4	113.8
2011	116.5	105.5	120.0	123.2	94.0	114.8	112.5	109.9
2012	112.1	105.3	115.2	112.1	148.6	109.3	105.9	112.1
2013	112.4	104.2	116.6	115.1	126.6	108.3	105.4	103.7
2014	106.7	104.5	107.1	107.5	104	106.7	108.2	111.1
2015	107.2	105.2	108.0	109.3	98.7	106.5	104.4	105.7

2-6 2015年地区生产总值和指数

单位：万元

类　别	2015年	2014年	2015为2014年的% (按可比价计算)
地区生产总值	**10012129**	**10084958**	**107.2**
农、林、牧、渔业	986127	963199	104.5
农业	565776	525696	108.6
林业	58739	67013	87.9
畜牧业	279147	272114	103.0
渔业	20458	18758	109.1
农、林、牧、渔服务业	62007	79618	94.2
工业	4537546	4553333	109.3
采矿业	569462	594822	101.0
#开采辅助活动		505	
制造业	3880768	3871337	110.2
#金属制品、机械和设备修理业		977	
电力、燃气及水的生产和供应业	87316	87174	104.4
建筑业	582497	788297	98.7
批发和零售业	1107834	1085284	105.5
批发业	689954	683368	104.3
零售业	417880	401916	107.5
交通运输、仓储和邮政业	608694	612918	102.3
邮政业	68721	60970	116.2
住宿和餐饮业	186628	181864	108.9
住宿业	98163	91968	109.9
餐饮业	88465	89896	107.9
信息传输、软件和信息技术服务业	230116	218251	110.0
电信、广播电视和卫星传输服务	230116	218251	110.0
金融业	253486	220025	119.3
货币金融服务	202957	183643	113.9
资本市场服务	9603	7081	139.1
保险业	36319	25130	150.0
其他金融业	4607	4171	109.9
房地产业	381572	394243	103.4
房地产开发经营业	95385	112552	99.9
物业管理业	29819	29600	103.8
房地产中介服务业	9970	10002	103.9
自有房地产经营活动	240481	236225	105.0
其他房地产业	5917	5864	102.8
租赁和商务服务业	211518	200358	106.0
科学研究和技术服务业	51195	47786	108.8
水利、环境和公共设施管理业	23752	22171	113.8
居民服务、修理和其他服务业	119517	113211	106.5
教育	221760	206996	109.8
卫生和社会工作	131221	122484	113.9
文化、体育和娱乐业	54329	51462	109.2
公共管理、社会保障和社会组织	324337	303076	105.2
第一产业	924120	883581	105.2
第二产业	5120043	5340148	108.0
第三产业	3967966	3861229	106.5
人均地区生产总值	**45171**	**45378**	**107.5**

注：2015当年价GDP统一核算而调整数据，与2014年不可比。

2-7 各县(市、区)生产总值

单位：万元

类别	东昌区		二道江区		梅河口市	
	2014	2015	2014	2015	2014	2015
地区生产总值	**1351060**	**1403295**	**321106**	**350140**	**3115691**	**3297784**
按产业分						
第一产业	28923	29304	17952	18358	248254	253240
第二产业	530880	545608	256569	281905	1523081	1592836
第三产业	791257	828383	46585	49877	1344356	1451708
按行业分						
农林牧渔业	29201	29588	18400	18838	269604	276298
工业	488400	506730	226838	253345	1296204	1373140
建筑业	42480	38878	29731	28560	226877	219696
批发和零售业	381850	402111	10232	11145	367617	395302
交通运输仓储邮政业	92720	95775	8200	8764	216108	218001
住宿和餐饮业	51030	51328	9575	9439	65021	68140
金融业			2169	2553	111281	131603
房地产业	108120	114923	1504	1594	54519	57235
其他服务业	157259	163962	14457	15902	508460	558369
营利性服务业	107310	111885	3920	4020	197318	224292
非营利性服务业	49949	52077	10537	11882	311142	334077

2-7 续表

单位：万元

类别	集安市		通化县		辉南县		柳河县	
	2014	2015	2014	2015	2014	2015	2014	2015
地区生产总值	**953693**	**1020839**	**1282744**	**1319308**	**950111**	**1010039**	**961292**	**935132**
按产业分								
第一产业	93700	95825	93408	96589	181910	185812	185302	186675
第二产业	403186	425989	700106	715090	403428	429268	442022	437196
第三产业	456807	499025	489230	507629	364773	394959	333968	311261
按行业分								
农林牧渔业	96000	98285	94900	97166	195500	200054	199255	201811
工业	337720	366409	616536	641696	249739	290801	408482	407897
建筑业	65466	59580	85035	74998	153692	138470	33540	29299
批发和零售业	117389	123996	43228	52942	99523	113488	46880	41027
交通运输仓储邮政业	124853	132355	38548	47406	51113	54947	43670	34449
住宿和餐饮业	29020	29913	51093	36162	30573	35062	23671	13114
金融业	48433	57597	42958	17986	22374	22426	49092	53276
房地产业	29805	31973	28112	25704	56926	60119	46201	33800
其他服务业	105007	120731	282334	325248	90671	94672	110501	120459
营利性服务业	52850	59562	117749	157299	37788	38901	52194	58182
非营利性服务业	52157	61169	164585	167949	52883	55771	58307	62277

2-8 各县(市、区)生产总值指数

(按不变价计算以上年为100)

单位：%

类　别	东昌区		二道江区		梅河口市	
	2014	2015	2014	2015	2014	2015
地区生产总值	**106.5**	**105.9**	**107.2**	**106.9**	**108.5**	**108.3**
按产业分						
第一产业	104.5	104.5	105.6	103.2	104.7	104.9
第二产业	107.5	107.9	107.7	107.2	109.5	109.6
第三产业	106.5	104.5	104.9	106.6	108.0	107.4
按行业分						
农林牧渔业	104.5	104.5	105.6	103.2	104.7	105.0
工业	106.8	108.9	108.8	108.1	109.4	111.2
建筑业	116.3	95.0	98.6	99.8	110.0	100.6
批发和零售业	107.5	105.5	108.2	107.2	113.0	107.7
交通运输仓储邮政业	103.2	103.3	104.1	101.9	102.8	100.7
住宿和餐饮业	104.3	99.4	102.1	106.3	112.3	103.5
金融业			109.2	118.1	126.8	118.7
房地产业	112.2	107.2	111.3	105.5	100.4	104.2
其他服务业	101.4	102.8	106.9	107.2	104.0	108.3
营利性服务业	102.9	102.8	107.9	96.4	106.1	112.5
非营利性服务业	98.3	102.8	106.5	111.6	102.7	105.6

2-8 续表

单位：%

类　别	集安市		通化县		辉南县		柳河县	
	2014	2015	2014	2015	2014	2015	2014	2015
地区生产总值	**106.7**	**107.2**	**106.8**	**107.2**	**106.7**	**107.5**	**106.9**	**106.9**
按产业分								
第一产业	104.1	103.8	104.5	102.3	102.8	104.6	104.4	103.2
第二产业	105.9	106.1	108.3	107.2	107.6	108.3	107.1	108.2
第三产业	108.0	108.8	105.1	108.2	107.5	107.9	108.0	107.5
按行业分								
农林牧渔业	104.5	103.9	104.5	102.3	103.1	104.7	104.5	103.7
工业	106.9	109.3	94.1	109.2	104.5	110.2	106.9	109.5
建筑业	101.4	90.5	104.1	93.7	113.9	104.5	109.9	90.7
批发和零售业	109.5	105.8	120.1	104.2	112.1	110.8	112.0	108.3
交通运输仓储邮政业	104.9	104.5	110.7	102.1	102.8	102.6	107.2	101.6
住宿和餐饮业	107.9	106.6	128.7	102.4	111.4	110.9	89.5	90.7
金融业	116.4	119.3	120.3	120.4	108.0	108.3	110.9	117.1
房地产业	101.1	107.5	92.4	105.0	106.8	106.3	112.9	103.5
其他服务业	108.2	113.6	105.1	109.6	104.7	107.9	108.0	106.7
营利性服务业	119.0	111.9	106.9	107.9	103.3	108.0	108.8	98.9
非营利性服务业	99.2	115.3	103.7	110.8	105.7	107.8	107.3	111.3

2-9 2015年地区生产总值项目构成

单位：万元

类 别	增加值	劳动者报酬	生产税净额	固定资产折旧	营业盈余
地区生产总值	**10012129**	**4484194**	**1684905**	**1539582**	**2303448**
农、林、牧、渔业	986127	778851	-35242	58443	184075
农业	565776	425123	-30925	30729	140849
林业	58739	54071	-2886	3621	3933
畜牧业	279147	229733	81	17257	32076
渔业	20458	17871	-1628	1011	3204
农、林、牧、渔服务业	62007	52053	116	5825	4013
工业	4537546	1469565	1036341	757025	1274615
采矿业	569462	216208	147814	58952	146488
#开采辅助活动					
制造业	3880768	1214464	889121	659825	1117358
#金属制品、机械和设备修理业					
电力、燃气及水的生产和供应业	87316	38893	-594	38248	10769
建筑业	582497	253851	189700	16469	122477
批发和零售业	1107834	363595	199612	93606	451021
批发业	689954	242488	80625	43376	323465
零售业	417880	121107	118987	50230	127556
交通运输、仓储和邮政业	608694	396282	81852	83085	47475
邮政业	68721	37188	1261	24595	5677
住宿和餐饮业	186628	74466	29333	57936	24893
住宿业	98163	55712	14092	4317	24042
餐饮业	88465	18754	15241	53619	851
信息传输、软件和信息技术服务业	230116	109131	28447	49053	43485
电信、广播电视和卫星传输服务	230116	109131	28447	49053	43485
金融业	253486	145166	35453	31697	41170
货币金融服务	202957	116140	28382	25358	33077
资本市场服务	9603	5483	1346	1212	1562
保险业	36319	20907	5081	4552	5779
其他金融业	4607	2636	644	575	752
房地产业	381572	55307	51171	249501	25593
房地产开发经营业	95385	27274	42061	6305	19745
物业管理业	29819	22265	5836	1718	
房地产中介服务业	9970	3903	766	601	4700
自有房地产经营活动	240481			240481	
其他房地产业	5917	1865	2508	396	1148
租赁和商务服务业	211518	102323	32136	55246	21813
科学研究和技术服务业	51195	31289	4846	6001	9059
水利、环境和公共设施管理业	23752	16825	1500	5022	405
居民服务、修理和其他服务业	119517	66744	23122	28065	1586
教育	221760	204362	460	16058	880
卫生和社会工作	131221	76100	461	4355	50305
文化、体育和娱乐业	54329	40009	4555	5726	4039
公共管理、社会保障和社会组织	324337	300328	1158	22294	557
第一产业	924120	726798	-35358	52618	180062
第二产业	5120043	1723416	1226041	773494	1397092
第三产业	3967966	2033980	494222	713470	726294

3. 人　口

3-1 历年人口数构成

单位：万人

年份	人口数	按性别分		按农业、非农业分		男性人口占总人口的比重%	非农业人口占总人口的比重%
		男	女	农业人口	非农业人口		
1949	87.46	48.94	38.52	66.49	20.97	55.96	23.98
1950	88.64	49.37	39.27	66.54	22.10	55.70	24.93
1951	89.42	49.85	39.57	65.15	24.27	55.75	27.14
1952	89.80	49.36	40.44	70.15	19.65	55.97	21.88
1953	94.21	51.73	42.48	70.84	23.37	54.91	24.81
1954	96.86	53.10	43.76	69.44	27.42	54.82	28.31
1955	99.31	54.31	45.00	70.76	28.55	54.69	28.75
1956	100.93	55.03	45.90	75.28	25.65	54.52	25.41
1957	103.28	56.30	46.98	75.23	28.05	54.51	27.16
1958	109.60	60.18	49.42	77.75	31.85	54.91	29.06
1959	115.43	63.63	51.80	74.30	41.13	55.12	35.63
1960	125.79	69.36	56.43	73.65	52.14	55.14	41.45
1961	126.04	68.07	57.97	77.51	48.53	54.01	38.50
1962	128.75	68.28	60.47	87.29	41.46	53.03	32.20
1963	136.08	72.15	63.93	93.06	43.02	53.02	31.61
1964	142.57	75.61	66.96	100.21	42.36	53.03	29.71
1965	146.32	77.09	69.23	102.48	43.84	52.69	29.96
1966	150.10	78.73	71.37	106.12	43.98	52.45	29.30
1967	154.47	81.49	72.98	108.44	46.03	52.75	29.80
1968	157.67	82.92	74.75	110.82	46.85	52.59	29.71
1969	160.95	83.96	76.99	113.88	47.07	52.17	29.25
1970	166.00	86.57	79.43	116.03	49.97	52.15	31.10
1971	171.91	89.24	82.67	119.20	52.71	51.91	30.66
1972	175.51	91.24	84.27	120.42	55.09	51.99	31.39
1973	178.68	92.89	85.79	122.37	56.31	51.99	31.51
1974	181.52	94.27	87.25	124.49	57.03	51.93	31.42
1975	185.12	96.08	89.04	127.13	57.99	51.90	31.33

3-1 续表　　单位：万人

年　份	人口数	按性别分		按农业、非农业分		男性人口占总人口的比重%	非农业人口占总人口的比重%
		男	女	农业人口	非农业人口		
1976	188.86	98.06	90.80	128.81	60.05	51.92	31.80
1977	192.61	99.93	92.68	131.30	61.31	51.88	31.83
1978	196.32	101.69	94.63	132.79	63.53	51.80	32.36
1979	199.96	103.53	96.43	132.26	67.70	51.78	33.86
1980	201.94	104.38	97.56	132.49	69.45	51.69	34.39
1981	203.29	104.88	98.41	132.01	71.28	51.59	35.06
1982	205.06	104.30	100.76	132.45	72.61	50.86	35.41
1983	206.29	106.33	99.96	132.07	74.22	51.54	35.98
1984	207.33	106.81	100.52	131.46	75.87	51.52	36.59
1985	208.06	107.14	100.92	129.33	78.40	51.49	37.68
1986	209.44	107.82	101.62	128.56	80.88	51.48	38.62
1987	211.09	108.45	102.64	128.08	83.01	51.38	39.32
1988	210.86	108.35	102.51	126.95	83.91	51.38	39.79
1989	213.41	109.58	103.83	127.24	86.17	51.35	40.38
1990	216.87	111.15	105.72	129.35	87.52	51.25	40.36
1991	217.81	111.74	106.07	129.10	88.71	51.30	40.73
1992	218.36	111.91	106.45	127.70	89.66	51.25	41.06
1993	219.60	112.43	107.17	125.90	93.70	51.20	42.67
1994	221.61	113.49	108.12	123.99	97.62	51.21	44.05
1995	226.14	115.76	110.38	124.79	101.35	51.19	44.82
1996	230.56	118.00	112.56	126.55	104.01	51.18	45.11
1997	230.06	117.74	112.32	125.73	104.33	51.18	45.35
1998	225.88	115.43	110.45	123.54	102.34	51.10	45.31
1999	225.96	115.48	110.48	124.38	101.58	51.11	44.95
2000	224.52	114.56	109.96	122.83	101.69	51.02	45.29
2001	225.25	114.75	110.50	121.59	103.66	50.94	46.02
2002	225.81	115.11	110.70	121.37	104.33	50.98	46.25
2003	226.22	115.28	110.94	121.34	104.88	50.96	46.36
2004	226.39	115.14	111.25	121.34	105.05	50.86	46.40
2005	226.31	115.43	110.88	121.89	104.42	51.01	46.14
2006	226.88	115.33	111.54	121.99	104.89	50.83	46.23
2007	226.91	115.45	111.46	122.07	104.84	50.88	46.20
2008	227.17	115.40	111.77	122.35	104.82	50.80	46.14
2009	226.81	115.40	111.41	122.43	104.38	50.88	46.02
2010	226.12	114.97	111.15	117.35	108.77	50.84	48.10
2011	225.99	114.75	111.24	116.15	109.84	50.78	48.60
2012	224.58	114.03	110.55	109.74	114.84	50.77	51.13
2013	222.30	112.85	109.45	105.67	116.63	50.77	52.47
2014	222.19	112.67	109.52	105.86	116.33	50.71	52.36
2015	221.11	112.21	108.9	105.04	116.06	50.75	52.49

3-2 全市人口情况

指 标	单位	1995年	2000年	2005年	2010年	2012年	2013年	2014年	2015年
总户数	户	631034	663440	721480	784981	815765	844029	854006	852432
户均人口	人/户	3.58	3.38	3.14	2.88	2.75	2.63	2.6	2.6
总人口	人	2261380	2245240	2263120	2261233	2245795	2222963	2221902	2211041
男	人	1157624	1145595	1154337	1149702	1140253	1128515	1126742	1122095
女	人	1103756	1099645	1108783	1111531	1105542	1094448	1095160	1088946
性别比	女=100	104.87	104.18	104.11	103.43	103.14	103.11	102.88	103.04
农业人口	人	1247922	1228279	1218919	1173559	1097421	1056630	1058565	1050421
占总人口比重	%	55.18	54.71	53.86	51.90	48.87	47.53	47.64	47.5
非农业人口	人	1013458	1016961	1044201	1087674	1148374	1166333	1163337	1160620
占总人口比重	%	44.82	45.29	46.14	48.10	51.13	52.47	52.36	52.50
出生人口	人	25051	25055	18896	18259	18957	18710	19796	14477
人口出生率	‰	11.19	11.12	8.35	8.06	8.41	8.37	8.91	6.54
死亡人口	人	11551	14356	10106	18782	25046	16865	14671	14199
人口死亡率	‰	5.16	6.37	4.46	8.29	11.12	7.55	6.60	6.42
自然增长人口	人	13500	10699	8790	-523	-6089	1845	5125	278
人口自然增长率	‰	6.03	4.75	3.88	-0.23	-2.71	0.82	2.31	0.12

3-3 各县(市、区)总户数、总人口及变动情况

县（市、区）	1995年	2000年	2005年	2010年	2012年	2013年	2014年	2015年
一、总户数(户)								
全　市	631034	663440	721480	784981	815765	844029	854006	852432
市　区	122909	131751	145989	157906	164783	170089	172536	173807
东昌区	82539	88370	99179	106840	113130	116421	118581	119863
二道江区	40370	43381	46810	51066	51653	53668	53955	53944
梅河口市	172166	183565	192237	210353	223169	230212	232945	232260
集安市	65777	70222	75297	84127	84420	85202	85807	85399
通化县	71007	74761	77441	89037	88514	98580	100004	99313
辉南县	102260	102129	125054	119263	127103	130331	131701	130964
柳河县	96915	101012	105462	124295	127776	129615	131013	130689
二、总人口(人)								
按县(市)区分								
全　市	2261380	2245240	2263120	2261233	2245795	2222963	2221902	2211041
市　区	426142	432584	456163	447635	441689	443390	443051	440495
东昌区	288068	296860	319228	316849	313349	314646	315925	315431
二道江区	138074	135724	136935	130786	128340	128744	127126	125064
梅河口市	622722	617262	617171	618251	617383	605173	606369	605342
集安市	230373	227592	225633	222938	218465	218623	217896	215664
通化县	255091	251124	242161	245155	243131	243315	243071	240956
辉南县	357036	349312	353510	353974	352548	343496	342551	341457
柳河县	370016	367366	368482	373280	372579	368966	368964	367127
按性别分(人)								
男	1157624	1145595	1154337	1149702	1140253	1128515	1126742	1122095
女	1103756	1099645	1108783	1111531	1105542	1094448	1095160	1088946
按农业非农业分								
农业人口	1247922	1228279	1218919	1173559	1097421	1056630	1058565	1050421
非农业人口	1013458	1016961	1044201	1087674	1148374	1166333	1163337	1160620
三、人口变动情况								
平均人口(人)	**2238758**	**2252438**	**2263499**	**2264691**	**2252857**	**2234379**	**2222432.5**	**2216472**
市　区	422513	432899	455643	448488	443665.5	442539.5	443220.5	441773
东昌区	285441	296699	318534	317274	314550	313997.5	315285.5	315678
二道江区	137072	136200	137109	131214	129115.5	128542	127935	126095
梅河口市	614076	613831	616006	618638	617899.5	611278	605771	605856
集安市	228660	231803	228864	223820	220448	218544	218259.5	216780
通化县	253205	251613	242401	245243	244552.5	243223	243193	242013
辉南县	353619	352792	353634	354581	353250	348022	343023.5	342004
柳河县	366685	369500	366961	373921	373041.5	370772.5	368965	368046
迁入人口(人)	**49156**	**32993**	**26199**	**23856**	**26070**	**28535**	**22539**	**19980**
市　区	4968	6120	7452	4625	5899	6290	3993	3773
东昌区	3755	4649	6108	3316	4711	3584	3170	3018
二道江区	1213	1471	1434	1309	1188	2706	823	755
梅河口市	20129	17921	6977	7367	7999	9072	8501	6379
集安市	4775	795	2420	2212	1879	1857	1732	1612
通化县	5484	1723	2364	2624	3515	2457	2404	2207
辉南县	8035	3405	3796	3319	3511	5833	2982	3470
柳河县	5765	3029	3190	3709	3267	3026	2927	2539
迁出人口(人)	**39197**	**32722**	**31568**	**29756**	**31560**	**46398**	**28766**	**27946**
市　区	4179	5157	6744	6198	6128	4703	4750	4573
东昌区	3227	4047	5276	4670	4564	3303	3360	3526
二道江区	952	1110	1468	1528	1564	1400	1390	1227

3-3 续表

县（市、区）	1995年	2000年	2005年	2010年	2012年	2013年	2014年	2015年
梅河口市	12623	13316	8969	8715	8234	17455	9472	7953
集安市	4718	1758	3606	2702	2466	2305	2448	2090
通化县	5960	3464	3361	2753	4364	2675	2809	3355
辉南县	6168	4423	5852	4437	4929	14213	4833	4913
柳河县	5549	4604	3036	4951	5439	5047	4454	4982
出生人口(人)	**25051**	**25055**	**18896**	**18259**	**18957**	**18710**	**19796**	**14477**
市　　区	5063	4483	2762	2920	3027	2935	3367	2439
东 昌 区	2968	3012	1774	2155	2267	2220	2652	1880
二道江区	2095	1417	988	765	760	715	715	559
梅河口市	6981	7013	4920	5349	5535	5494	5986	4130
集安市	2648	1812	1717	1509	1593	1692	1666	1401
通化县	2468	2959	1933	1608	1811	2049	2186	1716
辉南县	3842	3565	3697	3125	3139	2821	2757	2073
柳河县	4049	5223	3867	3748	3852	3719	3834	2718
出生率(‰)	11.19	11.12	8.35	8.06	8.41	8.37	8.91	6.54
市　区	11.98	10.36	6.06	6.51	6.55	6.63	7.60	5.54
东昌区	10.4	10.15	5.57	6.79	7.21	7.07	8.41	5.96
二道江区	15.28	10.8	7.21	5.83	5.89	5.56	5.59	4.43
梅河口市	11.37	11.42	7.99	8.65	8.96	8.99	9.88	6.82
集安市	11.58	7.82	7.5	6.74	7.23	7.74	7.63	6.46
通化县	9.75	11.76	7.97	6.56	7.41	8.42	8.99	7.09
辉南县	10.86	10.11	10.54	8.81	8.89	8.1	8.04	6.06
柳河县	11.04	14.14	10.45	10.02	10.32	10.03	10.39	7.38
死亡人口(人)	**11551**	**14356**	**10106**	**18782**	**25046**	**16865**	**14671**	**14199**
市　区	2343	2893	2325	2874	6114	2677	2884	2986
东昌区	1593	1875	1505	1966	4550	1789	1901	2093
二道江区	750	1018	820	908	1564	888	983	893
梅河口市	2713	3944	2663	4686	6103	5533	3719	3374
集安市	1221	1407	1189	2732	4642	1198	1714	1642
通化县	1615	1888	1526	1698	2942	1112	2071	2708
辉南县	1766	2172	712	3005	3136	2983	1917	1637
柳河县	1893	2052	1691	3787	2109	3362	2366	1852
死亡率(‰)	5.16	6.37	4.46	8.29	11.12	7.55	6.60	6.41
市　区	5.55	6.68	5.1	6.41	13.29	6.05	6.51	9.40
东昌区	5.58	6.32	4.72	6.20	14.47	5.7	6.03	6.63
二道江区	5.47	7.47	5.98	6.92	12.11	6.91	7.68	7.08
梅河口市	4.42	6.43	4.32	7.57	9.88	9.05	6.14	5.57
集安市	5.34	6.07	5.2	12.21	21.06	5.48	7.85	7.57
通化县	6.38	7.5	6.3	6.92	12.03	4.57	8.52	11.19
辉南县	4.99	6.16	4.78	8.47	8.88	8.57	5.59	4.79
柳河县	5.16	5.55	1.94	10.13	5.65	9.07	6.41	5.03
自然增长率(‰)	**6.03**	**4.75**	**3.88**	**-0.23**	**-2.71**	**0.82**	**2.31**	**0.12**
市　区	6.44	3.67	0.96	0.1	-6.74	0.58	1.09	-3.87
东昌区	4.82	3.83	0.84	0.59	-7.26	1.37	2.38	-0.67
二道江区	9.81	3.33	1.23	-1.09	-6.22	-1.35	-2.09	-2.65
梅河口市	6.95	5	3.66	1.08	-0.92	-0.06	3.74	-5.37
集安市	6.24	1.75	2.3	-5.46	-13.83	2.26	-0.22	-1.11
通化县	3.37	4.26	1.68	-0.36	-4.62	3.85	0.47	-8.20
辉南县	5.87	3.95	5.67	0.34	0.01	-0.47	2.45	-4.60
柳河县	8.88	8.59	8.6	-0.11	4.67	0.96	3.98	2.36

3-4 计划生育率

单位：%

县（市、区）	1995年	2000年	2005年	2008年	2010年	2012年	2013年	2014年	2015年
全　市	**96.55**	**94.86**	**92.73**	**92.44**	**91.20**	**93.19**	**92.00**	**93.26**	**94.99**
市　区	99.62	94.86	96.43	97.54	95.76	97.20	96.47	99.06	98.68
东昌区	99.56	93.69	96.55	97.06	95.70	96.94	96.49	99.22	98.90
二道江区	99.71	97.93	96.85	98.80	96.00	97.80	96.41	98.60	98.00
梅河口市	94.46	92.78	90.9	87.90	92.00	91.25	89.80	90.30	98.72
集安市	98.89	95.24	94.62	94.00	95.00	96.08	95.36	95.19	95.70
通化县	94.78	96.48	93.6	94.73	94.00	95.04	94.48	93.98	94.00
辉南县	98.66	96.25	94.02	94.47	95.00	91.90	90.19	90.14	89.80
柳河县	94.24	95.2	89.68	92.77	91.50	91.65	90.17	89.14	90.40

4. 从业人员和职工工资

4-1 历年全部从业人员数

单位：人

年 份	全部从业人员	职工人数				城镇私营和个体劳动者	乡村劳动者	其他劳动者	按三次产业分		
			国有单位	集体单位	其他所有劳动者				第一产业	第二产业	第三产业
1972	487505	176779	153343	23436			310726				
1973	490139	169047	146633	22414			321092				
1974	496680	179832	149627	30205			316848				
1975	522411	207372	167808	39564		32	315007				
1976	516005	217334	175216	42118		32	298639				
1977	520114	225915	181447	44468		30	294169				
1978	564217	266646	217041	49605			297571				
1979	567039	266209	209466	56743		459	300371				
1980	608224	284139	218308	65831		3916	320169				
1981	627545	301390	228173	73217		5494	320661				
1982	661950	311181	232435	78746		8177	342592				
1983	672789	316443	235225	81218		9133	347213				
1984	729830	327116	231625	95491		14700	388014				
1985	801892	348980	241790	107048	142	18043	434869				
1986	895704	372167	263045	108998	124	16362	507175				
1987	975767	387134	271340	115666	128	19000	564452	5181			
1988	993329	390464	279865	110545	54	21213	577225	4427			
1989	1030851	405403	290627	114691	85	22883	598717	3848			
1990	1036004	412020	297747	114045	228	24426	595751	3807			
1991	1050098	416779	300520	116074	185	28450	600604	4265	617175	245456	187467
1992	1060167	420744	300429	118028	2287	31529	603630	4264	620390	248879	190898
1993	1044505	420473	305583	109333	5557	39482	578384	6166	594243	258165	192097
1994	1056509	409997	307339	96098	6560	74025	568327	4160	585432	250990	220087
1995	1079476	405854	304121	92782	8951	103479	567514	2629	584369	256890	238217
1996	1034041	404584	303088	89686	11810	90590	536713	2154	552193	246107	235741
1997	1030702	395497	299405	83661	12431	95159	538070	1976	557001	236677	237024
1998	910101	282626	224233	44460	13933	86331	539838	1306	552330	160464	197307
1999	851319	250472	176833	40051	33588	40404	559128	1315	569296	125451	156572
2000	857396	235135	158745	34772	41618	50746	568884	2631	577859	120218	159319
2001	859183	222983	150433	32996	39554	61502	572254	2444	580470	112772	165941
2002	870144	215425	137498	28444	49483	66043	586776	1900	450428	159303	260413
2003	876623	210132	127621	24030	58481	70944	592161	3386	425984	164426	286213
2004	884229	205740	124422	22365	58953	83534	592488	2467	433201	169533	281495
2005	889200	191323	117250	15324	58749	84985	610722	2170	453057	162331	273812
2006	926178	205737	126413	13970	65354	102977	614428	3036	451760	189738	284680
2007	933245	200248	124174	11827	64247	107375	621933	3689	446943	189529	296773
2008	951221	195011	123161	9594	62256	124722	626250	5238	445022	192603	313596
2009	968612	194796	122700	10115	61981	135549	634108	4159	445651	198149	324812
2010	1000981	194018	121706	10367	61945	156320	645919	4724	462140	203442	335399
2011	1070433	206532	123421	9798	73313	203612	656806	3483	471095	212720	386618
2012	1093393	215193	124717	10041	80435	235107	643093	4719	468967	215813	408613
2013	1221743	297999	114603	11038	172358	275079	648665	13713	460304	298962	462477
2014	1236857	289585	107663	9113	172809	303914	643358	15322	489331	281405	466121
2015	1175057	280660	106857	7978	165825	240690	653707	16415	507436	233924	433697

4-2 分县(市、区)从业人员情况

单位：人

县（市、区）	2000年	2005年	2010年	2012年	2013年	2014年	2015年
全　市	**857396**	**889200**	**1000981**	**1093393**	**1221743**	**1236857**	**1175057**
按经济类型分从业人员							
在岗职工人数	235135	191323	194018	210474	284286	274263	261501
国有经济	158745	117250	121706	122119	110986	103364	100547
集体经济	34772	15324	10367	9857	10535	8789	7556
其他经济	41618	58749	61945	78498	162765	162110	153398
城镇个体	39843	51729	87283	142866	194843	92483	152678
城镇私营	10903	33256	69037	92241	80236	211431	88012
乡村劳动者	568884	610722	645919	643093	648665	643358	653707
其他劳动者	2631	2170	4724	4719	13713	15322	19159
按三次产业分							
从业人员	857396	889200	1000981	1093393	1221743	1236857	1175057
第一产业	577859	453057	462140	468967	460304	489331	507436
第二产业	120218	162331	203442	215813	298962	281405	233924
第三产业	159319	273812	335399	408613	462477	466121	433697
市　区	**146883**	**150052**	**176446**	**228569**	**337821**	**340763**	**258555**
按经济类型分从业人员							
在岗职工人数	95164	77307	74148	81168	159130	147672	145632
国有经济	46609	37125	36634	37500	40867	35020	34530
集体经济	17987	7666	4605	4512	5965	4302	2965
其他经济	30568	32516	32909	39156	112298	108350	108137
城镇个体	12417	19929	28104	70466	117481	125788	58584
城镇私营	6544	15219	32711	36041	21642	27966	14801
乡村劳动者	32175	35866	38010	37011	35372	34813	34924
其他劳动者	583	1731	3473	3883	4196	4524	4614
按三次产业分							
从业人员	146883	150052	176446	228569	337821	340763	258555
第一产业	16073	17265	19151	20657	17970	21302	21910
第二产业	69814	56204	59918	60270	129063	119548	112931
第三产业	60996	76583	97377	147642	190788	199913	123714
梅河口市	**196614**	**206572**	**243764**	**266125**	**284315**	**284942**	**290272**
按经济类型分从业人员							
在岗职工人数	37779	31177	38787	45077	49308	47586	46683
国有经济	31311	23400	31612	31901	24823	23775	23195
集体经济	5370	2005	2012	2159	1825	1912	2141
其他经济	1098	5772	5163	11017	22660	21899	21547
城镇个体	12007	9758	19137	28148	29888	34520	37429
城镇私营	1190	7069	8819	17195	17577	20232	22987
乡村劳动者	145246	158372	176682	175606	182384	178644	179273
其他劳动者	392	196	339	99	5158	3960	3700
按三次产业分							
从业人员	196614	206572	243764	266125	284315	284942	290272
第一产业	115356	113832	123896	122495	123250	140871	139111
第二产业	22312	35952	49758	54641	68233	57737	46005
第三产业	58946	56788	70110	88989	92832	86334	105156
集安市	**104735**	**105498**	**113045**	**115782**	**114994**	**117707**	**126119**
按经济类型分从业人员							
在岗职工人数	20032	19239	19825	19610	19520	18932	18666
国有经济	17750	10856	11559	10997	10430	9829	9885
集体经济	1629	1320	1396	866	1002	825	763
其他经济	653	7063	6870	7747	8088	8278	8018
城镇个体	3375	3465	5657	8112	8066	9457	16491
城镇私营	504	4530	6991	7122	8172	8588	8980
乡村劳动者	80763	78182	80503	80913	79199	79815	80756
其他劳动者	61	82	69	25	37	915	1226

4-2 续表

单位：人

县（市、区）	2000年	2005年	2010年	2012年	2013年	2014年	2015年
按三次产业分							
从业人员	104735	105498	113045	115782	114994	117707	126119
第一产业	61084	66426	66171	62644	60326	53499	58731
第二产业	10640	15183	19960	20495	20734	21221	17047
第三产业	33011	23889	26914	32643	33934	42987	50341
通化县	**112259**	**116200**	**128846**	**128819**	**126794**	**124899**	**126145**
按经济类型分从业人员							
在岗职工人数	25146	21000	21246	21795	19868	20038	18969
国有经济	15485	11526	9322	9635	10307	10189	9876
集体经济	2746	743	979	1134	788	827	799
其他经济	6915	8731	10945	11026	8773	9022	8294
城镇个体	2863	5136	7346	11063	11273	11625	9088
城镇私营	802	3348	7550	7284	7455	7519	9634
乡村劳动者	83376	86644	92613	88587	88139	85693	88347
其他劳动者	72	72	91	90	59	24	107
按三次产业分							
从业人员	112259	116200	128846	128819	126794	124899	126145
第一产业	65832	62619	59969	64297	67265	61334	61679
第二产业	19235	21413	31624	27724	23427	23084	17775
第三产业	27192	32168	37253	36798	36102	40481	46691
辉南县	**154503**	**153545**	**166673**	**172276**	**176795**	**178661**	**188777**
按经济类型分从业人员							
在岗职工人数	32918	23365	20916	20670	20359	19584	19618
国有经济	27761	18363	17270	16420	14263	13623	13540
集体经济	4033	2231	740	788	890	862	889
其他经济	1124	2771	2906	3462	5206	5099	5189
城镇个体	5584	6336	13254	10750	14028	15934	15862
城镇私营	1399	1627	6580	14248	14326	15570	18521
乡村劳动者	114576	122172	125256	126096	126362	125977	133624
其他劳动者	26	45	667	512	1720	1596	1152
按三次产业分							
从业人员	154503	153545	166673	172276	176795	178661	188777
第一产业	96854	91761	92705	98325	97109	106065	114661
第二产业	24429	19171	21728	25515	26160	26918	20300
第三产业	33220	42613	52240	48436	53526	45678	53816
柳河县	**142402**	**157333**	**172207**	**181822**	**181024**	**189885**	**185189**
按经济类型分从业人员							
在岗职工人数	24096	19235	19096	22154	16101	20451	18194
国有经济	19829	15980	15309	15666	10296	10928	10837
集体经济	3007	1359	635	398	65	61	62
其他经济	1260	1896	3152	6090	5740	9462	7295
城镇个体	3597	7105	13785	14327	14107	14107	15224
城镇私营	464	1463	6386	10351	11064	12608	13089
乡村劳动者	112748	129486	132855	134880	137209	138416	136783
其他劳动者	1497	44	85	110	2543	4303	1899
按三次产业分							
从业人员	142402	157333	172207	181822	181024	189885	185189
第一产业	85849	101154	100248	100549	94384	106260	111344
第二产业	20477	14408	20450	27168	31345	32897	19866
第三产业	36076	41771	51509	54105	55295	50728	53979

4-3 历年分县(市、区)职工平均人数、工资总额和平均工资

县（市、区）	2000年	2005年	2010年	2012年	2013年	2014年	2015年
全　市							
一、在岗职工平均人数(人)	239751	200400	194954	220489	295851	280946	273689
国有经济单位	162106	118564	122395	121214	111285	103220	101793
集体经济单位	36511	17022	9778	10499	9671	8799	7855
其他经济单位	41134	64814	62781	77491	174895	168927	164041
二、在岗职工工资总额(万元)	166645	244180	469125	703083	1067254	1105454	1215311
国有经济单位	110571	143380	324230	425930	425124	432650	513313
集体经济单位	18720	13308	15965	28422	29202	27032	26421
其他经济单位	37354	87492	128930	248731	612928	645772	675576
三、在岗职工平均工资(元)	6951	12185	24063	31761	36074	39348	44405
国有经济单位	6821	12093	26490	34968	38201	41915	50427
集体经济单位	5127	7818	16327	27027	30195	30722	33636
其他经济单位	9081	13499	20536	27945	35045	38228	41183
市　区							
一、在岗职工平均人数(人)	97727	85398	74886	81797	160311	148313	147197
国有经济单位	48116	37640	36834	36964	41231	34913	34563
集体经济单位	19527	9447	4583	5025	5089	4330	3210
其他经济单位	30084	38311	33469	39808	113991	109070	109424
二、在岗职工工资总额(万元)	79846	128079	201293	284434	594004	603996	669766
国有经济单位	38777	56462	110424	139502	161285	150360	176938
集体经济单位	10040	6832	6258	12394	12871	10979	9302
其他经济单位	31029	64785	84610	132538	419848	442657	483525
三、在岗职工平均工资(元)	8170	14998	26880	35528	37053	40724	45501
国有经济单位	8059	15000	29979	37436	39118	43067	51193
集体经济单位	5142	7231	13655	24603	25290	25355	28978
其他经济单位	10314	16910	25280	32994	36832	40585	44188
梅河口市							
一、在岗职工平均人数(人)	38127	30971	38777	44858	48229	47182	46989
国有经济单位	31437	23441	31614	31735	24785	23751	23203
集体经济单位	5577	1894	2000	2159	1813	1903	2122
其他经济单位	1113	5636	5163	10964	21631	21528	21664
二、在岗职工工资总额(万元)	22226	32949	103679	144389	182510	191970	215333
国有经济单位	19256	26633	93211	115517	98830	105669	128777
集体经济单位	2315	1607	4054	5617	6125	6475	7165
其他经济单位	655	4709	6414	23255	77555	79826	79391
三、在岗职工平均工资(元)	5829	10639	26737	32082	37842	40687	45826
国有经济单位	6125	11362	29484	36293	39875	44490	55500
集体经济单位	4152	8485	20270	26014	33784	34024	33765
其他经济单位	5887	8356	12422	21211	35854	37080	36647
集安市							
一、在岗职工平均人数(人)	20977	18933	19240	26263	26746	23372	21864
国有经济单位	18715	10756	11649	10912	10530	9846	9910
集体经济单位	1618	1344	845	1025	1023	811	763
其他经济单位	644	6833	6746	14326	15193	12715	11191
二、在岗职工工资总额(万元)	13874	20963	38286	75121	83074	82184	85229
国有经济单位	12364	13672	25635	37494	38466	41239	48063
集体经济单位	1067	1430	1646	3104	3312	2840	2698
其他经济单位	442	5861	11005	34524	41296	38105	34468

4-3 续表

县（市、区）	2000年	2005年	2010年	2012年	2013年	2014年	2015年
三、在岗职工平均工资(元)	6614	11072	19899	38457	31061	35164	38982
国有经济单位	6607	12711	22006	34216	36530	41884	48499
集体经济单位	6597	10642	19480	3028	32375	35026	35360
其他经济单位	6866	8577	16313	24080	27181	29968	30799
通化县							
一、在岗职工平均人数(人)	25525	22067	21575	24782	24141	21991	19951
国有经济单位	15877	11976	9552	9466	10123	10061	9804
集体经济单位	2750	743	967	1112	791	832	809
其他经济单位	6898	9348	11056	14204	13227	11098	9338
二、在岗职工工资总额(万元)	17184	24133	48692	77434	86028	83825	87264
国有经济单位	11166	14192	27787	36263	40447	42099	50934
集体经济单位	1687	607	1893	3879	3569	4076	3371
其他经济单位	4331	9334	19012	37292	42012	37650	32959
三、在岗职工平均工资(元)	6732	10936	22569	35788	35636	38118	43739
国有经济单位	7033	11850	29090	38146	39956	41843	51952
集体经济单位	6134	8170	19575	34808	45121	48987	41668
其他经济单位	6279	9985	17196	26254	31762	33925	35296
辉南县							
一、在岗职工平均人数(人)	33024	23768	21380	20813	20398	19678	19572
国有经济单位	27863	18744	17437	16632	14289	13734	13483
集体经济单位	4026	2235	748	788	890	862	889
其他经济单位	1135	2789	3195	3393	5219	5082	5200
二、在岗职工工资总额(万元)	19136	19823	39925	58195	67059	67847	77444
国有经济单位	16717	16851	34697	48056	48788	49682	56803
集体经济单位	1992	1375	1188	1564	3083	2416	3560
其他经济单位	427	1597	4040	8575	15188	15749	17081
三、在岗职工平均工资(元)	5795	8340	18674	28264	32875	34479	39569
国有经济单位	6000	8990	19898	28774	34144	36174	42129
集体经济单位	4948	6151	15881	19843	34645	28030	40048
其他经济单位	3766	5727	12644	25273	29101	30990	32847
柳河县							
一、在岗职工平均人数(人)	24371	19263	19096	21976	16026	20410	18116
国有经济单位	20098	16007	15309	15505	10327	10915	10830
集体经济单位	3013	1359	635	390	65	61	62
其他经济单位	1260	1897	3152	6081	5634	9434	7224
二、在岗职工工资总额(万元)	14379	18233	37252	63510	54579	75632	80273
国有经济单位	12293	15570	32476	49098	37308	43602	51796
集体经济单位	1618	1458	926	1865	242	246	326
其他经济单位	468	1205	3850	12547	17029	31784	28151
三、在岗职工平均工资(元)	5900	9465	19507	28815	34056	37057	44311
国有经济单位	6116	9727	21214	31554	36126	39947	47826
集体经济单位	5370	10729	14581	47141	37154	40377	52580
其他经济单位	3718	6351	12213	20616	30226	33691	38969

4-4　2015年末全部单位从业人员

项　　目	单位数(个)	年末人数(人)				
		从业人员	#女性	1.在岗职工	2.劳务派遣人员	3.其他从业人员
非私营单位总计	**3038**	**280660**	**107020**	**261501**	**6461**	**12698**
一、按执行会计标准类型分组						
1.企业	1053	197740	68846	181656	6028	10056
2.事业	1264	58512	30998	55988	422	2102
3.机关	720	24394	7176	23843	11	540
4.非民间盈利组织						
5.其他	1	14		14		
二、按国民经济行业分组						
(一)农、林、牧、渔业	141	4406	1182	4370		36
农业	3	124	29	104		20
林业	41	2842	690	2842		
畜牧业	5	10		10		
渔业	1	17	6	17		
农、林、牧、渔服务业	91	1413	457	1397		16
(二)采矿业	18	7273	674	7268		5
煤炭开采和洗选业	8	6684	545	6679		5
黑色金属矿采选业	3	231	40	231		
有色金属矿采选业	1	38	4	38		
非金属矿采选业	5	202	64	202		
开采辅助活动	1	118	21	118		
(三)制造业	272	117541	47985	115014	1603	924
农副食品加工业	17	3070	1626	3018	12	40
食品制造业	15	1232	466	1190	5	37
酒、饮料和精制茶制造业	15	3767	1286	3766		1
纺织业						
木材加工和木、竹、藤、棕、草制品业	3	185	30	185		
家具制造业	4	410	171	410		
造纸和纸制品业	4	218	62	218		
印刷和记录媒介复制业	19	906	265	906		
文教、工美、体育和娱乐用品制造业	3	276	200	266	5	5
石油加工、炼焦和核燃料加工业	1	119	35	119		
化学原料和化学制品制造业	16	2056	699	2055		1
医药制造业	73	84320	38769	83586	64	670
橡胶和塑料制品业	11	588	126	588		
非金属矿物制品业	30	3361	1076	3326		35
黑色金属冶炼和压延加工业	9	12307	2419	11457	826	24
有色金属冶炼和压延加工业	2	94	12	94		
金属制品业	8	576	104	571		5

4-4 续表 1

项　　目	单位数(个)	年末人数(人)				
		从业人员	#女性	1.在岗职工	2.劳务派遣人员	3.其他从业人员
通用设备制造业	8	481	106	481		
专用设备制造业	18	1552	304	1536		16
汽车制造业	2	114	6	107		7
铁路、船舶、航空航天和其他运输设备制造业	2	147	13	147		
电气机械和器材制造业	4	209	54	190		19
仪器仪表制造业	2	102	20	102		
其他制造业	2	171	35	171		
废弃资源综合利用业	3	1240	96	485	691	64
金属制品、机械和设备修理业	1	40	5	40		
(四)电力、热力、燃气及水生产和供应业	30	7378	1959	7005	49	324
电力、热力生产和供应业	19	5045	1060	4672	49	324
燃气生产和供应业	4	864	348	864		
水的生产和供应业	7	1469	551	1469		
(五)建筑业	121	25218	2918	16328	2994	5896
房屋建筑业	58	13052	1579	8582	946	3524
土木工程建筑业	35	8524	721	4850	1897	1777
建筑安装业	14	3259	572	2604	110	545
建筑装饰和其他建筑业	14	383	46	292	41	50
(六)批发和零售业	219	7904	3836	7222	393	289
批发业	107	3666	1258	3065	392	209
零售业	112	4238	2578	4157	1	80
(七)交通运输、仓储和邮政业	61	6186	1677	5501	169	516
铁路运输业	1	26	7	10	14	2
道路运输业	34	3957	993	3482	1	474
装卸搬运和运输代理业	6	212	46	210		2
仓储业	16	359	71	310	39	10
邮政业	4	1632	560	1489	115	28
(八)住宿和餐饮业	24	1227	771	1214		13
住宿业	15	791	491	791		
餐饮业	9	436	280	423		13
(九)信息传输、软件和信息技术服务业	21	4644	1635	4070	406	168
电信、广播电视和卫星传输服务	19	4491	1585	3917	406	168
软件和信息技术服务业	2	153	50	153		
(十)金融业	89	9882	4093	8181	203	1498
货币金融服务	58	7634	3703	7455	153	26
资本市场服务	3	76	39	73		3
保险业	28	2172	351	653	50	1469

4-4 续表 2

项目	单位数(个)	年末人数(人)				
		从业人员	#女性	1.在岗职工	2.劳务派遣人员	3.其他从业人员
(十一)房地产业	131	4302	1662	4103	44	155
# 房地产开发经营	91	2529	866	2355	44	130
物业管理	15	829	389	813		16
房地产中介服务	7	355	158	355		
(十二)租赁和商务服务业	82	2597	953	2537	5	55
商务服务业	82	2597	953	2537	5	55
(十三)科学研究和技术服务业	130	3791	1065	3484		307
研究和试验发展	9	475	116	474		1
专业技术服务业	92	2751	733	2564		187
科技推广和应用服务业	29	565	216	446		119
(十四)水利、环境和公共设施管理业	80	5383	2084	5248		135
水利管理业	43	1152	367	1070		82
生态保护和环境治理业	2	54	23	54		
公共设施管理业	35	4177	1694	4124		53
(十五)居民服务、修理和其他服务业	25	1570	403	1492		78
居民服务业	20	597	216	519		78
机动车、电子产品和日用产品修理业	1	50	8	50		
其他服务业	4	923	179	923		
(十六)教育	335	24784	15004	23737	307	740
# 初等教育	127	9123	5828	8934	6	183
中等教育	146	12760	7526	12420	139	201
高等教育	9	1545	833	1084	156	305
(十七)卫生和社会工作	196	13108	8597	12460	108	540
卫生	175	12791	8438	12183	104	504
社会工作	21	317	159	277	4	36
(十八)文化、体育和娱乐业	74	2349	1107	2088	166	95
新闻和出版业	2	235	148	215		20
广播、电视、电影和影视录音制作业	11	1048	422	836	162	50
文化艺术业	53	906	473	877	4	25
体育	6	139	58	139		
娱乐业	2	21	6	21		
(十九)公共管理、社会保障和社会组织	989	31117	9415	30179	14	924
中国共产党机关	97	1789	469	1783		6
国家机构	817	28517	8590	27591	14	912
人民政协、民主党派	7	142	29	140		2
社会保障	22	338	185	338		
群众团体、社会团体和其他成员组织	46	331	142	327		4

4-4 续表 3

项　　目	平均人数(人)			
	从业人员	1.在岗职工	2.劳务派遣人员	3.其他从业人员
非私营单位总计	**287046**	**266606**	**7083**	**13357**
一、按执行会计标准类型分组				
1.企业	204046	186695	6679	10672
2.事业	58518	56029	393	2096
3.机关	24468	23868	11	589
4.非民间盈利组织				
5.其他	14	14		
二、按国民经济行业分组				
(一)农、林、牧、渔业	4397	4361		36
农业	124	104		20
林业	2831	2831		
畜牧业	10	10		
渔业	17	17		
农、林、牧、渔服务业	1415	1399		16
(二)采矿业	7352	7347		5
煤炭开采和洗选业	6731	6726		5
黑色金属矿采选业	242	242		
有色金属矿采选业	41	41		
非金属矿采选业	214	214		
开采辅助活动	124	124		
(三)制造业	118821	116133	1678	1010
农副食品加工业	3032	2974	11	47
食品制造业	1236	1198	5	33
酒、饮料和精制茶制造业	3742	3741		1
纺织业				
木材加工和木、竹、藤、棕、草制品业	185	185		
家具制造业	420	420		
造纸和纸制品业	215	215		
印刷和记录媒介复制业	906	906		
文教、工美、体育和娱乐用品制造业	278	268	5	5
石油加工、炼焦和核燃料加工业	121	121		
化学原料和化学制品制造业	2071	2000		71
医药制造业	84160	83426	64	670
橡胶和塑料制品业	635	635		
非金属矿物制品业	3668	3627		41
黑色金属冶炼和压延加工业	13444	12514	906	24
有色金属冶炼和压延加工业	94	94		
金属制品业	577	567		10

4-4 续表 4

项目	平均人数(人)			
	从业人员	1.在岗职工	2.劳务派遣人员	3.其他从业人员
通用设备制造业	482	482		
专用设备制造业	1527	1511		16
汽车制造业	119	112		7
铁路、船舶、航空航天和其他运输设备制造业	151	151		
电气机械和器材制造业	209	190		19
仪器仪表制造业	102	102		
其他制造业	169	169		
废弃资源综合利用业	1238	485	687	66
金属制品、机械和设备修理业	40	40		
(四)电力、热力、燃气及水生产和供应业	7377	6963	56	358
电力、热力生产和供应业	4988	4574	56	358
燃气生产和供应业	908	908		
水的生产和供应业	1481	1481		
(五)建筑业	30318	20323	3583	6412
房屋建筑业	17494	12514	1424	3556
土木工程建筑业	9108	4856	2035	2217
建筑安装业	3350	2666	95	589
建筑装饰和其他建筑业	366	287	29	50
(六)批发和零售业	7737	7178	312	247
批发业	3532	3056	310	166
零售业	4205	4122	2	81
(七)交通运输、仓储和邮政业	6204	5513	182	509
铁路运输业	26	10	14	2
道路运输业	3957	3475	1	481
装卸搬运和运输代理业	208	206		2
仓储业	359	310	39	10
邮政业	1654	1512	128	14
(八)住宿和餐饮业	1231	1201		30
住宿业	797	780		17
餐饮业	434	421		13
(九)信息传输、软件和信息技术服务业	4660	4043	441	176
电信、广播电视和卫星传输服务	4509	3892	441	176
软件和信息技术服务业	151	151		
(十)金融业	9926	8199	220	1507
货币金融服务	7665	7471	168	26
资本市场服务	76	73		3
保险业	2185	655	52	1478

4-4 续表 5

项目	平均人数(人)			
	从业人员	1.在岗职工	2.劳务派遣人员	3.其他从业人员
(十一)房地产业	4299	4114	40	145
# 房地产开发经营	2520	2360	40	120
物业管理	825	809		16
房地产中介服务	364	364		
(十二)租赁和商务服务业	2529	2459	5	65
商务服务业	2529	2459	5	65
(十三)科学研究和技术服务业	3805	3501		304
研究和试验发展	475	474		1
专业技术服务业	2777	2581		196
科技推广和应用服务业	553	446		107
(十四)水利、环境和公共设施管理业	5376	5246		130
水利管理业	1158	1071		87
生态保护和环境治理业	54	54		
公共设施管理业	4164	4121		43
(十五)居民服务、修理和其他服务业	1569	1491		78
居民服务业	597	519		78
机动车、电子产品和日用产品修理业	50	50		
其他服务业	922	922		
(十六)教育	24779	23772	278	729
# 初等教育	9140	8950	6	184
中等教育	12788	12455	133	200
高等教育	1488	1061	133	294
(十七)卫生和社会工作	13121	12466	108	547
卫生	12807	12189	104	514
社会工作	314	277	4	33
(十八)文化、体育和娱乐业	2370	2108	166	96
新闻和出版业	246	226		20
广播、电视、电影和影视录音制作业	1044	831	162	51
文化艺术业	906	877	4	25
体育	153	153		
娱乐业	21	21		
(十九)公共管理、社会保障和社会组织	31175	30188	14	973
中国共产党机关	1786	1780		6
国家机构	28575	27600	14	961
人民政协、民主党派	144	142		2
社会保障	338	338		
群众团体、社会团体和其他成员组织	332	328		4

4-5 国有单位从业人员

项目	单位数(个)	年末人数(人)				
		从业人员	#女性	1.在岗职工	2.劳务派遣人员	3.其他从业人员
国有单位合计	**2201**	**106857**	**45363**	**100547**	**1316**	**4994**
一、按隶属关系分组						
1.中央	78	10125	3551	9210	376	539
2.省、自治区、直辖市	70	8197	2383	5684	522	1991
3.地区	378	23038	10235	21770	381	887
4.县及县以下	1665	64937	29073	63323	37	1577
5.其他	10	560	121	560		
二、按执行会计标准类型分组						
1.企业	262	25837	8001	22548	883	2406
#地方	212	17839	4992	15289	507	2043
2.事业	1221	56651	30192	54181	422	2048
#地方	1208	55553	30047	53240	422	1891
3.机关	718	24369	7170	23818	11	540
#地方	703	23340	6773	22808	11	521
4.非民间盈利组织						
5.其他						
三、按国民经济行业分组						
(一)农、林、牧、渔业	141	4406	1182	4370		36
农业	3	124	29	104		20
林业	41	2842	690	2842		
畜牧业	5	10		10		
渔业	1	17	6	17		
农、林、牧、渔服务业	91	1413	457	1397		16
(二)采矿业	2	117	11	117		
煤炭开采和洗选业	1	79	7	79		
有色金属矿采选业	1	38	4	38		
(三)制造业	6	177	20	177		
农副食品加工业	1	2		2		
印刷和记录媒介复制业	1	16	9	16		
化学原料和化学制品制造业	1	4	1	4		
通用设备制造业	1	39		39		
铁路、船舶、航空航天和其他运输设备制造业	1	111	9	111		
废弃资源综合利用业	1	5	1	5		
(四)电力、热力、燃气及水生产和供应业	17	4223	1309	4128	2	93
电力、热力生产和供应业	8	2159	486	2064	2	93
燃气生产和供应业	2	595	272	595		
水的生产和供应业	7	1469	551	1469		
(五)建筑业	16	1942	234	1723		219
房屋建筑业	3	726	93	507		219
土木工程建筑业	10	1124	124	1124		
建筑安装业	2	86	15	86		
建筑装饰和其他建筑业	1	6	2	6		
(六)批发和零售业	58	2147	548	1711	324	112
批发业	42	1892	447	1456	324	112
零售业	16	255	101	255		
(七)交通运输、仓储和邮政业	41	4289	1227	3881	154	254
道路运输业	23	2329	596	2113		216
装卸搬运和运输代理业	2	57	16	57		
仓储业	12	271	55	222	39	10
邮政业	4	1632	560	1489	115	28

4-5 续表 1

项　目	单位数（个）	年末人数(人)				
		从业人员	#女性	1.在岗职工	2.劳务派遣人员	3.其他从业人员
(八)住宿和餐饮业	10	376	219	376		
住宿业	8	369	215	369		
餐饮业	2	7	4	7		
(九)信息传输、软件和信息技术服务业	14	1944	659	1667	132	145
电信、广播电视和卫星传输服务	13	1933	658	1656	132	145
软件和信息技术服务业	1	11	1	11		
(十)金融业	48	6625	2521	5036	109	1480
货币金融服务	33	4815	2334	4713	89	13
资本市场服务	3	76	39	73		3
保险业	12	1734	148	250	20	1464
(十一)房地产业	32	1184	533	1172		12
# 房地产开发经营	3	34	13	31		3
物业管理	6	333	151	333		
房地产中介服务	6	333	158	333		
(十二)租赁和商务服务业	56	990	473	966		24
商务服务业	56	990	473	966		24
(十三)科学研究和技术服务业	121	3415	960	3254		161
研究和试验发展	9	475	116	474		1
专业技术服务业	84	2495	663	2335		160
科技推广和应用服务业	28	445	181	445		
(十四)水利、环境和公共设施管理业	69	4128	1749	3993		135
水利管理业	42	1111	345	1029		82
生态保护和环境治理业	2	54	23	54		
公共设施管理业	25	2963	1381	2910		53
(十五)居民服务、修理和其他服务业	20	811	347	733		78
居民服务业	17	513	179	435		78
其他服务业	3	298	168	298		
(十六)教育	332	24685	14971	23638	307	740
# 初等教育	127	9123	5828	8934	6	183
中等教育	146	12760	7526	12420	139	201
高等教育	9	1545	833	1084	156	305
(十七)卫生和社会工作	157	12038	7923	11444	108	486
卫生	137	11733	7769	11179	104	450
社会工作	20	305	154	265	4	36
(十八)文化、体育和娱乐业	72	2243	1062	1982	166	95
新闻和出版业	2	235	148	215		20
广播、电视、电影和影视录音制作业	10	1040	417	828	162	50
文化艺术业	52	808	433	779	4	25
体育	6	139	58	139		
娱乐业	2	21	6	21		
(十九)公共管理、社会保障和社会组织	989	31117	9415	30179	14	924
中国共产党机关	97	1789	469	1783		6
国家机构	817	28517	8590	27591	14	912
人民政协、民主党派	7	142	29	140		2
社会保障	22	338	185	338		
群众团体、社会团体和其他成员组织	46	331	142	327		4

4-5 续表 2

项目	平均人数(人)			
	从业人员	1.在岗职工	2.劳务派遣人员	3.其他从业人员
国有单位合计	**106876**	**100572**	**1221**	**5083**
一、按隶属关系分组				
1.中央	10142	9212	296	634
2.省、自治区、直辖市	8118	5673	500	1945
3.地区	23130	21874	388	868
4.县及县以下	64926	63253	37	1636
5.其他	560	560		
二、按执行会计标准类型分组				
1.企业	25776	22507	817	2452
#地方	17793	15261	521	2011
2.事业	56657	54222	393	2042
#地方	55539	53268	393	1878
3.机关	24443	23843	11	589
#地方	23402	22831	11	560
4.非民间盈利组织				
5.其他				
三、按国民经济行业分组				
(一)农、林、牧、渔业	4397	4361		36
农业	124	104		20
林业	2831	2831		
畜牧业	10	10		
渔业	17	17		
农、林、牧、渔服务业	1415	1399		16
(二)采矿业	120	120		
煤炭开采和洗选业	79	79		
有色金属矿采选业	41	41		
(三)制造业	182	182		
农副食品加工业	2	2		
印刷和记录媒介复制业	16	16		
化学原料和化学制品制造业	3	3		
通用设备制造业	39	39		
铁路、船舶、航空航天和其他运输设备制造业	115	115		
废弃资源综合利用业	7	7		
(四)电力、热力、燃气及水生产和供应业	4202	4107	2	93
电力、热力生产和供应业	2117	2022	2	93
燃气生产和供应业	604	604		
水的生产和供应业	1481	1481		
(五)建筑业	1984	1691		293
房屋建筑业	766	473		293
土木工程建筑业	1126	1126		
建筑安装业	86	86		
建筑装饰和其他建筑业	6	6		
(六)批发和零售业	2026	1714	244	68
批发业	1771	1459	244	68
零售业	255	255		
(七)交通运输、仓储和邮政业	4315	3909	167	239
道路运输业	2333	2118		215
装卸搬运和运输代理业	57	57		
仓储业	271	222	39	10
邮政业	1654	1512	128	14

4-5 续表 3

项目	平均人数(人)			
	从业人员	1.在岗职工	2.劳务派遣人员	3.其他从业人员
(八)住宿和餐饮业	377	360		17
住宿业	370	353		17
餐饮业	7	7		
(九)信息传输、软件和信息技术服务业	1945	1666	134	145
电信、广播电视和卫星传输服务	1934	1655	134	145
软件和信息技术服务业	11	11		
(十)金融业	6642	5045	108	1489
货币金融服务	4824	4722	89	13
资本市场服务	76	73		3
保险业	1742	250	19	1473
(十一)房地产业	1174	1162		12
# 房地产开发经营	34	31		3
物业管理	331	331		
房地产中介服务	324	324		
(十二)租赁和商务服务业	971	947		24
商务服务业	971	947		24
(十三)科学研究和技术服务业	3439	3271		168
研究和试验发展	475	474		1
专业技术服务业	2519	2352		167
科技推广和应用服务业	445	445		
(十四)水利、环境和公共设施管理业	4121	3991		130
水利管理业	1117	1030		87
生态保护和环境治理业	54	54		
公共设施管理业	2950	2907		43
(十五)居民服务、修理和其他服务业	811	733		78
居民服务业	513	435		78
其他服务业	298	298		
(十六)教育	24680	23673	278	729
# 初等教育	9140	8950	6	184
中等教育	12788	12455	133	200
高等教育	1488	1061	133	294
(十七)卫生和社会工作	12051	11450	108	493
卫生	11749	11185	104	460
社会工作	302	265	4	33
(十八)文化、体育和娱乐业	2264	2002	166	96
新闻和出版业	246	226		20
广播、电视、电影和影视录音制作业	1036	823	162	51
文化艺术业	808	779	4	25
体育	153	153		
娱乐业	21	21		
(十九)公共管理、社会保障和社会组织	31175	30188	14	973
中国共产党机关	1786	1780		6
国家机构	28575	27600	14	961
人民政协、民主党派	144	142		2
社会保障	338	338		
群众团体、社会团体和其他成员组织	332	328		4

4-6 集体单位从业人员

项目	单位数(个)	年末人数(人)				
		从业人员	#女性	1.在岗职工	2.劳务派遣人员	3.其他从业人员
城镇集体单位合计	**167**	**7978**	**2871**	**7556**	**63**	**359**
一、按执行会计标准类型分组						
1.企业	126	6153	2092	5785	63	305
2.事业	40	1812	778	1758		54
3.机关	1	13	1	13		
4.非民间盈利组织						
5.其他						
二、按国民经济行业分组						
(二)采矿业	3	641	201	636		5
煤炭开采和洗选业	1	462	160	457		5
黑色金属矿采选业	1	70	20	70		
非金属矿采选业	1	109	21	109		
(三)制造业	29	1482	635	1422		60
食品制造业	1	14	10	14		
造纸和纸制品业	1	10		10		
印刷和记录媒介复制业	6	206	55	206		
文教、工美、体育和娱乐用品制造业	2	26	10	26		
化学原料和化学制品制造业	2	18	1	18		
医药制造业	1	62	36	62		
橡胶和塑料制品业	1	49		49		
非金属矿物制品业	4	703	381	668		35
黑色金属冶炼和压延加工业	3	199	91	179		20
金属制品业	2	13	6	8		5
专用设备制造业	3	108	28	108		
金属制品、机械和设备修理业	1	40	5	40		
(五)建筑业	8	658	99	441	1	216
房屋建筑业	7	639	92	422	1	216
土木工程建筑业	1	19	7	19		
建筑安装业						
(六)批发和零售业	56	359	131	341		18
批发业	28	99	28	93		6
零售业	28	260	103	248		12
(七)交通运输、仓储和邮政业	2	66	9	66		
道路运输业	2	66	9	66		
(八)住宿和餐饮业	2	57	33	57		
住宿业	1	9	6	9		
餐饮业	1	48	27	48		
(十)金融业	20	1989	921	1921	62	6
货币金融服务	20	1989	921	1921	62	6
(十二)租赁和商务服务业	4	236	35	236		
商务服务业	4	236	35	236		
(十四)水利、环境和公共设施管理业	3	857	171	857		
公共设施管理业	3	857	171	857		
(十五)居民服务、修理和其他服务业	3	651	12	651		
居民服务业	2	26	1	26		
其他服务业	1	625	11	625		
(十七)卫生和社会工作	37	982	624	928		54
卫生	37	982	624	928		54

4-6 续表

项　　目	平均人数(人)			
	从业人员	1.在岗职工	2.劳务派遣人员	3.其他从业人员
城镇集体单位合计	**8250**	**7778**	**77**	**395**
一、按执行会计标准类型分组				
1.企业	6425	6007	77	341
2.事业	1812	1758		54
3.机关	13	13		
4.非民间盈利组织				
5.其他				
二、按国民经济行业分组				
(二)采矿业	624	619		5
煤炭开采和洗选业	443	438		5
黑色金属矿采选业	70	70		
非金属矿采选业	111	111		
(三)制造业	1688	1622		66
食品制造业	14	14		
造纸和纸制品业	10	10		
印刷和记录媒介复制业	206	206		
文教、工美、体育和娱乐用品制造业	26	26		
化学原料和化学制品制造业	18	18		
医药制造业	62	62		
橡胶和塑料制品业	49	49		
非金属矿物制品业	904	863		41
黑色金属冶炼和压延加工业	204	184		20
金属制品业	13	8		5
专用设备制造业	108	108		
金属制品、机械和设备修理业	40	40		
(五)建筑业	723	476	1	246
房屋建筑业	704	457	1	246
土木工程建筑业	19	19		
建筑安装业				
(六)批发和零售业	359	341		18
批发业	99	93		6
零售业	260	248		12
(七)交通运输、仓储和邮政业	66	66		
道路运输业	66	66		
(八)住宿和餐饮业	57	57		
住宿业	9	9		
餐饮业	48	48		
(十)金融业	2010	1928	76	6
货币金融服务	2010	1928	76	6
(十二)租赁和商务服务业	234	234		
商务服务业	234	234		
(十四)水利、环境和公共设施管理业	857	857		
公共设施管理业	857	857		
(十五)居民服务、修理和其他服务业	650	650		
居民服务业	26	26		
其他服务业	624	624		
(十七)卫生和社会工作	982	928		54
卫生	982	928		54

4-7 其他单位从业人员

项目	单位数(个)	年末人数(人)				
		从业人员	#女性	1.在岗职工	2.劳务派遣人员	3.其他从业人员
其他非私营单位合计	**670**	**165825**	**58786**	**153398**	**5082**	**7345**
一、按登记注册类型分组						
(一)内资	642	160228	56205	147816	5077	7335
1.股份合作	8	441	193	431	9	1
2.联营	1	34	9	34		
3.有限责任公司	476	54061	12838	45255	2668	6138
#国有独资	23	7873	1122	7625	194	54
4.股份有限公司	120	102708	42508	99513	2400	795
5.其他	37	2984	657	2583		401
(二)港、澳、台商投资	6	1967	696	1967		
(三)外商投资	22	3630	1885	3615	5	10
二、按执行会计标准类型分组						
1.企业	665	165750	58753	153323	5082	7345
2.事业	3	49	28	49		
3.机关	1	12	5	12		
4.非民间盈利组织						
5.其他	1	14		14		
三、按国民经济行业分组						
(二)采矿业	13	6515	462	6515		
煤炭开采和洗选业	6	6143	378	6143		
黑色金属矿采选业	2	161	20	161		
非金属矿采选业	4	93	43	93		
开采辅助活动	1	118	21	118		
(三)制造业	237	115882	47330	113415	1603	864
农副食品加工业	16	3068	1626	3016	12	40
食品制造业	14	1218	456	1176	5	37
酒、饮料和精制茶制造业	15	3767	1286	3766		1
纺织业						
木材加工和木、竹、藤、棕、草制品业	3	185	30	185		
家具制造业	4	410	171	410		
造纸和纸制品业	3	208	62	208		
印刷和记录媒介复制业	12	684	201	684		
文教、工美、体育和娱乐用品制造业	1	250	190	240	5	5
石油加工、炼焦和核燃料加工业	1	119	35	119		
化学原料和化学制品制造业	13	2034	697	2033		1
医药制造业	72	84258	38733	83524	64	670
橡胶和塑料制品业	10	539	126	539		
非金属矿物制品业	26	2658	695	2658		
黑色金属冶炼和压延加工业	6	12108	2328	11278	826	4
有色金属冶炼和压延加工业	2	94	12	94		
金属制品业	6	563	98	563		
通用设备制造业	6	430	102	430		
专用设备制造业	15	1444	276	1428		16
汽车制造业	2	114	6	107		7
铁路、船舶、航空航天和其他运输设备制造业	1	36	4	36		
电气机械和器材制造业	4	209	54	190		19
仪器仪表制造业	1	80	12	80		
其他制造业	2	171	35	171		
废弃资源综合利用业	2	1235	95	480	691	64
金属制品、机械和设备修理业						

4-7 续表 1

项目	单位数(个)	年末人数(人)				
		从业人员	#女性	1.在岗职工	2.劳务派遣人员	3.其他从业人员
(四)电力、热力、燃气及水生产和供应业	13	3155	650	2877	47	231
电力、热力生产和供应业	11	2886	574	2608	47	231
燃气生产和供应业	2	269	76	269		
(五)建筑业	97	22618	2585	14164	2993	5461
房屋建筑业	48	11687	1394	7653	945	3089
土木工程建筑业	24	7381	590	3707	1897	1777
建筑安装业	12	3173	557	2518	110	545
建筑装饰和其他建筑业	13	377	44	286	41	50
(六)批发和零售业	105	5398	3157	5170	69	159
批发业	37	1675	783	1516	68	91
零售业	68	3723	2374	3654	1	68
(七)交通运输、仓储和邮政业	18	1831	441	1554	15	262
铁路运输业	1	26	7	10	14	2
道路运输业	9	1562	388	1303	1	258
装卸搬运和运输代理业	4	155	30	153		2
仓储业	4	88	16	88		
(八)住宿和餐饮业	12	794	519	781		13
住宿业	6	413	270	413		
餐饮业	6	381	249	368		13
(九)信息传输、软件和信息技术服务业	7	2700	976	2403	274	23
电信、广播电视和卫星传输服务	6	2558	927	2261	274	23
(十)金融业	21	1268	651	1224	32	12
货币金融服务	5	830	448	821	2	7
保险业	16	438	203	403	30	5
(十一)房地产业	99	3118	1129	2931	44	143
# 房地产开发经营	88	2495	853	2324	44	127
物业管理	9	496	238	480		16
房地产中介服务	1	22		22		
(十二)租赁和商务服务业	22	1371	445	1335	5	31
商务服务业	22	1371	445	1335	5	31
(十三)科学研究和技术服务业	9	376	105	230		146
专业技术服务业	8	256	70	229		27
科技推广和应用服务业	1	120	35	1		119
(十四)水利、环境和公共设施管理业	8	398	164	398		
水利管理业	1	41	22	41		
公共设施管理业	7	357	142	357		
(十五)居民服务、修理和其他服务业	2	108	44	108		
居民服务业	1	58	36	58		
机动车、电子产品和日用产品修理业	1	50	8	50		
(十六)教育	3	99	33	99		
(十七)卫生和社会工作	2	88	50	88		
卫生	1	76	45	76		
社会工作	1	12	5	12		
(十八)文化、体育和娱乐业	2	106	45	106		
广播、电视、电影和影视录音制作业	1	8	5	8		
文化艺术业	1	98	40	98		
娱乐业						
(十九)公共管理、社会保障和社会组织						
群众团体、社会团体和其他成员组织						

4-7 续表 2

项目	平均人数(人)			
	从业人员	1.在岗职工	2.劳务派遣人员	3.其他从业人员
其他非私营单位合计	**171920**	**158256**	**5785**	**7879**
一、按登记注册类型分组				
(一)内资	166331	152683	5780	7868
1.股份合作	441	431	9	1
2.联营	34	34		
3.有限责任公司	59252	49392	3277	6583
#国有独资	7949	7689	197	63
4.股份有限公司	103620	100298	2474	848
5.其他	2984	2528	20	436
(二)港、澳、台商投资	1964	1963		1
(三)外商投资	3625	3610	5	10
二、按执行会计标准类型分组				
1.企业	171845	158181	5785	7879
2.事业	49	49		
3.机关	12	12		
4.非民间盈利组织				
5.其他	14	14		
三、按国民经济行业分组				
(二)采矿业	6608	6608		
煤炭开采和洗选业	6209	6209		
黑色金属矿采选业	172	172		
非金属矿采选业	103	103		
开采辅助活动	124	124		
(三)制造业	116951	114329	1678	944
农副食品加工业	3030	2972	11	47
食品制造业	1222	1184	5	33
酒、饮料和精制茶制造业	3742	3741		1
纺织业				
木材加工和木、竹、藤、棕、草制品业	185	185		
家具制造业	420	420		
造纸和纸制品业	205	205		
印刷和记录媒介复制业	684	684		
文教、工美、体育和娱乐用品制造业	252	242	5	5
石油加工、炼焦和核燃料加工业	121	121		
化学原料和化学制品制造业	2050	1979		71
医药制造业	84098	83364	64	670
橡胶和塑料制品业	586	586		
非金属矿物制品业	2764	2764		
黑色金属冶炼和压延加工业	13240	12330	906	4
有色金属冶炼和压延加工业	94	94		
金属制品业	564	559		5
通用设备制造业	431	431		
专用设备制造业	1419	1403		16
汽车制造业	119	112		7
铁路、船舶、航空航天和其他运输设备制造业	36	36		
电气机械和器材制造业	209	190		19
仪器仪表制造业	80	80		
其他制造业	169	169		
废弃资源综合利用业	1231	478	687	66
金属制品、机械和设备修理业				

4-7 续表 3

项目	平均人数(人)			
	从业人员	1.在岗职工	2.劳务派遣人员	3.其他从业人员
(四)电力、热力、燃气及水生产和供应业	3175	2856	54	265
电力、热力生产和供应业	2871	2552	54	265
燃气生产和供应业	304	304		
(五)建筑业	27611	18156	3582	5873
房屋建筑业	16024	11584	1423	3017
土木工程建筑业	7963	3711	2035	2217
建筑安装业	3264	2580	95	589
建筑装饰和其他建筑业	360	281	29	50
(六)批发和零售业	5352	5123	68	161
批发业	1662	1504	66	92
零售业	3690	3619	2	69
(七)交通运输、仓储和邮政业	1823	1538	15	270
铁路运输业	26	10	14	2
道路运输业	1558	1291	1	266
装卸搬运和运输代理业	151	149		2
仓储业	88	88		
(八)住宿和餐饮业	797	784		13
住宿业	418	418		
餐饮业	379	366		13
(九)信息传输、软件和信息技术服务业	2715	2377	307	31
电信、广播电视和卫星传输服务	2575	2237	307	31
(十)金融业	1274	1226	36	12
货币金融服务	831	821	3	7
保险业	443	405	33	5
(十一)房地产业	3125	2952	40	133
# 房地产开发经营	2486	2329	40	117
物业管理	494	478		16
房地产中介服务	40	40		
(十二)租赁和商务服务业	1324	1278	5	41
商务服务业	1324	1278	5	41
(十三)科学研究和技术服务业	366	230		136
专业技术服务业	258	229		29
科技推广和应用服务业	108	1		107
(十四)水利、环境和公共设施管理业	398	398		
水利管理业	41	41		
公共设施管理业	357	357		
(十五)居民服务、修理和其他服务业	108	108		
居民服务业	58	58		
机动车、电子产品和日用产品修理业	50	50		
(十六)教育	99	99		
(十七)卫生和社会工作	88	88		
卫生	76	76		
社会工作	12	12		
(十八)文化、体育和娱乐业	106	106		
广播、电视、电影和影视录音制作业	8	8		
文化艺术业	98	98		
娱乐业				
(十九)公共管理、社会保障和社会组织				
群众团体、社会团体和其他成员组织				

4-8 全部单位从业人员劳动报酬情况

项目	工资总额(千元)			
	从业人员工资总额	1.在岗职工工资总额	2.劳务派遣人员工资总额	3.其他从业人员工资总额
非私营单位总计	**12535678**	**11922243**	**230870**	**382565**
一、按执行会计标准类型分组				
1.企业	8223092	7669370	223998	329724
2.事业	2976493	2927863	6675	41955
3.机关	1334758	1323675	197	10886
4.非民间盈利组织				
5.其他	1335	1335		
二、按国民经济行业分组				
(一)农、林、牧、渔业	114419	113815		604
农业	2120	1832		288
林业	54690	54690		
畜牧业	181	181		
渔业	185	185		
农、林、牧、渔服务业	57243	56927		316
(二)采矿业	319581	318078		1503
煤炭开采和洗选业	302702	301199		1503
黑色金属矿采选业	5559	5559		
有色金属矿采选业	1440	1440		
非金属矿采选业	7059	7059		
开采辅助活动	2821	2821		
(三)制造业	4958770	4889841	39437	29492
农副食品加工业	89300	88265	110	925
食品制造业	38891	37679	240	972
酒、饮料和精制茶制造业	122889	122809		80
纺织业				
木材加工和木、竹、藤、棕、草制品业	6757	6757		
家具制造业	13259	13259		
造纸和纸制品业	7406	7406		
印刷和记录媒介复制业	25208	25208		
文教、工美、体育和娱乐用品制造业	9056	8906	80	70
石油加工、炼焦和核燃料加工业	6058	6058		
化学原料和化学制品制造业	56526	54614		1912
医药制造业	3717592	3696861	1126	19605
橡胶和塑料制品业	14053	14053		
非金属矿物制品业	117962	117030		932
黑色金属冶炼和压延加工业	581239	559322	21021	896
有色金属冶炼和压延加工业	3550	3550		
金属制品业	22039	21891		148

4-8 续表 1

项目	工资总额(千元)			
	从业人员工资总额	1.在岗职工工资总额	2.劳务派遣人员工资总额	3.其他从业人员工资总额
通用设备制造业	15830	15830		
专用设备制造业	48711	48150		561
汽车制造业	3303	3080		223
铁路、船舶、航空航天和其他运输设备制造业	7409	7409		
电气机械和器材制造业	7240	6582		658
仪器仪表制造业	2799	2799		
其他制造业	3494	3494		
废弃资源综合利用业	37239	17869	16860	2510
金属制品、机械和设备修理业	960	960		
(四)电力、热力、燃气及水生产和供应业	335413	321475	1739	12199
电力、热力生产和供应业	255807	241869	1739	12199
燃气生产和供应业	31884	31884		
水的生产和供应业	47722	47722		
(五)建筑业	1074915	738162	128984	207769
房屋建筑业	599961	452578	43370	104013
土木工程建筑业	378231	214708	82548	80975
建筑安装业	82672	59664	2336	20672
建筑装饰和其他建筑业	14051	11212	730	2109
(六)批发和零售业	269952	251254	11634	7064
批发业	156564	140060	11584	4920
零售业	113388	111194	50	2144
(七)交通运输、仓储和邮政业	224006	205135	7852	11019
铁路运输业	1428	742	598	88
道路运输业	111625	101505	26	10094
装卸搬运和运输代理业	13111	12997		114
仓储业	12886	11458	1325	103
邮政业	84956	78433	5903	620
(八)住宿和餐饮业	31183	30706		477
住宿业	21028	20731		297
餐饮业	10155	9975		180
(九)信息传输、软件和信息技术服务业	240437	214460	22555	3422
电信、广播电视和卫星传输服务	232251	206274	22555	3422
软件和信息技术服务业	8186	8186		
(十)金融业	514678	456841	7759	50078
货币金融服务	427892	421285	5932	675
资本市场服务	7148	7061		87
保险业	79638	28495	1827	49316

4-8 续表 2

项目	工资总额(千元)			
	从业人员工资总额	1.在岗职工工资总额	2.劳务派遣人员工资总额	3.其他从业人员工资总额
(十一)房地产业	154949	150210	1240	3499
# 房地产开发经营	95365	90984	1240	3141
物业管理	18248	18050		198
房地产中介服务	13571	13571		
(十二)租赁和商务服务业	78539	77216	70	1253
商务服务业	78539	77216	70	1253
(十三)科学研究和技术服务业	189451	180209		9242
研究和试验发展	26476	26458		18
专业技术服务业	135935	127871		8064
科技推广和应用服务业	27040	25880		1160
(十四)水利、环境和公共设施管理业	167031	165817		1214
水利管理业	45727	45243		484
生态保护和环境治理业	1804	1804		
公共设施管理业	119500	118770		730
(十五)居民服务、修理和其他服务业	40353	38196		2157
居民服务业	28710	26553		2157
机动车、电子产品和日用产品修理业	747	747		
其他服务业	10896	10896		
(十六)教育	1452538	1437307	4335	10896
# 初等教育	516755	512673	567	3515
中等教育	789343	784536	1885	2922
高等教育	74009	68677	1762	3570
(十七)卫生和社会工作	629646	615047	1624	12975
卫生	615719	602052	1556	12111
社会工作	13927	12995	68	864
(十八)文化、体育和娱乐业	109079	104900	3411	768
新闻和出版业	10024	9623		401
广播、电视、电影和影视录音制作业	43051	40016	2728	307
文化艺术业	44614	43871	683	60
体育	10296	10296		
娱乐业	1094	1094		
(十九)公共管理、社会保障和社会组织	1630738	1613574	230	16934
中国共产党机关	94303	94210		93
国家机构	1493826	1476881	230	16715
人民政协、民主党派	8860	8830		30
社会保障	15558	15558		
群众团体、社会团体和其他成员组织	18191	18095		96

4-8 续表 3

项　　目	平均工资(元)			
	从业人员平均工资	在岗职工平均工资	劳务派遣人员平均工资	其他从业人员平均工资
非私营单位总计	**43671**	**44719**	**32595**	**28642**
一、按执行会计标准类型分组				
1.企业	40300	41080	33538	30896
2.事业	50865	52256	16985	20017
3.机关	54551	55458	17909	18482
4.非民间盈利组织				
5.其他	95357	95357		
二、按国民经济行业分组				
(一)农、林、牧、渔业	26022	26098		16778
农业	17097	17615		14400
林业	19318	19318		
畜牧业	18100	18100		
渔业	10882	10882		
农、林、牧、渔服务业	40454	40691		19750
(二)采矿业	43469	43294		300600
煤炭开采和洗选业	44971	44781		300600
黑色金属矿采选业	22971	22971		
有色金属矿采选业	35122	35122		
非金属矿采选业	32986	32986		
开采辅助活动	22750	22750		
(三)制造业	41733	42106	23502	29200
农副食品加工业	29453	29679	10000	19681
食品制造业	31465	31452	48000	29455
酒、饮料和精制茶制造业	32840	32828		80000
纺织业				
木材加工和木、竹、藤、棕、草制品业	36524	36524		
家具制造业	31569	31569		
造纸和纸制品业	34447	34447		
印刷和记录媒介复制业	27823	27823		
文教、工美、体育和娱乐用品制造业	32576	33231	16000	14000
石油加工、炼焦和核燃料加工业	50066	50066		
化学原料和化学制品制造业	27294	27307		26930
医药制造业	44173	44313	17594	29261
橡胶和塑料制品业	22131	22131		
非金属矿物制品业	32160	32266		22732
黑色金属冶炼和压延加工业	43234	44696	23202	37333
有色金属冶炼和压延加工业	37766	37766		
金属制品业	38196	38608		14800

4-8 续表 4

项目	平均工资(元)			
	从业人员平均工资	在岗职工平均工资	劳务派遣人员平均工资	其他从业人员平均工资
通用设备制造业	32842	32842		
专用设备制造业	31900	31866		35062
汽车制造业	27756	27500		31857
铁路、船舶、航空航天和其他运输设备制造业	49066	49066		
电气机械和器材制造业	34641	34642		34632
仪器仪表制造业	27441	27441		
其他制造业	20675	20675		
废弃资源综合利用业	30080	36843	24541	38030
金属制品、机械和设备修理业	24000	24000		
(四)电力、热力、燃气及水生产和供应业	45467	46169	31054	34075
电力、热力生产和供应业	51284	52879	31054	34075
燃气生产和供应业	35115	35115		
水的生产和供应业	32223	32223		
(五)建筑业	35455	36322	35999	32403
房屋建筑业	34295	36166	30456	29250
土木工程建筑业	41527	44215	40564	36525
建筑安装业	24678	22380	24589	35097
建筑装饰和其他建筑业	38391	39066	25172	42180
(六)批发和零售业	34891	35003	37288	28599
批发业	44327	45831	37368	29639
零售业	26965	26976	25000	26469
(七)交通运输、仓储和邮政业	36107	37209	43143	21648
铁路运输业	54923	74200	42714	44000
道路运输业	28210	29210	26000	20985
装卸搬运和运输代理业	63034	63092		57000
仓储业	35894	36961	33974	10300
邮政业	51364	51874	46117	44286
(八)住宿和餐饮业	25331	25567		15900
住宿业	26384	26578		17471
餐饮业	23399	23694		13846
(九)信息传输、软件和信息技术服务业	51596	53045	51145	19443
电信、广播电视和卫星传输服务	51508	52999	51145	19443
软件和信息技术服务业	54212	54212		
(十)金融业	51852	55719	35268	33230
货币金融服务	55824	56389	35310	25962
资本市场服务	94053	96726		29000
保险业	36448	43504	35135	33367

4-8 续表 5

项　　目	平均工资(元)			
	从业人员平均工资	在岗职工平均工资	劳务派遣人员平均工资	其他从业人员平均工资
(十一)房地产业	36043	36512	31000	24131
# 房地产开发经营	37843	38553	31000	26175
物业管理	22119	22311		12375
房地产中介服务	37283	37283		
(十二)租赁和商务服务业	31055	31401	14000	19277
商务服务业	31055	31401	14000	19277
(十三)科学研究和技术服务业	49790	51474		30401
研究和试验发展	55739	55819		18000
专业技术服务业	48950	49543		41143
科技推广和应用服务业	48897	58027		10841
(十四)水利、环境和公共设施管理业	31070	31608		9338
水利管理业	39488	42244		5563
生态保护和环境治理业	33407	33407		
公共设施管理业	28698	28821		16977
(十五)居民服务、修理和其他服务业	25719	25618		27654
居民服务业	48090	51162		27654
机动车、电子产品和日用产品修理业	14940	14940		
其他服务业	11818	11818		
(十六)教育	58620	60462	15594	14947
# 初等教育	56538	57282	94500	19103
中等教育	61725	62990	14173	14610
高等教育	49737	64729	13248	12143
(十七)卫生和社会工作	47988	49338	15037	23720
卫生	48077	49393	14962	23562
社会工作	44354	46913	17000	26182
(十八)文化、体育和娱乐业	46025	49763	20548	8000
新闻和出版业	40748	42580		20050
广播、电视、电影和影视录音制作业	41237	48154	16840	6020
文化艺术业	49243	50024	170750	2400
体育	67294	67294		
娱乐业	52095	52095		
(十九)公共管理、社会保障和社会组织	52309	53451	16429	17404
中国共产党机关	52801	52927		15500
国家机构	52277	53510	16429	17393
人民政协、民主党派	61528	62183		15000
社会保障	46030	46030		
群众团体、社会团体和其他成员组织	54792	55168		24000

4-9 国有单位从业人员劳动报酬情况

项目	工资总额(千元)			
	从业人员工资总额	1.在岗职工工资总额	2.劳务派遣人员工资总额	3.其他从业人员工资总额
国有单位合计	**5250739**	**5099562**	**33570**	**117607**
一、按隶属关系分组				
1.中央	545431	518900	9406	17125
2.省、自治区、直辖市	342572	275679	11606	55287
3.地区	1131511	1105084	10380	16047
4.县及县以下	3219788	3188462	2178	29148
5.其他	11437	11437		
二、按执行会计标准类型分组				
1.企业	1007467	914545	26698	66224
#地方	589257	514839	17292	57126
2.事业	2909532	2862360	6675	40497
#地方	2852211	2812404	6675	33132
3.机关	1333740	1322657	197	10886
#地方	1263840	1253419	197	10224
4.非民间盈利组织				
5.其他				
三、按国民经济行业分组				
(一)农、林、牧、渔业	114419	113815		604
农业	2120	1832		288
林业	54690	54690		
畜牧业	181	181		
渔业	185	185		
农、林、牧、渔服务业	57243	56927		316
(二)采矿业	3836	3836		
煤炭开采和洗选业	2396	2396		
有色金属矿采选业	1440	1440		
(三)制造业	7691	7691		
农副食品加工业	56	56		
印刷和记录媒介复制业	281	281		
化学原料和化学制品制造业	116	116		
通用设备制造业	726	726		
铁路、船舶、航空航天和其他运输设备制造业	6293	6293		
废弃资源综合利用业	219	219		
(四)电力、热力、燃气及水生产和供应业	163290	161797	44	1449
电力、热力生产和供应业	97254	95761	44	1449
燃气生产和供应业	18314	18314		
水的生产和供应业	47722	47722		
(五)建筑业	63421	58402		5019
房屋建筑业	19290	14271		5019
土木工程建筑业	39945	39945		
建筑安装业	3945	3945		
建筑装饰和其他建筑业	241	241		
(六)批发和零售业	99922	89908	7603	2411
批发业	91622	81608	7603	2411
零售业	8300	8300		
(七)交通运输、仓储和邮政业	168445	157442	7228	3775
道路运输业	69902	66850		3052
装卸搬运和运输代理业	3362	3362		
仓储业	10225	8797	1325	103
邮政业	84956	78433	5903	620

4-9 续表 1

项　　目	工资总额(千元)			
	从业人员工资总额	1.在岗职工工资总额	2.劳务派遣人员工资总　额	3.其他从业人员工资总　额
(八)住宿和餐饮业	10288	9991		297
住宿业	9959	9662		297
餐饮业	329	329		
(九)信息传输、软件和信息技术服务业	78183	69615	5703	2865
电信、广播电视和卫星传输服务	77367	68799	5703	2865
软件和信息技术服务业	816	816		
(十)金融业	348469	295406	3392	49671
货币金融服务	282811	279450	2999	362
资本市场服务	7148	7061		87
保险业	58510	8895	393	49222
(十一)房地产业	45916	45720		196
# 房地产开发经营	749	713		36
物业管理	9204	9204		
房地产中介服务	11138	11138		
(十二)租赁和商务服务业	34566	34182		384
商务服务业	34566	34182		384
(十三)科学研究和技术服务业	179130	171680		7450
研究和试验发展	26476	26458		18
专业技术服务业	126822	119390		7432
科技推广和应用服务业	25832	25832		
(十四)水利、环境和公共设施管理业	134400	133186		1214
水利管理业	44271	43787		484
生态保护和环境治理业	1804	1804		
公共设施管理业	88325	87595		730
(十五)居民服务、修理和其他服务业	30358	28201		2157
居民服务业	25405	23248		2157
其他服务业	4953	4953		
(十六)教育	1449003	1433772	4335	10896
# 初等教育	516755	512673	567	3515
中等教育	789343	784536	1885	2922
高等教育	74009	68677	1762	3570
(十七)卫生和社会工作	583180	570039	1624	11517
卫生	569883	557674	1556	10653
社会工作	13297	12365	68	864
(十八)文化、体育和娱乐业	105484	101305	3411	768
新闻和出版业	10024	9623		401
广播、电视、电影和影视录音制作业	42843	39808	2728	307
文化艺术业	41227	40484	683	60
体育	10296	10296		
娱乐业	1094	1094		
(十九)公共管理、社会保障和社会组织	1630738	1613574	230	16934
中国共产党机关	94303	94210		93
国家机构	1493826	1476881	230	16715
人民政协、民主党派	8860	8830		30
社会保障	15558	15558		
群众团体、社会团体和其他成员组织	18191	18095		96

4-9 续表 2

项 目	平均工资(元)			
	从业人员平均工资	在岗职工平均工资	劳务派遣人员平均工资	其他从业人员平均工资
国有单位合计	**49129**	**50706**	**27494**	**23137**
一、按隶属关系分组				
1.中央	53779	56329	31777	27011
2.省、自治区、直辖市	42199	48595	23212	28425
3.地区	48920	50520	26753	18487
4.县及县以下	49592	50408	58865	17817
5.其他	20423	20423		
二、按执行会计标准类型分组				
1.企业	39085	40634	32678	27008
#地方	33117	33736	33190	28407
2.事业	51353	52790	16985	19832
#地方	51355	52797	16985	17642
3.机关	54565	55474	17909	18482
#地方	54006	54900	17909	18257
4.非民间盈利组织				
5.其他				
三、按国民经济行业分组				
(一)农、林、牧、渔业	26022	26098		16778
农业	17097	17615		14400
林业	19318	19318		
畜牧业	18100	18100		
渔业	10882	10882		
农、林、牧、渔服务业	40454	40691		19750
(二)采矿业	31967	31967		
煤炭开采和洗选业	30329	30329		
有色金属矿采选业	35122	35122		
(三)制造业	42258	42258		
农副食品加工业	28000	28000		
印刷和记录媒介复制业	17562	17562		
化学原料和化学制品制造业	38667	38667		
通用设备制造业	18615	18615		
铁路、船舶、航空航天和其他运输设备制造业	54722	54722		
废弃资源综合利用业	31286	31286		
(四)电力、热力、燃气及水生产和供应业	38860	39395	22000	15581
电力、热力生产和供应业	45940	47360	22000	15581
燃气生产和供应业	30321	30321		
水的生产和供应业	32223	32223		
(五)建筑业	31966	34537		17130
房屋建筑业	25183	30171		17130
土木工程建筑业	35475	35475		
建筑安装业	45872	45872		
建筑装饰和其他建筑业	40167	40167		
(六)批发和零售业	49320	52455	31160	35456
批发业	51735	55934	31160	35456
零售业	32549	32549		
(七)交通运输、仓储和邮政业	39037	40277	43281	15795
道路运输业	29962	31563		14195
装卸搬运和运输代理业	58982	58982		
仓储业	37731	39626	33974	10300
邮政业	51364	51874	46117	44286

4-9 续表 3

项　　目	平均工资(元)			
	从业人员平均工资	在岗职工平均工资	劳务派遣人　员平均工资	其他从业人员平均工　资
(八)住宿和餐饮业	**27289**	27753		17471
住宿业	**26916**	27371		17471
餐饮业	**47000**	47000		
(九)信息传输、软件和信息技术服务业	**40197**	41786	42560	19759
电信、广播电视和卫星传输服务	**40004**	41570	42560	19759
软件和信息技术服务业	**74182**	74182		
(十)金融业	**52464**	58554	31407	33359
货币金融服务	**58626**	59180	33697	27846
资本市场服务	**94053**	96726		29000
保险业	**33588**	35580	20684	33416
(十一)房地产业	**39111**	39346		16333
# 房地产开发经营	**22029**	23000		12000
物业管理	**27807**	27807		
房地产中介服务	**34377**	34377		
(十二)租赁和商务服务业	**35598**	36095		16000
商务服务业	**35598**	36095		16000
(十三)科学研究和技术服务业	**52088**	52485		44345
研究和试验发展	**55739**	55819		18000
专业技术服务业	**50346**	50761		44503
科技推广和应用服务业	**58049**	58049		
(十四)水利、环境和公共设施管理业	**32613**	33372		9338
水利管理业	**39634**	42512		5563
生态保护和环境治理业	**33407**	33407		
公共设施管理业	**29941**	30132		16977
(十五)居民服务、修理和其他服务业	**37433**	38473		27654
居民服务业	**49522**	53444		27654
其他服务业	**16621**	16621		
(十六)教育	**58712**	60566	15594	14947
# 初等教育	**56538**	57282	94500	19103
中等教育	**61725**	62990	14173	14610
高等教育	**49737**	64729	13248	12143
(十七)卫生和社会工作	**48393**	49785	15037	23361
卫生	**48505**	49859	14962	23159
社会工作	**44030**	46660	17000	26182
(十八)文化、体育和娱乐业	**46592**	50602	20548	8000
新闻和出版业	**40748**	42580		20050
广播、电视、电影和影视录音制作业	**41354**	48369	16840	6020
文化艺术业	**51024**	51969	170750	2400
体育	**67294**	67294		
娱乐业	**52095**	52095		
(十九)公共管理、社会保障和社会组织	**52309**	53451	16429	17404
中国共产党机关	**52801**	52927		15500
国家机构	**52277**	53510	16429	17393
人民政协、民主党派	**61528**	62183		15000
社会保障	**46030**	46030		
群众团体、社会团体和其他成员组织	**54792**	55168		24000

4-10 集体单位从业人员劳动报酬情况

项目	工资总额(千元)			
	从业人员工资总额	1.在岗职工工资总额	2.劳务派遣人员工资总额	3.其他从业人员工资总额
城镇集体单位合计	**278940**	**261364**	**2848**	**14728**
一、按执行会计标准类型分组				
1.企业	214136	198018	2848	13270
2.事业	64416	62958		1458
3.机关	388	388		
4.非民间盈利组织				
5.其他				
二、按国民经济行业分组				
(二)采矿业	34019	32516		1503
煤炭开采和洗选业	28069	26566		1503
黑色金属矿采选业	1400	1400		
非金属矿采选业	4550	4550		
(三)制造业	40768	38973		1795
食品制造业	273	273		
造纸和纸制品业	146	146		
印刷和记录媒介复制业	7054	7054		
文教、工美、体育和娱乐用品制造业	476	476		
化学原料和化学制品制造业	259	259		
医药制造业	750	750		
橡胶和塑料制品业	1033	1033		
非金属矿物制品业	20555	19623		932
黑色金属冶炼和压延加工业	4495	3700		795
金属制品业	176	108		68
专用设备制造业	3476	3476		
金属制品、机械和设备修理业	960	960		
(五)建筑业	20825	11216	24	9585
房屋建筑业	19879	10270	24	9585
土木工程建筑业	946	946		
建筑安装业				
(六)批发和零售业	5769	5551		218
批发业	1450	1414		36
零售业	4319	4137		182
(七)交通运输、仓储和邮政业	2148	2148		
道路运输业	2148	2148		
(八)住宿和餐饮业	1739	1739		
住宿业	119	119		
餐饮业	1620	1620		
(十)金融业	93683	90690	2824	169
货币金融服务	93683	90690	2824	169
(十二)租赁和商务服务业	8246	8246		
商务服务业	8246	8246		
(十四)水利、环境和公共设施管理业	21577	21577		
公共设施管理业	21577	21577		
(十五)居民服务、修理和其他服务业	6908	6908		
居民服务业	965	965		
其他服务业	5943	5943		
(十七)卫生和社会工作	43258	41800		1458
卫生	43258	41800		1458

4-10 续表

项目	平均工资(元)			
	从业人员平均工资	在岗职工平均工资	劳务派遣人员平均工资	其他从业人员平均工资
城镇集体单位合计	**33811**	**33603**	**36987**	**37286**
一、按执行会计标准类型分组				
1.企业	33329	32965	36987	38915
2.事业	35550	35812		27000
3.机关	29846	29846		
4.非民间盈利组织				
5.其他				
二、按国民经济行业分组				
(二)采矿业	54518	52530		300600
煤炭开采和洗选业	63361	60653		300600
黑色金属矿采选业	20000	20000		
非金属矿采选业	40991	40991		
(三)制造业	24152	24028		27197
食品制造业	19500	19500		
造纸和纸制品业	14600	14600		
印刷和记录媒介复制业	34243	34243		
文教、工美、体育和娱乐用品制造业	18308	18308		
化学原料和化学制品制造业	14389	14389		
医药制造业	12097	12097		
橡胶和塑料制品业	21082	21082		
非金属矿物制品业	22738	22738		22732
黑色金属冶炼和压延加工业	22034	20109		39750
金属制品业	13538	13500		13600
专用设备制造业	32185	32185		
金属制品、机械和设备修理业	24000	24000		
(五)建筑业	28804	23563	24000	38963
房屋建筑业	28237	22473	24000	38963
土木工程建筑业	49789	49789		
建筑安装业				
(六)批发和零售业	16070	16279		12111
批发业	14646	15204		6000
零售业	16612	16681		15167
(七)交通运输、仓储和邮政业	32545	32545		
道路运输业	32545	32545		
(八)住宿和餐饮业	30509	30509		
住宿业	13222	13222		
餐饮业	33750	33750		
(十)金融业	46608	47038	37158	28167
货币金融服务	46608	47038	37158	28167
(十二)租赁和商务服务业	35239	35239		
商务服务业	35239	35239		
(十四)水利、环境和公共设施管理业	25177	25177		
公共设施管理业	25177	25177		
(十五)居民服务、修理和其他服务业	10628	10628		
居民服务业	37115	37115		
其他服务业	9524	9524		
(十七)卫生和社会工作	44051	45043		27000
卫生	44051	45043		27000

4-11 其他单位从业人员劳动报酬情况

项目	工资总额(千元)			
	从业人员工资总额	1.在岗职工工资总额	2.劳务派遣人员工资总额	3.其他从业人员工资总额
其他非私营单位合计	**7005999**	**6561317**	**194452**	**250230**
一、按登记注册类型分组				
(一)内资	6767239	6322909	194372	249958
1.股份合作	14003	13546	442	15
2.联营	1504	1504		
3.有限责任公司	2128996	1820725	95127	213144
#国有独资	355088	345680	7955	1453
4.股份有限公司	4532967	4411832	97603	23532
5.其他	89769	75302	1200	13267
(二)港、澳、台商投资	93549	93528		21
(三)外商投资	145211	144880	80	251
二、按执行会计标准类型分组				
1.企业	7001489	6556807	194452	250230
2.事业	2545	2545		
3.机关	630	630		
4.非民间盈利组织				
5.其他	1335	1335		
三、按国民经济行业分组				
(二)采矿业	281726	281726		
煤炭开采和洗选业	272237	272237		
黑色金属矿采选业	4159	4159		
非金属矿采选业	2509	2509		
开采辅助活动	2821	2821		
(三)制造业	4910311	4843177	39437	27697
农副食品加工业	89244	88209	110	925
食品制造业	38618	37406	240	972
酒、饮料和精制茶制造业	122889	122809		80
纺织业				
木材加工和木、竹、藤、棕、草制品业	6757	6757		
家具制造业	13259	13259		
造纸和纸制品业	7260	7260		
印刷和记录媒介复制业	17873	17873		
文教、工美、体育和娱乐用品制造业	8580	8430	80	70
石油加工、炼焦和核燃料加工业	6058	6058		
化学原料和化学制品制造业	56151	54239		1912
医药制造业	3716842	3696111	1126	19605
橡胶和塑料制品业	13020	13020		
非金属矿物制品业	97407	97407		
黑色金属冶炼和压延加工业	576744	555622	21021	101
有色金属冶炼和压延加工业	3550	3550		
金属制品业	21863	21783		80
通用设备制造业	14971	14971		
专用设备制造业	45235	44674		561
汽车制造业	3303	3080		223
铁路、船舶、航空航天和其他运输设备制造业	1116	1116		
电气机械和器材制造业	7240	6582		658
仪器仪表制造业	1817	1817		
其他制造业	3494	3494		
废弃资源综合利用业	37020	17650	16860	2510
金属制品、机械和设备修理业				

4-11 续表 1

项目	工资总额(千元)			
	从业人员工资总额	1.在岗职工工资总额	2.劳务派遣人员工资总额	3.其他从业人员工资总额
(四)电力、热力、燃气及水生产和供应业	172123	159678	1695	10750
电力、热力生产和供应业	158553	146108	1695	10750
燃气生产和供应业	13570	13570		
(五)建筑业	990669	668544	128960	193165
房屋建筑业	560792	428037	43346	89409
土木工程建筑业	337340	173817	82548	80975
建筑安装业	78727	55719	2336	20672
建筑装饰和其他建筑业	13810	10971	730	2109
(六)批发和零售业	164261	155795	4031	4435
批发业	63492	57038	3981	2473
零售业	100769	98757	50	1962
(七)交通运输、仓储和邮政业	53413	45545	624	7244
铁路运输业	1428	742	598	88
道路运输业	39575	32507	26	7042
装卸搬运和运输代理业	9749	9635		114
仓储业	2661	2661		
(八)住宿和餐饮业	19156	18976		180
住宿业	10950	10950		
餐饮业	8206	8026		180
(九)信息传输、软件和信息技术服务业	162254	144845	16852	557
电信、广播电视和卫星传输服务	154884	137475	16852	557
(十)金融业	72526	70745	1543	238
货币金融服务	51398	51145	109	144
保险业	21128	19600	1434	94
(十一)房地产业	109033	104490	1240	3303
# 房地产开发经营	94616	90271	1240	3105
物业管理	9044	8846		198
房地产中介服务	2433	2433		
(十二)租赁和商务服务业	35727	34788	70	869
商务服务业	35727	34788	70	869
(十三)科学研究和技术服务业	10321	8529		1792
专业技术服务业	9113	8481		632
科技推广和应用服务业	1208	48		1160
(十四)水利、环境和公共设施管理业	11054	11054		
水利管理业	1456	1456		
公共设施管理业	9598	9598		
(十五)居民服务、修理和其他服务业	3087	3087		
居民服务业	2340	2340		
机动车、电子产品和日用产品修理业	747	747		
(十六)教育	3535	3535		
(十七)卫生和社会工作	3208	3208		
卫生	2578	2578		
社会工作	630	630		
(十八)文化、体育和娱乐业	3595	3595		
广播、电视、电影和影视录音制作业	208	208		
文化艺术业	3387	3387		
娱乐业				
(十九)公共管理、社会保障和社会组织				
群众团体、社会团体和其他成员组织				

4-11 续表 2

项目	平均工资(元)			
	从业人员平均工资	在岗职工平均工资	劳务派遣人员平均工资	其他从业人员平均工资
其他非私营单位合计	**40752**	**41460**	**33613**	**31759**
一、按登记注册类型分组				
(一)内资	40685	41412	33628	31769
1.股份合作	31753	31429	49111	15000
2.联营	44235	44235		
3.有限责任公司	35931	36863	29029	32378
#国有独资	44671	44958	40381	23063
4.股份有限公司	43746	43987	39451	27750
5.其他	30083	29787	60000	30429
(二)港、澳、台商投资	47632	47645		21000
(三)外商投资	40058	40133	16000	25100
二、按执行会计标准类型分组				
1.企业	40743	41451	33613	31759
2.事业	51939	51939		
3.机关	52500	52500		
4.非民间盈利组织				
5.其他	95357	95357		
三、按国民经济行业分组				
(二)采矿业	42634	42634		
煤炭开采和洗选业	43846	43846		
黑色金属矿采选业	24180	24180		
非金属矿采选业	24359	24359		
开采辅助活动	22750	22750		
(三)制造业	41986	42362	23502	29340
农副食品加工业	29453	29680	10000	19681
食品制造业	31602	31593	48000	29455
酒、饮料和精制茶制造业	32840	32828		80000
纺织业				
木材加工和木、竹、藤、棕、草制品业	36524	36524		
家具制造业	31569	31569		
造纸和纸制品业	35415	35415		
印刷和记录媒介复制业	26130	26130		
文教、工美、体育和娱乐用品制造业	34048	34835	16000	14000
石油加工、炼焦和核燃料加工业	50066	50066		
化学原料和化学制品制造业	27391	27407		26930
医药制造业	44197	44337	17594	29261
橡胶和塑料制品业	22218	22218		
非金属矿物制品业	35241	35241		
黑色金属冶炼和压延加工业	43561	45063	23202	25250
有色金属冶炼和压延加工业	37766	37766		
金属制品业	38764	38968		16000
通用设备制造业	34735	34735		
专用设备制造业	31878	31842		35062
汽车制造业	27756	27500		31857
铁路、船舶、航空航天和其他运输设备制造业	31000	31000		
电气机械和器材制造业	34641	34642		34632
仪器仪表制造业	22712	22712		
其他制造业	20675	20675		
废弃资源综合利用业	30073	36925	24541	38030
金属制品、机械和设备修理业				

4-11 续表 3

项　　目	平均工资(元)			
	从业人员平均工资	在岗职工平均工资	劳务派遣人员平均工　资	其他从业人员平均工　资
(四)电力、热力、燃气及水生产和供应业	54212	55910	31389	40566
电力、热力生产和供应业	55226	57252	31389	40566
燃气生产和供应业	44638	44638		
(五)建筑业	35880	36822	36002	32890
房屋建筑业	34997	36951	30461	29635
土木工程建筑业	42363	46838	40564	36525
建筑安装业	24120	21597	24589	35097
建筑装饰和其他建筑业	38361	39043	25172	42180
(六)批发和零售业	30692	30411	59279	27547
批发业	38202	37924	60318	26880
零售业	27309	27288	25000	28435
(七)交通运输、仓储和邮政业	29300	29613	41600	26830
铁路运输业	54923	74200	42714	44000
道路运输业	25401	25180	26000	26474
装卸搬运和运输代理业	64563	64664		57000
仓储业	30239	30239		
(八)住宿和餐饮业	24035	24204		13846
住宿业	26196	26196		
餐饮业	21652	21929		13846
(九)信息传输、软件和信息技术服务业	59762	60936	54893	17968
电信、广播电视和卫星传输服务	60149	61455	54893	17968
(十)金融业	56928	57704	42861	19833
货币金融服务	61851	62296	36333	20571
保险业	47693	48395	43455	18800
(十一)房地产业	34891	35396	31000	24835
# 房地产开发经营	38060	38760	31000	26538
物业管理	18308	18506		12375
房地产中介服务	60825	60825		
(十二)租赁和商务服务业	26984	27221	14000	21195
商务服务业	26984	27221	14000	21195
(十三)科学研究和技术服务业	28199	37083		13176
专业技术服务业	35322	37035		21793
科技推广和应用服务业	11185	48000		10841
(十四)水利、环境和公共设施管理业	27774	27774		
水利管理业	35512	35512		
公共设施管理业	26885	26885		
(十五)居民服务、修理和其他服务业	28583	28583		
居民服务业	40345	40345		
机动车、电子产品和日用产品修理业	14940	14940		
(十六)教育	35707	35707		
(十七)卫生和社会工作	36455	36455		
卫生	33921	33921		
社会工作	52500	52500		
(十八)文化、体育和娱乐业	33915	33915		
广播、电视、电影和影视录音制作业	26000	26000		
文化艺术业	34561	34561		
娱乐业				
(十九)公共管理、社会保障和社会组织				
群众团体、社会团体和其他成员组织				

4-12 各县(市、区)单位从业人员劳动报酬和生活费

县(市、区)	从业人员工资总额(万元)	在岗职工工资总额(万元)	其他从业人员工资总额(万元)	从业人员平均工资(元)	在岗职工平均工资(元)
全　市	**1253568**	**1215311**	**38257**	**43671**	**44405**
市　区	683975	669766	14210	44933	45501
市　直	553871	544217	9655	47026	47580
东昌区	85525	82488	3037	39170	39793
二道江区	44579	43061	1518	35361	35620
梅河口市	226057	215333	10724	44853	45826
集安市	91200	85230	5970	38767	38982
通化县	87543	87264	278	43467	43740
辉南县	80275	77444	2831	38670	39569
柳河县	84518	80274	4244	42080	44311

注：本表在岗职工包括劳务派遣人员。

4-13 各县(市、区)单位在岗职工人数与工资

县(市、区)	年末职工人数(人)		工资总额(万元)		年平均工资(元/人)	
	2014年	2015年	2014年	2015年	2014年	2015年
全　市	**274263**	**267962**	**1105454**	**1215311**	**39348**	**44405**
市 区	147672	145632	603996	669766	40724	45501
市 直	114758	112910	492447	544217	42618	47580
东昌区	20095	20868	71296	82488	35782	39793
二道江区	12819	11854	40253	43061	31355	35620
梅河口市	47586	46883	191970	215333	40687	45826
集安市	18932	18666	82184	85230	35164	38982
通化县	20038	18969	83825	87264	38118	43740
辉南县	19584	19618	67847	77444	34479	39569
柳河县	20451	18194	75632	80274	37057	44311

注：本表在岗职工包括劳务派遣人员。

4-14　各县(市、区)国有经济单位在岗职工人数与工资

县（市、区）	年末职工人数(人)		工资总额(万元)		年平均工资(元／人)	
	2014年	2015年	2014年	2015年	2014年	2015年
全　市	**103364**	**101863**	**432651**	**513313**	**41915**	**50393**
市　区	35020	34530	150360	176938	43067	51193
市　直	24813	24507	109741	130208	44284	53032
东昌区	7065	6944	26939	31094	38441	44868
二道江区	3142	3079	13680	15636	43789	50765
梅河口市	23775	23195	105669	128778	44490	55500
集安市	9829	9885	41239	48063	41884	48500
通化县	10189	9876	42099	50934	41843	51952
辉南县	13623	13540	49682	56803	36174	42129
柳河县	10928	10837	43602	51797	39947	47827

注：本表在岗职工包括劳务派遣人员。

4-15　各县(市、区)城镇集体经济单位在岗职工人数与工资

县（市、区）	年末职工人数(人)		工资总额(万元)		年平均工资(元／人)	
	2014年	2015年	2014年	2015年	2014年	2015年
全　市	**8789**	**7619**	**27032**	**26421**	**30722**	**33636**
市　区	4302	2965	10979	9303	25355	28980
市　直	697	706	2990	3843	42900	53598
东昌区	322	311	1044	994	32429	31949
二道江区	3283	1948	6945	4466	20974	20467
梅河口市	1912	2141	6475	7164	34024	33760
集安市	825	763	2840	2698	35026	35364
通化县	827	799	4076	3371	48987	41667
辉南县	862	889	2416	3560	28030	40048
柳河县	61	62	246	325	40377	52468

注：本表在岗职工包括劳务派遣人员。

4-16 各县(市、区)其他各种经济类型单位在岗职工人数与工资

县（市、区）	年末职工人数(人)		工资总额(万元)		年平均工资(元／人)	
	2014年	2015年	2014年	2015年	2014年	2015年
全　市	**162110**	**158480**	**645771**	**675577**	**38228**	**41183**
市　区	108350	108137	442657	483525	40585	44188
市　直	89248	87697	379716	410164	42157	46029
东昌区	12708	13613	43312	50401	34389	37367
二道江区	6394	6827	19629	22960	30655	33630
梅河口市	21899	21547	79826	79392	37080	36647
集安市	8278	8018	38105	34468	29968	30800
通化县	9022	8294	37650	32960	33925	35296
辉南县	5099	5189	15749	17080	30990	32847
柳河县	9462	7295	31784	28152	33691	38970

注：本表在岗职工包括劳务派遣人员。

4-17 城镇失业人员情况

单位：人

指　　标	2000年	2005年	2010年	2013年	2014年	2015年
本期新登记失业人数	10285	7542	6516	27303	22690	23091
#女　　性	4138	3578	3881	15940	12091	12200
#就业转失业人数	3827	2427	1407	12182	5653	3924
本期失业人员就业人数	7560	8530	6621	26828	22438	22125
期末实有登记失业人数	10258	8969	9406	7614	5976	6915
#女　性	4368	4527	4708	4199	2753	2682
#长期失业者	2145	2420	821	691	874	75
登记失业率(%)	3.7	3.8	3.89	3.81	3.78	3.89

注：2014、2015年数据不包含梅河口市。

5. 固定资产投资

5-1 历年全社会固定资产投资额

单位：万元

年 份	投资总额	国有单位投资					其他经济类型投资
		合 计	基 建	更 改	其 他	房地产	
1985	34912	21464	11975	7790	1699		
1986	42091	25890	10065	15169	656		
1987	51787	36097	10301	21878	3918		
1988	66300	49077	16320	29209	3548		
1989	52622	37766	14335	18003	5428		
1990	54740	42996	15555	20832	6609		
1991	45664	43797	20757	16824	2646	3570	
1992	77183	65070	26401	28866	2218	7585	
1993	125908	97140	36351	53378	1428	5983	10300
1994	147332	102715	30562	67252	1494	3407	7580
1995	138315	89233	39113	42016	1720	6384	3799
1996	127028	77403	38407	27720	3381	7895	6371
1997	133961	87996	42774	30182	2172	12868	11226
1998	155163	103208	46086	42857	2821	11444	37261
1999	218832	159885	98360	45841	1439	14245	48839
2000	293817	204453	110474	82026	1193	10760	67625
2001	394523	262239	159684	86814	1258	14483	104668
2002	402655	176999	141577	25300	150	9972	200740
2003	473029	202447	172945	19462		10040	251867
2004	557097	352883	290609	57228	300	4746	187801
2005	1110436	562095	228386	322985	2807	7917	525991
2006	1934491	585045				6220	1324059
2007	2959408	729448				2000	2189627
2008	4294408	1037070				3000	3222628
2009	5812494	1584445					4171315
2010	4390638	933164					3372446
2011	5816827	1086345					4706152
2012	6656011	1536010				35964	5096871
2013	7544985	1778720				43969	5742915
2014	8714457	1419012				17876	7273413
2015	9791051	1977640				6957	7731875

注：2011年投资统计起报点由50万元提高到500万元，2010年基数已做相应调整。
2014年投资统计口径变化，2013年基数已做相应调整。

5-1 续表

单位：万元

年 份	集体单位	城镇	农村	城乡个人	城镇	农村
1985	3174	888	2286	10274	2026	8248
1986	3898	1048	2850	12303	2463	9840
1987	5944	2140	3804	9746	3645	6101
1988	5335	3188	2147	11888	3869	8019
1989	6668	2222	4446	8188	2988	5200
1990	2765	1723	1042	8979	3423	5556
1991	1867	1867				
1992	6796	3636	3160	5317	5317	
1993	7875	5277	2598	10593	6709	3884
1994	11246	5142	6104	25791	8939	16852
1995	11555	4324	7231	33728	11999	21729
1996	12450	2427	10023	30804	9150	21654
1997	10857	1623	9234	23882	8660	15222
1998	8888	507	8381	5806	5806	
1999	734	734		9374	9374	
2000	2160	2160		19579	19579	
2001	5871	5871		21745	21745	
2002	2840	2840		22076	22076	
2003	5026	5026		13689	13689	
2004	9617	9617		6796	6796	
2005	15114	15114		7236	7236	
2006	16082	16082		9305	9305	
2007	40333	29318	11015			
2008	34710	29140	5570			
2009	56734	49284	7450			
2010	85028	71028	14000			
2011	24330	22380	1950			
2012	23130	23130				
2013	23350	23350				
2014	22032	22032				
2015	81536	81536				

5-2　2015年固定资产投资主要指标

单位：万元

指标名称	固定资产投资完成额	城镇固定资产投资	房地产开发投资
本年完成投资	**9640251**	**9008251**	**632000**
#国有经济控股	1977640	1970683	6957
#住宅投资	443360	5500	437860
按登记注册类型分			
内资企业	9497871	8865871	632000
国有企业	1878135	1878135	
集体企业	81536	81536	
联营企业	7838	7838	
其他联营企业	7838	7838	
有限责任公司	3118711	2601756	516955
国有独资公司	35558	35558	
其他有限责任公司	3083153	2566198	516955
股份有限公司	936157	930167	5990
私营企业	2612099	2503044	109055
私营独资企业	1113530	1113530	
私营合伙企业	39500	39500	
私营有限责任公司	1245819	1136764	109055
私营股份有限公司	213250	213250	
其他企业	863395	863395	
港、澳、台商投资企业	21500	21500	
合资经营企业(港或澳、台资)	21500	21500	
外商投资企业	94180	94180	
中外合资经营企业	59350	59350	
中外合作经营企业	8700	8700	
外资企业	19130	19130	
外商投资股份有限公司	7000	7000	
个体经营	26700	26700	
个体户	16000	16000	
个人合伙	10700	10700	
按建设性质分			
新建	3169847	3169847	
扩建	1682105	1682105	
改建和技术改造	4062455	4062455	
按构成分			
建筑工程	5502695	5092783	409912
安装工程	631731	485908	145823
设备工器具购置	2970903	2966119	4784
#用于更新的设备	237885	237885	
其他费用	534922	463441	71481
按国民经济行业分			
农、林、牧、渔业	231187	231187	
农业	28500	28500	
林业	41910	41910	
畜牧业	131347	131347	
农、林、牧、渔服务业	29430	29430	
采矿业	403445	403445	
煤炭开采和洗选业	45352	45352	
黑色金属矿采选业	188910	188910	
有色金属矿采选业	38900	38900	
非金属矿采选业	114683	114683	
开采辅助活动	15600	15600	

5-2 续表 1 单位：万元

指标名称	固定资产投资完成额	城镇固定资产投资	房地产开发投资
制造业	5111807	5111807	
农副食品加工业	653146	653146	
食品制造业	269498	269498	
酒、饮料和精制茶制造业	364436	364436	
纺织业	7500	7500	
纺织服装、服饰业	28930	28930	
皮革、毛皮、羽毛及其制品和制鞋业	9000	9000	
木材加工和木、竹、藤、棕、草制品业	110580	110580	
家具制造业	50661	50661	
造纸和纸制品业	93733	93733	
印刷和记录媒介复制业	46782	46782	
文教、工美、体育和娱乐用品制造业	52300	52300	
石油加工、炼焦和核燃料加工业	11814	11814	
化学原料和化学制品制造业	185844	185844	
医药制造业	1494451	1494451	
橡胶和塑料制品业	128857	128857	
非金属矿物制品业	693951	693951	
黑色金属冶炼和压延加工业	10200	10200	
有色金属冶炼和压延加工业	47540	47540	
金属制品业	136956	136956	
通用设备制造业	105724	105724	
专用设备制造业	315566	315566	
汽车制造业	58554	58554	
铁路、船舶、航空航天和其他运输设备制造业	9300	9300	
电气机械和器材制造业	77190	77190	
计算机、通信和其他电子设备制造业	7500	7500	
仪器仪表制造业	15375	15375	
其他制造业	60700	60700	
废弃资源综合利用业	65719	65719	
电力、热力、燃气及水生产和供应业	181341	181341	
电力、热力生产和供应业	100091	100091	
燃气生产和供应业	44200	44200	
水的生产和供应业	37050	37050	
建筑业	31988	31988	
建筑安装业	9800	9800	
建筑装饰和其他建筑业	22188	22188	
批发和零售业	245277	245277	
批发业	116447	116447	
零售业	128830	128830	
交通运输、仓储和邮政业	1107580	1107580	
道路运输业	594142	594142	
装卸搬运和运输代理业	52392	52392	
仓储业	461046	461046	
住宿和餐饮业	82100	82100	
住宿业	25600	25600	
餐饮业	56500	56500	
信息传输、软件和信息技术服务业	99676	99676	
电信、广播电视和卫星传输服务	32800	32800	
互联网和相关服务	24040	24040	
软件和信息技术服务业	42836	42836	

5-2 续表 2

单位：万元

指标名称	固定资产投资完成额	城镇固定资产投资	房地产开发投资
金融业	6500	6500	
货币金融服务	6500	6500	
房地产业	721136	89136	632000
房地产业	721136	89136	632000
租赁和商务服务业	45122	45122	
租赁业	18780	18780	
商务服务业	26342	26342	
科学研究和技术服务业	57820	57820	
研究和试验发展	15220	15220	
专业技术服务业	34500	34500	
科技推广和应用服务业	8100	8100	
水利、环境和公共设施管理业	785379	785379	
水利管理业	108020	108020	
生态保护和环境治理业	29800	29800	
公共设施管理业	647559	647559	
居民服务、修理和其他服务业	40950	40950	
居民服务业	6400	6400	
机动车、电子产品和日用产品修理业	34550	34550	
教育	24607	24607	
教育	24607	24607	
卫生和社会工作	36010	36010	
卫生	24010	24010	
社会工作	12000	12000	
文化、体育和娱乐业	8220	8220	
体育	8220	8220	
公共管理、社会保障和社会组织	420106	420106	
国家机构	412606	412606	
群众团体、社会团体和其他成员组织	7500	7500	
本年新增固定资产	**7371895**	**6692259**	**679636**
建设项目			
施工项目个数	1157	1157	
#本年新开工	907	907	
本年投产项目个数	780	780	
本年施工房屋面积	9013916	2427451	6586465
#住宅	4958507	13000	4945507
本年竣工房屋面积	1898297	227336	1670961
#住宅	1279160	13000	1266160
本年资金来源合计	9988532	9205031	783501
上年末结余资金	162104	76989	85115
本年资金来源小计	9826428	9128042	698386
国家预算资金	177200	177200	
国内贷款	279205	209421	69784
债券			
利用外资	16600	16600	
#外商直接投资			
自筹资金	9403225	8846600	556625
企、事业单位自有资金	1416986	1238844	178142
其他资金来源	86698	14721	71977

注：本表不包括农村农户投资。

5-3 分县(市、区)固定资产投资总额

单位：万元

项　　目	2015年	2014年	2015年比2014年增长(%)
投资总额	**9791051**	**8714457**	**12.4**
一、城镇固定资产投资额	**9008251**	**7684223**	**17.2**
市　　区	1753870	1361925	28.8
梅河口市	2582693	2238116	15.4
集安市	1076928	951108	13.2
通化县	1344790	1169029	15.0
辉南县	1117490	940486	18.8
柳河县	1132480	1023559	10.6
二、房地产开发投资	**632000**	**854434**	**-26.0**
市　　区	165631	333895	-50.4
梅河口市	352074	370574	-5.0
集安市	31165	25651	21.5
通化县	54774	69439	-21.1
辉南县	11074	54654	-79.7
柳河县	17282	221	7719.9
三、农村农户投资	**150800**	**175800**	**-14.2**
市　　区	22000	34500	-36.2
梅河口市	45900	53700	-14.5
集安市	21000	24500	-14.3
通化县	23400	25500	-8.2
辉南县	20000	22000	-9.1
柳河县	18500	15600	18.6

5-4 分县（市、区）房地产开发情况

单位：万元、平方米

指标	总计	市区	梅河口市	集安市	通化县	辉南县	柳河县
一、建设规模及完成投资							
计划总投资	3860479	2392212	961205	104113	249058	93719	60172
自开始建设累计完成投资	2679291	1434963	843501	94302	216301	69942	20282
本年完成投资	632000	165631	352074	31165	54774	11074	17282
按构成分							
建筑工程	409912	119502	212128	20449	40401	6821	10611
安装工程	145823	34024	100331	5641	617	4253	957
设备工器具购置	4784	1792	1053				1939
其他费用	71481	10313	38562	5075	13756		3775
#旧建筑物购置费	5720	108	5502	110			
#土地购置费	50129	800	27351	4550	13653		3775
按工程用途分							
商品住宅	437860	126390	230609	22678	36570	11074	10539
办公楼	2606	876	1730				
商业营业用房	142375	25293	90779	5560	17002		3741
其他	49159	13072	28956	2927	1202		3002
二、本年新增固定资产	**679636**	**402454**	**152830**	**49481**	**45000**	**3000**	**26871**
三、房屋施竣工面积及价值							
房屋施工面积	6586465	3990422	1720132	273777	492192	32941	77001
住宅	4945507	3051598	1286963	219189	306382	32941	48434
办公楼	21868	21468	400				
商业营业用房	1172151	622052	336502	36508	164299		12790
其他房屋	446939	295304	96267	18080	21511		15777
本年新开工房屋面积	1368869	148789	835423	80530	194185	32941	77001
住宅	922629	133046	538985	63526	105697	32941	48434
办公楼							
商业营业用房	356294	7891	242545	6025	87043		12790
其他房屋	89946	7852	53893	10979	1445		15777
竣工面积	1718683	1007670	437618	190744		5650	77001
住宅	1287419	756051	316758	160526		5650	48434
办公楼	2300	2000	300				
商业营业用房	312336	193060	80560	25926			12790
其他房屋	116628	56559	40000	4292			15777
竣工价值	543292	325056	143803	46206		1356	26871
住宅	371028	220261	100949	37261		1356	11201
办公楼	1084	1000	84				
商业营业用房	132500	86011	30850	7857			7782
其他房屋	38680	17784	11920	1088			7888

5-5 商品房屋销售情况

单位：万元、平方米

指　　标	合计	住宅	办公楼	商业营业用房	其他房屋
商品房销售额	570427	383094	300	177559	9474
商品房销售面积	1489576	1151702	2400	311845	23629
待售面积	2142546	1618723	50516	301944	171363
#待售1-3年面积	1300152	956777	45266	235408	62701
#待售3年以上面积					

6. 能源消费

6-1 规模以上工业企业能源购进、消费与库存

能源名称	计量单位	年初库存量	购进量实物量	消费量					期末库存量
				合计	1.工业生产消费	用于原材料	2.非工业生产消费	合计中：运输工具消费	
全 市									
原煤	吨	446423	9028015	8915087	8892163	6600	22924	278	542609
洗精煤	吨	174684	2167317	2234234	2234234	79997			107767
其它洗煤	吨	8456	28207	31769	28064		3706		4893
煤制品	吨		3910	3910	3910				
焦炭	吨	16636	130535	1804366	1804366				15418
其它焦化产品	吨		1685	1685	1685				
焦炉煤气	万立方米		16436	74022	74022				
高炉煤气	万立方米		61668	686656	686656				
转炉煤气	万立方米		49	34243	34243				
天然气(气态)	万立方米		259	259	242		17		
原油	吨			3	3				
汽油	吨	137	14888	15153	14027		1126	3087	32
柴油	吨	305	36560	36639	36009		630	5014	334
燃料油	吨	41	30	52	52				19
液化石油气	吨		295	295	295				
其它石油制品	吨		9910	9910	9910				
热力	百万千焦		8236904	8523686	8481491		42195		
电力	万千瓦时		299738	392406	391140		1266	139	
其他燃料	吨标准煤		69405	40543	40543				
能源合计	吨标准煤			11765141	11742089		23052		
市 直									
原煤	吨	100070	2433184	2406821	2401984		4837	253	125978
洗精煤	吨	128471	2111740	2154035	2154035				86176
焦炭	吨	16636	92582	1766412	1766412				15418
焦炉煤气	万立方米		965	58551	58551				
高炉煤气	万立方米		11900	636888	636888				
转炉煤气	万立方米			34194	34194				
天然气(气态)	万立方米		207	207	190		17		
汽油	吨	86	1003	1089	353		736	8	
柴油	吨	196	4156	4106	3611		495	288	245
热力	百万千焦		13308	22568	13308		9260		
电力	万千瓦时		127103	202295	201284		1011		
能源合计	吨标准煤			6492091	6485562		6530		
东昌区									
原煤	吨	46515	139122	167572	167308		264		2074
焦炭	吨								
原油	吨			3	3				
汽油	吨	3	630	641	630		11		
柴油	吨		163	163	163			3	
热力	百万千焦			112	112				
电力	万千瓦时		13398	13425	13400		25		
能源合计	吨标准煤			137449	137164		285		
二道江区									
原煤	吨	28548	1620203	1622430	1622430				26302
其它洗煤	吨								
煤制品	吨	8061	28083	31338	28064		3275		4806
焦炭	吨		31467	31467	31467				
焦炉煤气	万立方米		15471	15471	15471				
高炉煤气	万立方米		49768	49768	49768				
转炉煤气	万立方米		49	49	49				
汽油	吨	2	977	973	973			24	7
柴油	吨	45	5799	5832	5802		30	501	18
热力	百万千焦		7796	7796	1300		6496		
电力	万千瓦时		29811	29811	29772		39		
能源合计	吨标准煤			1387281	1385612		1670		

6-1 续表

能源名称	计量单位	年初库存量	购进量实物量	消费量 合计	1.工业生产消费	用于原材料	2.非工业生产消费	合计中：运输工具消费	期末库存量
通化县									
原煤	吨	17533	1550817	1545799	1542526	6600	3273		18508
洗精煤	吨	46213	55331	79997	79997	79997			21547
其它焦化产品	吨		1685	1685	1685				
汽油	吨	11	1556	1560	1431		129	278	
柴油	吨	3	3252	3249	3182		67	271	6
液化石油气	吨		295	295	295				
热力	百万千焦		451	451	451				
电力	万千瓦时		47183	47292	47227		65		
能源合计	吨标准煤			1237641	1235127		2514		
辉南县									
原煤	吨	37166	370896	378322	369904		8419		33413
汽油	吨	3	1615	1615	1615			1459	3
柴油	吨	28	2755	2750	2750			2426	33
热力	百万千焦		23258	23258	1055		22203		
电力	万千瓦时		13413	13413	13401		12	139	
能源合计	吨标准煤			274717	267952		6765		
柳河县									
原煤	吨	3848	323427	322030	318016		4014		5246
焦炭	吨		6483	6483	6483				
汽油	吨		4893	4888	4888			32	1
柴油	吨	2	16615	16614	16614			11	1
热力	百万千焦		2257	2257	2257				
电力	万千瓦时		8951	9238	9238				
能源合计	吨标准煤			279337	276470		2867		
梅河口市									
原煤	吨	183677	2393245	2290418	2290418			25	285983
汽油	吨	21	1392	1411	1396		15	634	22
柴油	吨	30	2011	2011	2011			1472	30
燃料油	吨	41	30	52	52				19
其它石油制品	吨		9910	9910	9910				
热力	百万千焦		8156239	8156239	8156239				
电力	万千瓦时		40607	54456	54455		1		
其他燃料	吨标准煤		69405	40543	40543				
能源合计	吨标准煤			1774391	1774367		24		
集　安									
原煤	吨	28087	166222	149353	147521		1832		44956
焦炭	吨		4	4	4				
汽油	吨		2371	2430	2283		147	652	
柴油	吨		1732	1768	1730		38	42	
热力	百万千焦		211	4816	580		4236		
电力	万千瓦时		9589	9817	9759		58		
能源合计	吨标准煤			131158	129361		1797		
医药高新区									
原煤	吨	980	30897	32341	32056		285		149
其它洗煤	吨	395	124	431			431		88
原油	吨								
汽油	吨	10	450	545	458		87		
柴油	吨	1	78	146	146				
热力	百万千焦		33384	306189	306189				
电力	万千瓦时		9684	12660	12604		56		
能源合计	吨标准煤			51076	50475		600		

6-2 主要能源按工业行业消费量

指　　标	原煤 (吨)	洗精煤 (吨)	汽油 (吨)	柴油 (吨)	电力 (万千瓦时)
全部工业企业	**8915087**	**2234234**	**15153**	**36639**	**392406**
(一)采矿业	**2502341**		**2519**	**9859**	**28012**
06.煤炭开采和洗选业	2277795		394	1600	10654
08.黑色金属矿采选业	19497		999	5018	9525
09.有色金属矿采选业	15160		541	721	4640
10.非金属矿采选业	189869		571	2519	3008
11.开采辅助活动	20		13		185
(二)制造业	**2940671**	**2234234**	**12245**	**25654**	**314591**
13.农副食品加工业	147468	202	1553	4977	9800
14.食品制造业	19656		267	19	5199
15.酒、饮料和精制茶制造业	181896		1010	2468	20470
17.纺织业					
18.纺织服装、服饰业	33		2		19
19.皮革、毛皮、羽毛及其制品和制鞋业	912		4	19	105
20.木材加工及木、竹、藤等	19907		532	294	2125
21.家具制造业	6037		230	511	1160
22.造纸及纸制品业	107341		71	170	2939
23.印刷和记录媒介复制业	5205		112	79	744
24.文教、工美、体育和娱乐用品制造业	7650		14		46
25.石油加工炼焦及核燃料	16978		68	59	417
26.化学原料及化学制品制造	103845	79997	653	929	18222
27.医药制造业	1058717		3704	1838	29992
29.橡胶和塑料制品业	15206		406	400	1906
30.非金属矿物制品业	355496		1117	5659	35904
31.黑色金属冶炼及压延	830977	2154035	353	3489	171187
32.有色金属冶炼及压延	7371		27	55	397
33.金属制品业	9107		339	756	6402
34.通用设备制造业	4647		138	29	1870
35.专用设备制造业	18344		657	147	1997
36.汽车制造业	5706		140	543	1421
37.铁路、船舶、航空航天和其他运输设备制造业	221		1	14	111
38.电气机械及器材制造业	16428		474	274	1005
39.计算机、通信和其他电子设备制造业	74		21		164
40.仪器仪表制造业	19		18		174
41.其他制造业	715		74	55	178
42.废弃资源综合利用业	715		258	2870	604
43.金属制品、机械和设备修理业			3		34
(三)电力、煤气及水的生产等	**3472075**		**389**	**1126**	**49804**
44.电力、热力的生产和供应	3469515		188	1102	48454
45.燃气生产和供应业	600		90		120
46.水的生产和供应业	1960		111	24	1230

6-3 规模以上工业企业综合能源消费量

指 标	2015年		
	综合能源消费量（吨标准煤）	工业总产值（万元）	产值能耗（吨标准煤/万元）
全部工业企业	**6213954**	**21450859**	**0.29**
（一）采矿业	**630154**	**1162061**	**0.54**
06.煤炭开采和洗选业	433176	267736	1.62
08.黑色金属矿采选业	35192	498317	0.07
09.有色金属矿采选业	18024	246296	0.07
10.非金属矿采选业	143502	130438	1.10
11.开采辅助活动	261	19274	0.01
（二）制造业	**4819781**	**19974118**	**0.24**
13.农副食品加工业	126080	2249142	0.06
14.食品制造业	29497	318345	0.09
15.酒、饮料和精制茶制造业	436976	1006345	0.43
17.纺织业			
18.纺织服装、服饰业	49	7757	0.01
19.皮革、毛皮、羽毛及其制品和制鞋业	814	29756	0.03
20.木材加工和木、竹、藤、棕、草制品业	17600	222851	0.08
21.家具制造业	6659	170807	0.04
22.造纸和纸制品业	61313	80752	0.76
23.印刷和记录媒介复制业	4703	94092	0.05
24.文教、工美、体育和娱乐用品制造业	5542	98170	0.06
25.石油加工、炼焦和核燃料加工业	16705	73510	0.23
26.化学原料和化学制品制造业	175514	554550	0.32
27.医药制造业	800556	11115602	0.07
29.橡胶和塑料制品业	14321	169316	0.08
30.非金属矿物制品业	477087	1305552	0.37
31.黑色金属冶炼和压延加工业	2534176	1241063	2.04
32.有色金属冶炼和压延加工业	5872	55433	0.11
33.金属制品业	48529	347582	0.14
34.通用设备制造业	5822	79148	0.07
35.专用设备制造业	16707	363169	0.05
36.汽车制造业	13187	103732	0.13
37.铁路、船舶、航空航天和其他运输设备制造业	317	12220	0.03
38.电气机械和器材制造业	14475	125669	0.12
39.计算机、通信和其他电子设备制造业	285	25242	0.01
40.仪器仪表制造业	254	24654	0.01
41.其他制造业	880	29982	0.03
42.废弃资源综合利用业	5815	65072	0.09
43.金属制品、机械和设备修理业	46	4605	0.01
（三）电力、热力、燃气及水生产和供应业	**764019**	**314679**	**2.43**
44.电力、热力生产和供应业	759747	297047	2.56
45.燃气生产和供应业	708	5168	0.14
46.水的生产和供应业	3563	12464	0.29

6-4 全市电力消费情况

项　　目	用户个数（户）	年末用户用电装接容量（千瓦）	2015年（万千瓦时）	2014年（万千瓦时）
全社会用电量	**999321**	**5377697**	**508203**	**522290**
A、全行业用电合计	**128181**	**2853554**	**424845**	**442605**
第一产业	9226	89911	5841	5229
第二产业	15161	1675708	357013	379417
第三产业	103794	1087935	61991	57959
一、农、林、牧、渔业	9226	89911	5841	5229
1.农　业	2008	21838	1009	948
2.林　业	120	1618	134	129
3畜牧业	3568	32333	3107	2670
4.渔　业	256	2065	142	124
5.农、林、牧、渔服务业	3274	32057	1449	1358
#排灌	2884	24889	1044	943
二、工　　业	14492	1582467	351831	372312
三、建筑业	669	93241	5182	7105
四、交通运输、仓储和邮政业	2062	121097	7894	7716
五、信息传输、计算机服务和软件业	16910	74900	7320	6379
六、商业、住宿和餐饮业	52559	364697	22125	21449
七、金融、房地产、商务及居民服务业	20842	196719	7970	7129
八、公共事业及管理组织	11421	330522	16681	15286
B、城乡居民生活用电合计	**871140**	**2524143**	**83358**	**79685**
城镇居民	526235	1721790	55700	53634
乡村居民	344905	802353	27657	26052

7. 财政、金融、保险

7-1 历年财政收支总额及指数

单位：万元

年 份	收入	支出	收支差额	指数(以上年为100)	
				收入	支出
1952	325	678	-353		
1953	378	839	-461	116.3	123.7
1954	354	808	-254	146.6	96.3
1955	521	736	-215	96.0	91.1
1956	681	1143	-462	130.7	155.3
1957	1357	1653	-296	199.3	144.6
1958	1632	3086	-1454	120.3	186.7
1959	5977	3358	2619	366.2	108.8
1960	9611	5189	4422	160.8	154.5
1961	3446	2328	1118	35.9	44.9
1962	2342	1458	884	68.0	62.6
1963	3962	1919	2043	169.2	131.6
1964	4348	2094	2254	109.7	109.1
1965	4003	2090	1913	92.1	99.8
1966	4618	2639	1979	115.4	126.3
1967	3655	2546	1109	79.1	96.5
1968	3223	2461	762	88.2	96.7
1969	3711	2654	1057	115.1	107.8
1970	5121	3107	2014	138.0	117.1
1971	6308	4176	2132	123.2	134.4
1972	6549	4436	2113	103.8	106.2
1973	7271	4757	2514	110.0	107.2
1974	6579	5104	1475	90.5	107.3
1975	7368	5531	1837	112.0	108.4
1976	7403	5584	1819	105.0	101.0
1977	8075	6420	1655	109.1	115.0
1978	10583	7224	3359	131.1	112.5

7-1 续表 单位：万元

年 份	收入	支出	收支差额	指数(以上年为100)	
				收入	支出
1979	8952	8677	275	84.6	120.1
1980	10479	9794	685	117.0	112.9
1981	10634	10570	64	101.5	107.9
1982	10089	10761	-672	94.9	101.8
1983	12728	12840	-112	126.2	119.3
1984	14485	16739	-2254	113.8	130.4
1985	12418	23993	-11575	85.7	143.3
1986	14530	32834	-18304	117.0	136.8
1987	22524	35465	-12941	155.0	108.0
1988	26043	36503	-10460	115.6	102.9
1989	28253	39879	-11626	108.5	109.2
1990	37826	39287	-1461	133.9	98.5
1991	41762	38959	2803	110.4	99.2
1992	47274	43497	3777	113.2	111.6
1993	73816	62850	10966	156.1	144.5
1994	74509	67593	6916	100.9	108.1
1995	68615	73123	-4508	92.1	107.6
1996	84660	88269	-3609	123.4	120.7
1997	98291	97497	-23	116.1	110.5
1998	103630	99214	4416	105.4	101.8
1999	114929	112203	2726	110.9	113.1
2000	120050	117788	2262	104.5	105.0
2001	155777	169987	-14210	129.8	144.3
2002	171355	192306	-20951	110.0	113.1
2003	180555	215658	-35103	105.4	112.1
2004	200277	266754	-66477	110.9	123.7
2005	240291	330444	-90153	120.0	123.9
2006	291874	416887	-125013	121.5	126.2
2007	355738	493889	-138151	121.9	118.5
2008	469391	698841	-229450	131.9	141.5
2009	471821	933776	-461955	100.5	133.6
2010	616711	1199057	-582346	130.7	128.4
2011	835067	1406310	-571243	135.4	117.3
2012	1061203	1761474	-700271	124.7	125.3
2013	1153660	2006417	-945214	108.7	113.9
2014	1228547	2086990	-858443	106.5	104.0
2015	1161286	2302612	-1141326	94.5	110.3

7-2 分项目财政收入

单位：万元

项 目	2015年	2014年	2015年比2014年增长(%)
原体制全口径收入合计	**1161286**	**1228547**	**-5.5**
# 国税部门组织收入	353986	371789	-4.8
地税部门组织收入	609306	594215	2.5
财政部门组织收入	197994	262543	-24.6
一、税收收入	**942717**	**952513**	**-1.0**
增值税	224850	265702	-15.4
消费税	18268	17926	1.9
车辆购置税(费)	21189	23123	-8.4
营业税	107561	130970	-17.9
企业所得税	182735	146589	24.7
企业所得税退税			
个人所得税	44729	52763	-15.2
资源税	2429	4033	-39.8
城市维护建设税	28538	26121	9.3
房产税	22546	19078	18.2
印花税	4955	5456	-9.2
城镇土地使用税	26379	28733	-8.2
土地增值税	43270	72563	-40.4
车船税	14569	7656	90.3
耕地占用税	125971	66611	89.1
契税	71767	82851	-13.4
其他税收收入	2961	2338	26.6
二、非税收入	**218569**	**276034**	**-20.8**
专项收入	32242	18561	73.7
行政事业性收费收入	35930	57237	-37.2
罚没收入	30866	38110	-19.0
国有资本经营收入	36084	40852	-11.7
国有资源(资产)有偿使用收入	82103	114622	-28.4
其他收入	1344	6652	-79.8
上划中央收入	**338075**	**352767**	**-4.2**
上划省共享收入	**41947**	**38590**	**8.7**
现行体制地方级收入	**781264**	**837190**	**-6.7**

7-3 分项目财政支出

单位：万元

项 目	2015年	2014年	2015年比2014年增长（%）
一般预算支出合计	**2302612**	**2086990**	**10.3**
一、一般公共服务	157926	143373	10.2
二、国防	2286	904	152.9
三、公共安全	107710	105942	1.7
四、教育	348004	292461	19.0
五、科学技术	47010	48658	-3.4
六、文化体育与传媒	52609	36595	43.8
七、社会保障和就业	398885	336024	18.7
八、医疗卫生	179217	144313	24.2
九、节能环保	74247	96831	-23.3
十、城乡社区事务	232433	196615	18.2
十一、农林水事务	241304	219944	9.7
十二、交通运输	73741	93919	-21.5
十三、资源勘探电力信息等事务	105696	143287	-26.2
十四、商业服务业等事务	20917	9903	111.2
十五、金融监管等事务支出	562	1972	-71.5
十六、国土资源气象等事务	73880	40336	83.2
十七、住房保障支出	138476	145883	-5.1
十八、粮油物质储备管理事务	26631	8408	216.7
十九、债务付息支出	160	9821	-98.4
二十、其他支出	20918	11801	77.3

7-4 分县(市、区)财政收入

单位：万元

县(市、区)	2010年		2012年		2013年		2014年		2015年	
	全口径财政收入	地方财政收入	全口径财政收入	地方财政收入	全口径财政收入	地方财政收入	全口径财政收入	地方财政收入	全口径财政收入	地方财政收入
全 市	**616711**	**340235**	**1061203**	**644311**	**1153660**	**739961**	**1228547**	**837190**	**1161286**	**781264**
市 直	82127	55320	108147	90059	79089	62876	62255	74063	42041	56799
东昌区	83568	28626	137045	59940	147694	64495	155225	73701	155441	61045
二道江区	50266	13477	60589	24577	80291	36721	81189	34843	63915	23811
开发区	23433	8369	51881	10750	52117	15396	66028	12852	74310	13792
梅河口市	137951	85638	263999	156292	338009	218059	380008	269657	378597	281120
集安市	52887	35156	100117	73687	102169	79363	105197	75657	90740	64395
通化县	78188	47228	125188	87201	139577	104772	148077	110498	136818	103517
辉南县	54688	33030	109060	65981	101937	70479	107112	83836	100225	77129
柳河县	53603	33391	105177	75824	112777	87800	123456	102083	119199	99656

7-5 分县(市、区)公共财政预算支出

单位：万元

县(市、区)	2010年	2012年	2013年	2014年	2015年
全 市	**1199057**	**1761474**	**2006417**	**2086990**	**2302612**
市 直	255889	338874	369357	402865	458658
东 昌 区	45723	87785	87813	83153	97261
二道江区	46095	88978	119783	111008	128338
开 发 区	10131	14941	18165	10332	11613
梅河口市	232505	352243	440990	526737	564271
集 安 市	161911	210811	240498	227297	221748
通 化 县	138988	210188	244931	225577	260578
辉 南 县	145088	211555	264303	219244	272368
柳 河 县	162727	246099	220577	280777	287777

7-6 金融机构本外币各项存款

单位：万元

项 目	2009年	2010年	项 目	2013年	2014年	项 目	2015年
各项存款合计	**4770916**	**5614836**	**各项存款合计**	**8201583**	**9188739**	**各项存款合计**	**10502722**
1. 企业存款	665796	995219	1. 单位存款	2291135	2449904	(一)境内存款	10500687
(1)活期存款	537109	826672	(1)活期存款	1552744	1584014	1. 住户存款存款	7274836
(2)定期存款	128687	168547	(2)定期存款	455982	554799	(1)活期存款	2581693
			(3)通知存款	8590	7099	(2)定期及其他存款	4693144
2. 财政存款	40960	49996	(4)保证金存款	192254	220105	2. 非金融企业存款	1599250
3. 机关团体存款	500525	610403	2. 个人存款	5669092	6461905	(1)活期存款	883827
4. 储蓄存款	3445971	3837403	储蓄存款	5641115	6418933	(2)定期及其他存款	715422
(1)活期储蓄	1499326	1667853	保证金存款	57	99	3. 广义政府存款	1546068
(2)定期储蓄	1946645	2169550	结构性存款	27920	42873	(1)财政性存款	150811
5. 农业存款	4419	3221	3. 财政性存款	177013	220793	(2)机关团体存款	1395257
6. 信托存款			4. 临时性存款	10230	507	4.非银行业金融机构存款	80533
7. 委托存款	38	83	5. 委托存款	828		(二)境外存款	2036
8. 其他存款	113208	118512	6. 其他存款	53285	55630		

7-7 金融机构本外币各项贷款

单位：万元

项 目	2012年	2013年	2014年	项 目	2015年
各项贷款合计	**4176411**	**5007511**	**5854658**	**各项贷款合计**	**6684014**
1. 短期贷款	2595901	2715833	3160637	(一)境内贷款	6684014
(1)个人贷款及透支	888804	829908	864334	1.住户贷款	2224256
#个人消费贷款	38652	62360	71673	(1)短期贷款	888987
(2)单位贷款及透支	1505009	1660237	2047768	消费贷款	74974
#经营贷款	1505009	1660237	2046763	经营贷款	814013
固定资产贷款			300	(2)中长期贷款	1335269
(3)普通并购贷款				消费贷款	636155
(4)银团贷款	12620	5760	60060	经营贷款	699114
(5)贸易融资	189468	219928	188475	2.非金融企业及机关团体贷款	4459757
2. 中长期贷款	1500885	2115785	2469107	(1)短期贷款	2660503
(1)个人贷款	863606	1194512	1302263	(2)中长期贷款	1387817
#个人消费贷款	397652	491978	571118	(3)票据融资	406197
(2)单位贷款	604448	852861	1052530	(4)各项垫款	5240
#经营贷款	207855	436062	523662	3.非银行金融机构贷款	
固定资产贷款	396532	416799	528868	(二)境外贷款	
(3)普通并购贷款					
(4)银团贷款	32831	68412	114314		
(5)贸易融资					
3. 信托贷款					
4. 融资租赁					
5. 委托贷款					
6. 票据融资	79385	174355	224914		
#贴现	79385	174355	224914		
7. 各项垫款	241	1538			

7-8 历年城乡居民储蓄存款余额

单位：万元

年 份	年末余额			人均储蓄（元）
		城 镇	农 村	
1985	44838	28542	16298	215.5
1986	59224	39123	20101	230
1987	82208	55755	26453	389.4
1988	108365	78706	29659	513.8
1989	133477	102596	30881	625.5
1990	181662	142478	39184	837.5
1991	229655	182765	46890	1057
1992	279274	222632	56642	1281
1993	337372	270599	66773	1541
1994	476867	391728	85139	2162
1995	622891	517086	105805	2782
1996	624265	491461	132804	2734
1997	949333	791208	158125	4122
1998	1026603	851713	174890	4503
1999	1099611	903628	195983	4867
2000	1249316	1032661	213403	5546
2001	1332304	1115649	216655	5924
2002	1474272	1248803	225469	6537
2003	1607659	1403745	203914	7113
2004	1782409	1548344	234065	7876
2005	2065664	1741595	324069	9126
2006	2292726	1780745	511981	10118
2007	2297979	1656514	641465	10127
2008	2861891	1965564	896327	12605
2009	3445971	2268191	1177780	15181
2010	3837403	2632908	1204495	16944
2011	4230401	3179815	1050586	18714
2012	4988776	3857834	1130942	22144
2013	5601101	3851794	1749307	25068
2014	6372275	4338200	2034075	28673
2015	7062432	4713176	2349256	31863

7-9　财产保险公司业务统计表

单位：万元

项　　目	2009年	2010年	2012年	2013年	2014年	2015年
一、保费收入	**25850**	**33115**	**38741**	**44875**	**51773**	**65874**
企业财产保险	1005	1509	1518	1493	1983	2645
家庭财产险	143	85	117	160	128	128
机动车辆保险	17310	9160	29668	35119	42572	56575
责任保险	561	524	687	879	1015	1079
货物运输险	611	775	544	342	349	262
健康险	863	296	387	872	828	392
意外伤害险	727	656	1045	912	1007	712
其他险	4630	4865	337	386	276	498
二、赔款支出	**19700**	**15592**	**19672**	**26665**	**24355**	**26882**
企业财产保险	548	229	218	320	1146	46
家庭财产险	61	21	20	8	4	32
机动车辆保险	14280	4216	15561	19575	21236	24661
责任保险	343	202	139	264	536	592
货物运输保险	416	162	10	51	146	75
健康险	771	355	137	451	134	40
意外伤害险	344	181	304	535	398	423
其他险	2937	3507	13	4152	4	84

7-10　人寿保险公司业务统计表

单位：万元

项　　目	2009年	2010年	2012年	2013年	2014年	2015年
一、保费收入	**121858**	**146290**	**122959**	**140438**	**170897**	**206453**
个人寿险	118010	82097	88628	87428	93087	102210
团体人寿保险		3057	1201	692	1311	1453
人身意外伤害保险	1162	1253	1591	1978	1620	1975
健康医疗保险	2686	3005	3126	1863	2490	3545
代理业务		56878	28413	73993	86938	100141
二、赔款及给付	**17740**	**8384**	**15598**	**29447**	**30492**	**30137**
满期给付	12741	5098	10222	24357	24578	23452
死伤医疗给付	4999	3286	5376	5090	5914	6685

8. 物　价

8-1 历年各种物价总指数

（上年=100）

年 份	零售物价总指数	居民生活消费价格总指数	服务项目价格指数
1979	101.3	101.1	100.0
1980	106.6	106.5	104.4
1981	102.1	102.0	100.0
1982	102.7	102.6	100.0
1983	105.0	104.7	102.0
1984	102.3	102.8	110.0
1985	111.7	110.7	102.6
1986	105.9	106.4	109.7
1987	106.8	106.7	104.8
1988	120.7	120.0	110.7
1989	116.6	116.6	116.4
1990	104.0	104.5	110.3
1991	105.4	106.5	116.3
1992	106.3	106.7	110.0
1993	108.8	110.1	123.2
1994	118.7	119.5	118.8
1995	113.6	113.3	112.4
1996	104.7	105.2	113.6
1997	101.4	103.7	117.7
1998	96.5	96.9	107.1
1999	96.0	98.0	121.5
2000	97.0	97.8	123.9
2001	101.3	100.5	101.3
2002	98.4	97.9	99.3
2003	100.7	101.1	99.8
2004	103.6	103.9	100.2
2005	100.6	101.9	103.5
2006	100.7	101.2	102.4
2007	104.6	105.7	105.3
2008	106.7	105.6	100.4
2009	99.6	99.3	97.2
2010	104.2	103.3	100.6
2011	104.9	104.6	101.9
2012	101.5	102.3	102.9
2013	101.0	102.3	102.0
2014	101.1	101.9	101.6
2015	100.0	101.6	101.9

8-2 居民生活消费价格分类指数

（上年=100）

分　类	2000年	2005年	2010年	2012年	2013年	2014年	2015年
城市居民消费价格指数	**97.8**	**101.9**	**103.3**	**102.3**	**102.3**	**101.9**	**101.6**
一、食品	96.6	103.4	108.5	104.6	104.5	102.4	101.6
# 粮食	93.2	104.1	114.5	102.4	106.1	102.8	101.6
油脂	84.9	85.8	103.8	108.1	99.1	100.1	100.0
肉禽及制品	99	99.8	101.2	103.6	109.2	105.9	105.0
蛋	79.6	107.8	106.2	95.1	104.9	95.1	90.6
水产品	107.1	110.4	111.9	107.4	101.4	113.7	99.6
菜	99.6	108.3	124.6	108.2	108.1	110.0	106.2
二、烟酒及制品	96.2	101.6	100.3	100.5	100.5	100.4	103.3
三、衣着	93.7	101.9	100.5	101.5	101.9	102.3	103.8
四、家庭设备用品及服务	95.4	93.1	105.1	98.4	100.4	100.5	101.2
五、医疗保健和个人用品	85.4	100.6	100.7	101.7	101.5	102.3	101.6
六、交通和通讯	94	99.3	98.3	98.4	98.9	101.5	102.1
七、娱乐教育文化用品及服务	95.3	102	99.7	100.7	101.3	101.4	100.4
八、居住	101.6	103.9	102.4	103.5	101.9	101.6	100.7

8-3 工业产品出厂价格指数

(上年=100)

分　　类	2007年	2008年	2010年	2012年	2013年	2014年	2015年
全部工业品	**109.1**	**120.7**	**109.0**	**95.3**	**96.4**	**95.9**	**88.9**
#轻工业	103.4	104.4	105.7	103.4	101.3	100.9	98.5
以农产品为原料	103.0	104.5	106.4	103.2	101.4	101	98.5
以非农产品为原料	105.2	104.2	100.6	106.1	99.8	100.1	100.4
重工业	111.7	128.2	111.7	94.2	95.7	95.2	87.6
采　掘	125.4	134.6	131.4	91.8	91.5	94.8	91.5
原　料	115.1	123.8	110.2	101.2	98.3	99.3	97.8
加　工	109.9	129.7	110.8	93.6	95.7	94.8	86.2
#生产资料	111.2	126.9	111.3	90.7	93.1	92.1	82.3
采　掘	123.9	139.3	130.6	91.8	91.5	94.8	91.5
原　料	114.4	121.9	111.1	100.3	96.2	98.3	96.9
加　工	109.5	128.0	109.8	88.4	92.5	91.6	78
生活资料	103.1	103.7	105.1	103.5	101.6	100.5	99.9
食　品	103.1	103.6	105.1	103.2	101.6	100.5	99.9
衣　着							
一般日用品	102.5	106.4	108.7	104.7	99.2	100.2	100
耐用消费品	100.0		100.0	120.7	100	100	98.5
按工业行业分							
煤炭开采和洗选业	114.3	144.6	120.9	102.5	86.1	100	100
石油和天然气开采业							
黑色金属矿采选业	139.0	148.6	150.3	73.4	98.5	87.6	73.6
有色金属矿采选业	103.6	102.8		85.4	88.8	92.3	102.7
非金属矿采选业	105.6	105.4	102.6	97.5	97.6	101	100.6
其他采矿业							
农副食品加工业	112.5	112.1	117.0	99.1	106.9	104.4	99.1
食品制造业	100.0			100	125	110	100
饮料制造业	101.0	104.3	112.4	102.7	95.8	97.7	97.7

8-3　续表

分　类	2007年	2008年	2010年	2012年	2013年	2014年	2015年
烟草制品业							
纺织业	100.2	98.6	110.8	100.3	97	98.8	100.8
纺织服装、鞋、帽制造业							
皮革、毛皮、羽毛(绒)及其制品业							
木材加工及木、竹、藤、棕、草制品业	109.6	98.5		100	100	100	100
家具制造业	100.0		100.0	120.7	100	100	98.5
造纸及纸制品业	99.5	134.5	105.8	114.9	101.4	100	100.8
印刷业和记录媒介的复制	99.6	107.0	105.3	112.2	100.3	100	100
文教体育用品制造业							
石油加工、炼焦及核燃料加工业	98.8		110.0				
化学原料及化学制品制造业	97.9	113.5	107.2	101.9	96.1	96.3	95.2
医药制造业	100.5	101.1	100.8	103.2	100.5	99.9	99.9
化学纤维制造业							
橡胶制品业							
塑料制品业	104.2	106.8	100.2	98	99.8	100	100
非金属矿物制品业	106.9	105.7	99.9	100.9	99.6	100	100
黑色金属冶炼及压延加工业	112.6	132.0	111.6	84.5	90.1	88.8	70.9
有色金属冶炼及压延加工业	210.5	92.7	149.7				
金属制品业	100.3			77.5	92.3	85.8	73.7
通用设备制造业	97.7	103.1	111.7	100.2	100	100	100
专用设备制造业	100.0	107.2	100.0	100	101.8	101.7	100
交通运输设备制造业	105.2	105.9	101.5	101.2	98.3	99.9	100.1
电气机械及器材制造业	110.2	104.2	96.8	94.4	95.9	118.2	93.6
通信设备、计算机及其他电子设备制造业							
仪器仪表及文化、办公用机械制造业							
工艺品及其他制造业							
废弃资源和废旧材料回收加工业	100.1			102.8	100.1	99.9	100
电力、热力的生产和供应业	101.0	104.0	100.0	107.2	99.8	98.5	96.7
燃气生产和供应业	102.5	100.0		99.8	100	100	100
水的生产和供应业	114.3	114.3	118.4	100	100	100	101.4

9. 人民生活

9-1 历年居民消费水平及增长速度

年　份	城镇居民消费水平(元)	指数(上年=100)
1980	343.46	
1981	377.76	109.99
1982	437.76	115.88
1983	446.40	101.97
1984	491.64	110.13
1985	601.36	122.32
1986	663.88	110.40
1987	767.36	115.59
1988	915.88	119.35
1989	1043.39	113.92
1990	1109.36	106.32
1991	1351.44	121.82
1992	1542.48	114.14
1993	1830.69	118.68
1994	2176.15	118.87
1995	2492.50	114.54
1996	2828.79	113.49
1997	2942.30	104.01
1998	2894.27	98.37
1999	3133.54	108.27
2000	3516.84	112.23
2001	3843.98	109.30
2002	4414.08	114.83
2003	4711.91	106.75
2004	5222.82	110.84
2005	5725.67	109.63
2006	6395.96	111.71
2007	8052.02	125.89
2008	9497.43	117.95
2009	10868.32	114.43
2010	10940.48	100.66
2011	12460.14	113.89
2012	13746.75	110.33
2013	16240.42	118.14
2014	18224.27	——
2015	19506.55	107.00

注：2014年为城镇常住居民人均消费支出，无法与2013直接对比。

9-2 城镇居民家庭基本情况

年 份	调查户数(户)	平均每户家庭人口数(人)	平均每户就业人口数(人)	平均每户就业率(%)	平均每一就业者负担人数(人)	平均每人可支配收入(元)	平均每人消费支出(元)
2000	100	3.16	1.79	56.60	1.77	4391.15	3516.84
2001	100	3.16	1.79	56.65	1.77	5109.09	3843.98
2002	100	2.98	1.42	47.65	2.10	6403.11	4414.06
2003	100	2.99	1.41	47.16	2.12	7056.23	4711.91
2004	100	2.89	1.30	44.98	2.22	7854.70	5222.82
2005	100	2.97	1.42	47.81	2.09	8807.48	5725.67
2008	100	2.89	1.53	52.94	1.89	13944.70	9497.43
2009	100	2.79	1.45	51.97	1.92	15252.82	10868.32
2010	100	2.80	1.39	49.54	2.01	16703.81	10940.48
2011	100	2.65	1.31	49.43	2.02	18903.81	12460.14
2012	100	2.60	1.31	50.38	1.98	21627.28	13746.75
2013	100	2.48	1.46	58.87	1.70	25635.60	16240.42
2014	119					26701.29	18225.27
2015	120					28429.95	19506.55

注：2014年数据为城镇常住居民人均收支数据。

9-3　城镇常住居民家庭每人消费支出

项　　目	单位	2015年	2014年	2015年比2014年增长(%)
消费支出	**元**	**19506.55**	**18225.27**	**7.0**
一、食品烟酒	**元**	**6182.44**	**5808.95**	**6.4**
1. 谷物	元	671.50	614.24	9.3
2. 薯类	元	90.99	86.21	5.6
3. 豆类	元	102.72	99.45	3.3
4. 食用油	元	227.03	193.97	17.0
5. 蔬菜和食用菌	元	749.83	694.42	8.0
6. 肉类	元	942.03	867.35	8.6
7. 禽类	元	115.90	110.50	4.9
8. 水产品	元	373.29	328.67	13.6
9. 蛋类	元	148.72	122.76	21.2
10. 奶类	元	161.74	145.18	11.4
11.干鲜瓜果类	元	629.29	602.43	4.5
12.糖果糕点类	元	83.72	92.92	-9.9
13.其他食品	元	150.85	134.28	12.3
14.烟草	元	287.41	328.15	-12.4
15.酒类	元	179.55	167.96	6.9
16.饮料	元	71.34	75.41	
17.其他在外饮食	元	1192.30	1139.40	4.6
二、衣着	**元**	**2323.10**	**2156.22**	**7.7**
三、居住	**元**	**3538.32**	**3321.67**	**6.5**
1.租赁房房租	元	195.89	89.86	118.0
2.住房维修及管理	元	484.28	520.99	-7.0
3.水电燃料及其他	元	1377.28	1228.16	12.1
(1) 水	元	100.25	112.79	-11.1
(2) 电	元	376.30	379.12	-0.7
(3) 燃　料	元	222.95	312.37	-28.6
(4)取暖费	元	672.93	419.01	60.6
(5)其他相关支出	元	4.85	4.87	
4.自有住房折算租金	元	1480.87	1482.65	-0.1
四、生活用品及服务	**元**	**1009.90**	**957.58**	**5.5**
五、交通通信	**元**	**2031.97**	**1822.43**	**11.5**
1.交通	元	1103.78	1017.47	8.5
2.通信	元	928.19	804.96	15.3
六、教育文化娱乐	**元**	**1969.44**	**1715.15**	**14.8**
1.教育	元	996.23	877.25	13.6
2.文化娱乐	元	973.21	837.89	16.1
(1)文娱耐用消费品	元	315.11	195.84	60.9
(2)其他文娱用品	元	131.10	133.52	-1.8
(3)文化娱乐服务	元	527.00	508.53	3.6
七、医疗保健	**元**	**1869.07**	**1968.05**	**-5.0**
八、其他用品和服务	**元**	**582.66**	**475.23**	**22.6**
1.其他用品	元	314.95	231.94	35.8
2.其他服务	元	267.71	243.29	10.0

注：表中数据为新口径下城镇常住居民人均消费支出数据。

9-4 城镇居民家庭人均现金收支

指 标	单位	2000年	2005年	2010年	2012年	2013年	2014年	2015年
一、期初手存现金	元	261.36	6073.89	559.52	639.32	31010.30		
二、家庭总收入	元	4411.01	9270.68	18315.94	23057.57	27125.68		
#可支配收入	元	4391.15	8807.48	16703.81	21627.28	25635.60	26701.29	28429.95
(一)工资性收入	元	3074.82	5791.35	10853.35	13666.03	14891.10	14654.46	15629.12
(二)经营净收入	元	299.7	439.55	853.72	2616.17	3703.02	3701.96	3828.15
(三)财产性收入	元	38.01	4.11	208.6	369.56	914.08	1550.62	1610.81
(四)转移性收入	元	998.48	3035.67	6400.27	6405.81	7617.48	6794.25	7361.86
三、出售财物收入	元	0.69	438.98	1.88	3.47	5.65		
四、借贷收入	元	1065.63	1691.31	9616.45	7262.29	2288.21		
五、家庭总支出	元	4161.42	8303.03	15408.02	17981.79	20259.42		
(一)消费性支出	元	3516.84	5725.67	10940.48	13746.75	16240.42	18225.27	19506.55
(二)财产性支出	元		2.19	69.46	129.78			
(三)转移性支出	元	571.8	1418.13	2458.4	2252.59	2839.74		
(四)社会保障支出	元		429.76	1403.49	1159.93	1179.27		
(五)购房与建房支出	元	72.78	727.28	536.19	692.74			
六、借贷支出	元	848.11	2930.25	12704.94	12580.5	6851.48		
七、期末手存现金	元	728.48	6241.58	380.52	416.35	935.34		

注：2014年数据为城镇常住居民人均收支数据。

9-5 城镇居民家庭平均每人购买的主要商品数量

类 别	计量单位	2000年	2005年	2010年	2012年	2013年	2014年	2015年
粮 食	千克	60.45	71.75	92.21	76.45	103.46	100.91	111.46
鲜 菜	千克	101.47	114.32	121.95	116.78	107.26	119.03	110.06
油 脂 类	千克	6.13	6.9	10.47	10.32	10.46	11.78	13.63
猪 肉	千克	13.14	14.31	19.38	15.5	17.56	19.76	19.01
牛 肉	千克	3.11	2.83	4.85	3.22	2.53	2.74	2.83
羊 肉	千克	0.8	0.98	2.07	0.69	0.75	0.71	1.26
禽 类	千克	2.94	3.7	7.59	4.34	4.18	4.26	4.49
蛋 类	千克	11.33	11.1	16.98	12.06	11.66	11.23	14.89
鱼 虾	千克	8.37	7.4	13.35	9.44	9.15	10.78	9.83
白 酒	千克	3.33	2.17	2.23	2.41	3.42	2.09	3.13
啤 酒	千克	7.1	0.34	3.18	6.16	6.73	7.90	10.00
饮 料	千克	2.38	6.27	17.33	5.55			
鲜 果	千克	29.46	39.06	44.31	48.28	47.13	60.97	56.63
鲜 乳 品	千克	4.77	16.22	8.6	8.93	10.58	10.94	8.92
服 装	件	5.48	5.25	10.34	9.49			
鞋 类	双	2.3	2.24	3.05	2.79	3.02	2.94	3.15

注：2014年数据为城镇常住居民人均消费量。

9-6 城镇居民家庭平均每百户年末耐用消费品拥有量

类　别	单位	2000年	2005年	2010年	2012年	2013年	2014年	2015年
1. 摩托车	辆	1	5	8	8	9	10	11
2. 助力车	辆			4	1	2	2	2
3. 家用汽车	辆			3	7	6	7	6
4. 洗衣机	台	88	96	97	99	99	99	97
5. 电冰箱	台	71	81	89	90	85	89	89
6. 彩色电视机	台	108	128	136	116	107	110	114
7. 家用电脑	台	4	27	59	66	62	63	67
8. 组合音响	套	24	6	13	8			
9. 摄像机	架		4	6	4	3	3	1
10. 照相机	架	21	32	39	21	24	24	18
11. 钢　琴	架			1	1			
12. 其他中高档乐器	件	4	5	4	4	10	9	5
13. 微波炉	台	6	20	49	48	40	40	39
14. 空调器	台		1	2	6	6	6	10
15. 淋浴热水器	台	36	30	55	59	50	51	53
16. 消毒碗柜	台		3	2		1	1	2
17. 洗碗机	台							
18. 健身器材	套	1	1	7	3	3	3	3
19. 普通电话	部		92	80	60	49	59	62
20. 移动电话	部	14	125	233	219	194	197	205

10. 城市建设和环境保护

10-1 城市建设(市区)

指 标	单 位	2009年	2010年	2012年	2013年	2014年	2015年
一、市政公用事业基本情况							
(一)城市供水情况							
自来水全年供水总量	万吨	4123.2	3585.0	2985.0	3890.0	3511	3498
#生活用水	万吨	2046.0	2985.0	1014.0	1137.0	1833	2728
平均每人年生活用水	吨	45.6	66.6	22.85	25.69	41.36	21.57
用水普及率	%	91.5	91.6	91.6	92.8	93.4	89.89
(二)公共交通情况							
公共车辆总数	辆	274.0	296	356	370	404	398
平均万人拥有	辆/万人	6.1	6.6	8	8.3	9.1	9
出租汽车总数	辆	1273.0	1387	1387	1423	1502	1503
平均万人拥有	辆/万人	28.4	31	31.3	32.2	33.9	34.1
客运总量	万人次	6533.0	6725.2	8144	9169	7702	7780
(三)城市燃气情况							
煤气供气总量	万立方米	1300.0	1500.0	2445.0	3502.0	3535.0	3702.0
#家庭用量	万立方米	940.0	980.0	1680.0	2448.0	2500.0	2600.0
(四)市政设施情况							
实有铺装道路长度	公里	213.7	217.8	289	292.3	295.8	297.72
平均万人拥有	公里	4.59	4.68	6.51	6.61	6.67	6.73
实有铺装道路面积	万平方米	245.3	258.9	395	399.8	409	414.26
平均万人拥有	万平方米	5.3	5.59	8.9	9.03	9.22	9.39
排水管道长度	公里	121.0	123	110	114.77	160.3	164.95
平均万人拥有	公里	2.60	2.64	2.48	2.59	3.61	3.74
(五)城市绿化情况							
绿化覆盖面积	公顷	1537.0	1537	1746	1770	1803	2027
绿地面积	公顷	1482.0	1484	1490	1507	1564	1805

10-1 续表 1

指 标	单 位	2009年	2010年	2011年	2012年	2013年	2014年	2015年
公共绿地面积	公顷	428	429	540	545	546	550	605
人均公共绿地	平方米	9.2	9.22	11.9	12.28	12.38	12.41	
公园个数	个	5	5	5	6	6	7	8
公园面积	公顷	272	272	378	378	378	381	556
二、城市规模和建设用地								
城市人口	万人	44.93	44.76	44.56	44.16	44.25	44.31	44.04
#非农业人员	万人	39.17	39	38.8	38.5	38.62	38.59	41.68
城市面积	平方公里	761	761	761	745.4	745.4	745.4	745.4
#建成区面积	平方公里	47.34	48.5	47.75	49	50.33	51.46	53.16
城市建设用地面积	平方公里	41.32	44.56	48.5	49	50.23	51.27	52.92
居住用地	平方公里	15.39	17.09	18.63	19.1	19.24	18.86	18.24
公共设施用地	平方公里	4.1	3.5	3.71	14.7	15.01	14.8	4.33
工业用地	平方公里	8.67	9.68	10.55	2.01	2.53	3.27	5.02
仓储用地	平方公里	0.87	1.01	1.33	2.11	1.96	1.9	1.9
道路与交通设施用地	平方公里	7.26	6.57	7.16	5.59	5.76	6.12	6.26
市政公用设施用地	平方公里	0.38	1.3	1.43	1.51	1.52	1.67	1.72
绿 地	平方公里	3.72	3.59	3.87	4.17	4.21	4.65	5.03
特殊用地	平方公里	0.93	1.82	1.82	1.82			
国家建设征用土地	平方公里	0.28	0.6					
三、城市房屋建筑及住房情况								
年末实有房屋建筑面积	万平方米	1891.02	1958.66	2025.18	2148.18	2271.7	2335.65	2371.42
年末实有住宅建筑面积	万平方米	1232.64	1272.34	1308.62	1390.01	1471.98	1513.85	1538.78
#私 房	万平方米	834.36	874.34	910.62	992.01	1075.01	1124.26	1149.19
居住人口	万人	44.93	44.76	44.56	44.16	44.34	43.45	44.04

10-1 续表 2

指　标	单　位	2009年	2010年	2012年	2013年	2014年	2015年
人均现住房总建筑面积	平方米	27.62	27.54	31.47	33.2	34.84	34.94
四、城市供热情况							
供热总量(热水)	万百万千焦	612	883	1010	1010	1010	1010
管道长度(热水)	公里	272.05	314.89	1184	1214	1227	1277
供热面积	万平方米	983.4	1280	1450	1550	1610	1725
#住　宅	万平方米	693.14	1024	1160	1240	1288	1390
五、市政设施							
道路长度	公里	213.7	217.8	288.83	292.33	295.79	297.72
道路面积	万平方米	245.3	258.9	394.66	399.81	409.35	414.26
人行道面积	万平方米	49.3	58.1	110.51	111.24	114.39	116.79
桥梁数	座	41	50	62	61	62	62
#立交桥	座	6	7	3	3	3	3
城市路灯	盏	65364	81006	94324	96538	87570	82593
排水管道长度	公里	121	123	160.77	165.05	160.25	164.95
污水年排放量	万吨	3452	3509	2089.2	2096	2096	2085
防洪堤长度	公里	104	104	108	108	118.7	118.7
六、城市环境卫生							
实际清扫面积	万平方米	309	350	441	597	601	604
#机械清扫	万平方米	97	31	115	255	320	290
生活垃圾清运量	万吨	18.25	18.29	22.56	25.9	26.17	26.41
粪便清量	万吨	1.83	2.63	2.15	3.15	2.9	3.17
公共厕所	座	190	204	192	201	176	164
#水冲式	座	7	7	10	16	13	18
环卫机械总数	台	57	96	131	171	185	214

10-2 工业“三废”排放及处理情况

指　　标	单　位	2010年	2011年	2012年	2013年	2014年	2015年
全市汇总工业企业数	个	129	133	135	130	119	126
汇总工业企业环保人员数	人	521					
“三废”综合利用产品产值	万元	165548.3					
工业废水排放量	万吨	6267.79	9035.98	13697.6999	11904.6	10144.9	12078.2
工业废水排放达标量	万吨	5524.91					
工业废气排放总量	万标立方米	13407869	13490182	11307507.75	11727707	12887776.7	22872273.1
燃料燃烧过程中废气排放	万标立方米	8533881					
#生产工艺中废气排放	万标立方米	4873988					
工业二氧化硫排放量	吨	47926	51258	45388.7701	37206.63	38151.44	40201.34
#生产工艺中排放的	吨	16088.6					
工业二氧化硫去除量	吨	22715.88	18628.34	17585.1439	27546.401	22800.032	18287.5971
工业烟(粉)尘排放量	吨	17166	21318.62	17620.3179	17227.016	42104.96	25432.9987
工业烟(粉)尘去除量	吨	1074154.81	1201098.27	1337586.636	1479811.9	1796323.639	1405005.987
工业粉尘排放量	吨	11657					
工业固体废物产出量	万吨	775.51	702.15	720.558569	694.6501	609.7418	563.170865
工业固体废物综合利用量	万吨	535.04	561.58	585.417034	626.2188	521.4854	500.613135
工业固体废物储存量	万吨	144.82	80.26	76.717988	26.9604	55.8565	30.9908
工业固体废物处置量	万吨	3.98	60.29	58.423547	41.471	32.3999	31.56793
工业固体废物排放量	万吨	0.19					
工业锅炉	台/蒸吨	272/6108.4	204/6041	218/6524.9	217/6492.9	239/7396	267/8384.8
#烟尘排放达标的	台/蒸吨	245/6024.9					
工业炉窑数	座	53	61	104	102	52	53
#烟尘排放达标的	座	47					
全年煤炭消费总量	万吨	830.5	1371.8	1211.57585	1264.47925	755.6963	844.068965

注：工业烟(粉)尘排放量、全年煤炭消费总量2014年统计指标变化与往年不可比。

11. 农　业

11-1 农村基层组织情况

年 份	乡镇数(个)	乡	镇	村民委员会(个)	乡村总户数(户)	乡村人口数(人)
1978	120			1018	268984	1234083
1979	120			1029	274395	1321859
1980	121			1074	277878	1324392
1981	121			1073	281442	1316916
1982	121			1082	279020	1314151
1983	122			1093	278702	1312911
1984	121			1089	279791	1308427
1985	117	87	30	1094	284373	1286603
1986	117	87	30	1096	287780	1289116
1987	117	87	30	1100	290194	1280445
1988	117	87	30	1119	292524	1279040
1989	117	87	30	1125	298460	1277495
1990	117	87	30	1128	308801	1282376
1991	117	87	30	1128	309660	1288324
1992	117	70	47	1126	309633	1289057
1993	117	61	56	1130	306830	1259677
1994	115	56	59	1132	306077	1247486
1995	115	49	66	1129	307653	1239255
1996	115	49	66	1039	305436	1247855
1997	115	49	66	1014	305392	1215063
1998	114	48	66	1027	310515	1203461
1999	114	48	66	1027	311986	1203582
2000	106	42	64	1027	314521	1232960
2001	105	41	64	1027	315068	1197653
2002	102	37	65	1021	320127	1201239
2003	102	37	65	1010	325798	1213291
2004	102	37	65	989	327498	1218378
2005	78	21	57	989	326672	1203322
2006	78	21	57	986	331525	1199876
2007	78	21	57	985	332775	1206817
2008	78	21	57	985	334805	1203297
2009	79	21	58	984	338045	1208416
2010	78	21	57	986	343377	1213975
2011	78	21	57	986	346759	1218849
2012	78	21	57	987	356467	1233941
2013	78	21	57	988	359988	1245922
2014	78	19	59	988	362862	1246691
2015	78	17	61	988	364291	1246996

11-2 各县(市、区)农村基层组织和乡村建设情况

县(市、区)	乡镇个数(个)	#镇(个)	乡村户数(户)	乡村人口(人)	村民委员会(个)	自来水受益村(个)	通有线电视村(个)	通宽带村(个)
全 市	**78**	**61**	**364291**	**1246996**	**988**	**889**	**988**	**972**
市 区	7	4	22447	66528	37	38	38	38
东昌区	3	1	11653	36983	14	14	14	14
二道江区	4	3	8299	21562	19	19	19	19
通化经济开发区			2495	7983	4	5	5	5
梅河口市	19	16	105213	373200	303	248	303	294
集安市	11	9	50425	158332	126	120	126	126
通化县	15	10	53731	163009	160	145	159	159
辉南县	11	10	62042	221470	143	124	143	136
柳河县	15	12	70433	264457	219	214	219	219

11-3 各县(市、区)乡村从业人员

单位：人

指　标	全市	市区	东昌区	二道江区	通化经济开发区	梅河口市	集安市	通化县	辉南县	柳河县
乡村从业人员数	**653707**	**34924**	**18283**	**12490**	**4151**	**179273**	**80756**	**88347**	**133624**	**136783**
接性别分										
男	358392	19000	10278	6661	2061	97561	44608	50305	71797	75121
女	295315	15924	8005	5829	2090	81712	36148	38042	61827	61662
按行业分										
农林牧渔业	490314	20272	9322	7526	3424	132222	56662	59392	113106	108660

11-4 农林牧渔业总产值

(按当年价格计算)　　单位：万元

指　标	2015年	2014年
总　计	**1749592**	**1697241**
一、农林牧渔业分项产值		
农　业	907404	823519
林　业	97857	113715
牧　业	592494	593757
渔　业	45130	45857
农林牧渔服务业	106707	120393
二、按县(市)分		
市　区	105224	99807
梅河口市	513194	487391
集安市	175715	171429
通化县	173529	167666
辉南县	350728	349922
柳河县	431202	421026

11-5 农林牧渔业分项产值

(按当年价格计算)　　单位：万元

指　标	2008年	2009年	2010年	2012年	2013年	2014年	2015年
农林牧渔业总产值	**970021**	**996176**	**1143716**	**1527851**	**1642481**	**1697241**	**1749592**
一、农业产值	**493759**	**460323**	**535445**	**733665**	**820933**	**823519**	**907404**
1.谷物和其他作物	352738	307411	338619	465936	472371	470442	475497
(1)谷　物	281839	243000	277301	399913	419476	413077	425996
(2)薯　类	15199	21237	30556	18217	10949	26143	24946
(3)油　料	1134	1144	1062	1258	1246	1011	590
(4)豆　类	24482	13766	17857	18047	17220	17287	7209
(5)烟　草	7727	17933	9196	12335	16283	12924	16664
(6)其他农作物	22357	10331	2719	16166	7197		92
2. 蔬菜园艺作物	63478	85187	116763	99163	142622	150584	181552
3. 水　果	34716	20351	29564	51817	73878	51405	98920
4. 中药材	42827	47374	50427	116749	132062	101635	151435
二、林业产值	**41132**	**34300**	**38219**	**111800**	**111637**	**113715**	**97857**
(一)林木的培育和种植	11753	8893	7187	56046	78288	68429	64551
(二)竹木采运	23551	20767	25029	29766	30058	44186	31794
(三)林产品	5828	4640	6003	25988	3291	1100	1512
三、牧业产值	**395667**	**425182**	**473922**	**542658**	**561183**	**593757**	**592494**
(一)牲畜饲养	93706	104883	121284	139432	120607	220779	253996
(二)猪的饲养	178137	167031	173415	251655	278151	226443	177013
(三)家禽饲养	116608	144439	168269	102030	115700	128264	142449
(四)其他畜牧业	7216	8829	10954	49491	46725	18271	19036
四、渔业产值	**25900**	**26271**	**32587**	**52140**	**52510**	**45857**	**45130**
五、农林牧渔服务业	**13563**	**50100**	**63543**	**87588**	**96218**	**120393**	**106707**

11-6 各县(市、区)农林牧渔业分项产值(当年价格)

(2015年)　　单位：万元

指　　标	东昌区	二道江区	通化经济开发区	梅河口市	集安市	通化县	辉南县	柳河县
农林牧渔业总产值	**63805**	**39056**	**2363**	**513194**	**175715**	**173529**	**350728**	**431202**
一、农业产值	**18317**	**16238**	**1340**	**239198**	**130151**	**96287**	**182714**	**223159**
1. 谷物和其它作物	1283	2453	608	137205	18483	42657	136429	136379
(1)谷　　物	1159	2203	588	128735	15177	33020	127485	117629
(2)薯　　类	14	136	20	7151	2184	5050	1026	9365
(3)油　　料		10		2	200	245	56	77
(4)豆　　类	110	93		1254	919	2831	1123	879
(5)烟　　草				63	2	1431	6739	8429
(6)其他农作物		11			1	80		
2. 蔬菜园艺作物	15367	4968	528	44510	12454	30498	22995	50232
3. 水果和坚果	275	767	2	2562	21328	19049	22953	31984
4. 中药材	1392	8050	202	54921	77886	4083	337	4564
二、林业产值	**1151**	**1997**	**23**	**5743**	**11458**	**13983**	**4036**	**59466**
(一)林木的培育和种植	833	92		3891	5434	301	219	53781
(二)竹木采运	318	401	15	1852	6024	13682	3817	5685
(三)林产品		1504	8					
三、牧业产值	**43600**	**19685**	**441**	**215444**	**18129**	**51355**	**133698**	**110142**
(一)牲畜饲养	16066	8619	128	95330	4474	19578	75040	34761
(二)猪的饲养	15533	4928	148	74578	7210	13209	22069	39338
(三)家禽饲养	12001	6134	165	34810	5448	16714	34942	32235
(四)其他畜牧业		4		10726	997	1854	1647	3808
四、渔业产值	**222**	**266**	**8**	**12046**	**11172**	**9727**	**8082**	**3607**
五、农林牧渔服务业	**515**	**870**	**551**	**40763**	**4805**	**2177**	**22198**	**34828**

11-7 全市农林牧渔业增加值

单位：万元

指　　标	2000年	2005年	2009年	2010年	2012年	2013年	2014年	2015年
一、农林牧渔业总产值	**507362**	**704015**	**996176**	**1143716**	**1527851**	**1642481**	**1697241**	**1749592**
农　　业	241744	347651	460323	460323	733665	820933	823519	907404
林　　业	16099	19915	34300	34300	111800	111637	113715	97857
牧　　业	245768	319454	425182	425182	542658	561183	593757	592494
渔　　业	6751	13030	26271	26271	52140	52510	45857	45130
农林牧渔服务业	.	3965	50100	50100	87588	96218	120393	106707
二、中间消耗	**195393**	**287980**	**435596**	**492943**	**656528**	**700411**	**734042**	**763465**
农　　业	86157	126325	154227	179374	254338	290107	297822	341628
林　　业	5113	8367	12352	13759	38965	42804	46702	39118
牧　　业	101668	147893	239535	258572	297485	298434	321643	313347
渔　　业	2455	4522	8874	13406	25754	27480	27099	24672
农林牧渔服务业		873	20608	27832	39987	41286	40776	44699
(一)中间物质消耗	183580	267786	391324	426121	559218	607882	639928	649179
农　　业	79831	111924	142172	160306	221723	254021	264263	294623
林　　业	3970	7561	9358	10126	26464	30899	35151	28865
牧　　业	97599	143649	224649	234384	275543	278306	297231	283837
渔　　业	2180	4094	7342	10653	20728	22038	22223	20353
农林牧渔服务业		558	7803	10652	14760	22618	21060	21501
(二)对非物质生产部门的劳务支出	11813	20194	44272	66822	97311	92529	94114	114285
农　　业	6326	14401	12055	19068	32615	36086	33559	47005
林　　业	1143	806	2994	3633	12501	11905	11551	10253
牧　　业	4069	4244	14886	24188	21942	20428	24412	29510
渔　　业	275	428	1532	2753	5026	5442	4876	4319
农林牧渔服务业		315	12805	17180	25227	18668	19716	23198
三、农林牧渔业增加值	**311969**	**416035**	**560580**	**650773**	**871323**	**942070**	**963199**	**986127**
农　　业	155587	221326	306096	356071	479327	530809	525697	565776
林　　业	10986	11548	21948	24460	72835	68850	67013	58739
牧　　业	141100	171561	185647	215350	245173	262449	272114	279147
渔　　业	4296	8508	17397	19181	26386	25030	18758	20458
农林牧渔服务业		3092	29492	35711	47601	54932	79617	62008

11-8 各县(市、区)农林牧渔业增加值

(2015年)　　　　　　　　　　　　　　　　　　　　　　单位：万元

指　标	全市	市区	东昌区	二道江区	通化经济开发区	梅河口市	集安市	通化县	辉南县	柳河县
一、农林牧渔业增加值	**986127**	**49778**	**29588**	**18838**	**1352**	**276298**	**98285**	**97159**	**200054**	**264553**
农　业	565776	22376	11922	9587	867	145577	76263	57407	117987	146166
林　业	58739	1961	748	1199	14	3561	7104	6403	2530	37180
牧　业	279147	24102	16501	7414	187	96893	7450	31657	60502	58543
渔　业	20458	296	133	158	5	7209	5008	1122	4793	2030
二、中间消耗	**763465**	**55446**	**34217**	**20218**	**1011**	**236896**	**77430**	**76370**	**150674**	**166649**
农　业	341628	13519	6395	6651	473	93621	53888	38880	64727	76993
林　业	39118	1210	403	798	9	2182	4354	7580	1506	22286
牧　业	313347	39624	27099	12271	254	118551	10679	19698	73196	51599
渔　业	24672	200	89	108	3	4837	6164	8605	3289	1577
(一)中间物质消耗	649179	53134	34217	18178	739	210766	56586	71581	124194	132918
农　业	294623	13519	6395	6651	473	77030	40904	38260	55080	69830
林　业	28865	1210	403	798	9	2073	2604	6590	1268	15120
牧　业	283837	37974	27099	10621	254	115942	8639	17720	62573	40989
渔　业	20353	200	89	108	3	4023	4439	8104	2699	888
(二)对非物质生产部门的劳务支出	114285	2312		2040	272	26130	20844	4789	26480	33730
农　业	47005					16591	12984	620	9647	7163
林　业	10253					109	1750	990	238	7166
牧　业	29510	1650		1650		2609	2040	1978	10623	10610
渔　业	4319					814	1725	501	590	689
三、农林牧渔业总产值	**1749592**	**105224**	**63805**	**39056**	**2363**	**513194**	**175715**	**173529**	**350728**	**431202**
农　业	907404	35895	18317	16238	1340	239198	130151	96287	182714	223159
林　业	97857	3171	1151	1997	23	5743	11458	13983	4036	59466
牧　业	592494	63726	43600	19685	441	215444	18129	51355	133698	110142
渔　业	45130	496	222	266	8	12046	11172	9727	8082	3607

11-9 主要农业机械年末拥有量

指　　标	单位	2000年	2005年	2010年	2012年	2013年	2014年	2015年
农业机械总动力	**千瓦**	**621580**	**1049770**	**1364751**	**1508202**	**1596728**	**1198578**	**1687150**
一、耕作机械								
大中型拖拉机	混合台	1306	1532	7636	9597	11124	6729	14299
小型拖拉机	台	17807	45040	68617	76500	78660	59054	71714
机动水稻插秧机	台	369	295	919	1153	1328	730	1694
大中型拖拉机配套农机具	部	1789	1773	8836	16973	18267	4655	16592
#犁	部	689	605	1978	4078	4481	814	4717
旋耕机	部	69	229	2571	4555	4876	2682	5283
机引耙	部	766	655	1789	2518	2923	193	2905
播种机	部	9	8	140	150	150	30	240
小型拖拉机配套农机具	部	35870	83470	131890	135993	136242	102392	139537
#犁	部	14999	32978	44088	44711	44797	36100	45460
旋耕机	部	199	3955	15805	17624	17683	13304	18771
机引耙	部	14381	22103	38115	38778	38849	29902	39388
播种机	部	915	5313	10467	10823	10765	6952	10921
二、排灌机械								
农用排灌机械	台	14750	24068	26819	25778	25788	16487	25809
农用水泵	台	10735	15495	15989	15379	15418	8608	14782
节水灌溉机械	套	2984	4749	5527	5550	5545	5545	5432
三、收获机械								
联合收割机	台	1	10	902	1380	1503	817	1487
机械脱粒机	台	11413	9443	9329	10042	10067	7981	10142
种子加工机械	台	6	6	25	25	26	34	34
四、农产品加工机械								
粮食加工机械	部	7195	7541	10651	10760	10763	9740	10803
油料加工机械	部	368	228	229	206	206	229	233
五、运输机械								
农用运输车	辆	7396	17060	11648	11103	11085	10202	9929
三轮汽车	辆	1080	3041	6854	6607	6592	5689	5606

注：此表2014年数据不包含梅河口市。

11-10 各县(市、区)主要农业机械年末拥有量

(2015年)

指　标	单位	全市	东昌区	二道江区	通化县	辉南县	柳河县	集安市	梅河口市
农业机械总动力	**千瓦**	**1687150**	**59062**	**37462**	**199864**	**391566**	**360455**	**165740**	**473001**
一、耕作机械									
大中型拖拉机	混合台	14299	104	97	1369	2910	2423	755	6641
小型拖拉机	台	71714	455	463	7307	22131	23378	3590	14390
机动水稻插秧机	台	1694		2	33	480	317	17	845
大中型拖拉机配套农机具	部	16592	23	35	1138	1766	1485	315	11830
#犁	部	4717	10	18	333	451	24	25	3856
旋耕机	部	5283	13	8	540	754	1167	252	2549
机引耙	部	2905		4	62	55	50	22	2712
播种机	部	240			23	1	10	3	203
二、排灌机械									
农用排灌机械	台	25809	1717	155	284	4520	4171	5644	9318
农用水泵	台	14782	1676	146	410	890	4172	1421	6067
节水灌溉机械	套	5432	165		5	582		4680	
三、收获机械									
联合收获机	台	1487		1	60	386	400	47	593
割晒机	台	19				16			3
机动脱粒机	台	10142	77	71	1606	1828	3231	1220	2109
种子加工机械	台	34			3	20	11		
谷物烘干机	台	98			4	10	28		56
四、农产品加工机械									
粮食加工机械	部	10803	219	186	3726	1871	1496	2245	1060
油料加工机械	部	230	30	14	60	30		96	3
五、运输机械									
农用运输车	辆	9929	1465	1479	1627	2513	388	2270	187

11-11 全市农业现代化水平

指　　标	单位	2000年	2005年	2008年	2009年	2010年	2012年	2013年	2014年	2015年
一、农业机械化										
机耕面积	公顷	94023	103100	240400	251200	261500	265200	265300	183100	292500
机播面积	公顷	33140	44600	82900	92300	128800	148300	157000	92900	173840
#机插水稻	公顷	18640	11000	16700	23600	35800	46900	49400	24200	53740
机播小麦	公顷	130								
机播玉米	公顷	14370	33600	58600	66300	90400	99300	106100	121100	119900
机械铺膜面积	公顷	9040	2500	3200						300
机收面积	公顷	130	800	21900	35800	55800	73000	82000	51700	102100
二、农业电气化										
农村用电量	万千瓦时	24447	25639	254612	292412	292501	318062	321415	325182	314289
乡镇办水电站	个	8	9	12	12	12	12	12	56	56
装机容量	千瓦	3376	4571	4246	5236	5256	10006	10006	73440	73440
三、农业水利化										
机电灌溉面积	千公顷	23.67		20.59	20.59	20.59	20.59	32.67	21.9	32.4
四、农业化学化										
化肥施用量(实物量)	吨	193389	220758	256611	259757	263885	293245	298695	313377	314705
氮　肥	吨	143615	143963	151991	151386	151672	155895	149211	151295	148578
磷　肥	吨	12919	18096	24322	23972	24411	28801	30219	34648	33929
钾　肥	吨	15634	21851	26218	26742	26847	35383	35544	37380	35064
复合肥	吨	21221	36848	54080	57657	60955	73166	83721	90054	97134

注：此表2014年数据不包含梅河口市。

11-12 各县(市、区)农业现代化水平

(2015年)

指　　标	单位	全市	东昌区	二道江区	通化经济开发区	梅河口市	集安市	通化县	辉南县	柳河县
一、农业机械化										
机耕面积	千公顷	292.5	0.9	1.3		98.6	7.4	19.6	73.0	91.7
机播面积	千公顷	173.8	0.2	0.4		79.2	3.1	2.2	42.2	46.5
机插水稻	千公顷	53.7		0.1		28.0	1.0	1.5	13.9	9.2
机播小麦										
机播玉米	千公顷	119.9	0.2	0.3		51.2	2.1	0.5	28.3	37.3
机械铺膜面积		0.3					0.3			
机收面积	千公顷	102.1	0.1	0.3		40.0	2.2	3.5	26.0	30.0
二、农业电气化										
农村用电量	千千瓦	314289	16517	14156	2213	80047	48617	37034	55123	60582
乡镇办水电站	个	56	3	2	2	1	28	10	5	5
装机容量	千瓦	73440	2925	6490	21600	1600	24885	9230	3315	3395
三、农业水利化										
机电排灌面积	千公顷	32.4	0.1			10.0	0.4	2.2	10.0	9.7
四、农业化学化										
化肥施用置(实物量)	吨	314705	2496	2637	1098	112725	16727	28698	72390	77934
氮　肥	吨	148578	1960	1617	442	48472	8402	17721	38071	31893
磷　肥	吨	33929	129	145	72	15624	2229	1296	4180	10254
钾　肥	吨	35064	182	178	470	10813	2446	2649	6685	11641
复合肥	吨	97134	225	697	114	37816	3650	7032	23454	24146

注：农业机械化数据不包含梅河口市。

11-13 已建成水库情况

水库名称	总库容(万立方米)	兴利库容	灌溉面积(设计)(千公顷)	发电机容量(实际)		年发电量(多年平均)(万千瓦时)	年发电量(2015年)(万千瓦时)
				台	千瓦		
海龙水库	31600	12400	15.48	2	1600	100	110
桃园水库	5244	4588.7		4	5600	2500	1832
碱水水库	2740	1487	1.89				
柳河水库	1074	779	0.13				
新合水库	1300	124	1.47				
时家店水库	1496.4	570.5	1				
和平水库	2034	1037	2.29				
青顶水库	1622	720	2.13				
辉发城水库	1373	540.1	0.7				
小椅山水库	3839	2264	9.52	2	1260	280	307
英额布水库	2597	1480	1.07	3	1660	431.26	194
三家子水库	2158	1745		4	2750	940	335

11-14 农作物播种面积和产量

2015年

类　别	播种面积(公顷)	总产量(吨)
一、粮食作物合计	**293194**	
(一)谷物	281050	1778059
水稻	90585	635951
小麦		
玉米	190430	1141984
高粱	21	80
(二)豆类合计	6037	15334
#大豆	5832	14884
(三)薯类	6107	125435
马铃薯	4381	95212
二、油料合计	**315**	**898**
三、烟叶合计	**2961**	**8415**
烤　烟	1820	4891
四、中草药材	**12894**	**184950**
人 参	1365	38299
五、蔬菜和食用菌	**13743**	**464569**
六、瓜果类	**2043**	**60970**
七、其他作物	**597**	**361**

11-15 分县(市、区)农作物播种面积

(2015年)

单位：公顷

类　别	全　市	东昌区	二道江区	通化经济开发区	梅河口市	集安市	通化县	辉南县	柳河县
一、粮食作物合计	**293194**	**992**	**1850**	**256**	**94085**	**11397**	**26246**	**74999**	**83369**
(一)谷　物	281050	908	1702	227	90581	9811	22845	73634	81342
#水　稻	90585	97	202	104	34187	2484	5122	27059	21330
小　麦									
玉　米	190430	811	1493	123	56394	7322	17712	46563	60012
高　粱	21		4			3	2	12	
(二)豆类合计	6037	80	126		1027	930	2573	657	644
#大　豆	5832	74	121		970	885	2509	629	644
(三)薯　类	6107	4	22	29	2477	656	828	708	1383
#马铃薯	4381	4	18	29	1553	476	691	543	1067
二、油料合计	**315**		**5**		**1**	**140**	**129**	**16**	**24**
三、烟叶合计	**2961**				**10**	**1**	**273**	**1130**	**1547**
#烤　烟	1820						273		1547
四、中药材	**12894**	**205**	**137**		**357**	**9839**	**1214**	**244**	**898**
#人　参	1365	9	1		87	999	80	11	178
五、蔬菜和食用菌	**13743**	**1258**	**301**	**88**	**2849**	**962**	**2017**	**3433**	**2835**
六、瓜果类	**2043**	**31**	**35**	**1**	**76**	**175**	**429**	**1070**	**226**
七、其他作物	**597**		**38**			**2**	**557**		

11-16 分县(市、区)农作物产量

单位：吨

类　别	全　市	东昌区	二道江区	通化经济开发区	梅河口市	集安市	通化县	辉南县	柳河县
一、粮食作物合计									
(一)谷　物	1778059	5522	10413	2019	523287	67723	145745	515474	507876
#水　稻	635951	679	1495	819	214308	19738	37346	216398	145168
小　麦									
玉　米	1141984	4843	8872	1200	308979	47973	108369	299040	362708
高　粱	80		29			10	5	36	
(二)豆类合计	15334	225	191		2643	1957	6108	2336	1874
#大　豆	14884	207	182		2548	1882	5986	2205	1874
(三)薯　类	125435	70	656	600	34545	14919	24450	4955	45240
#马铃薯	95212	70	561	600	23399	11432	20455	3885	34810
二、油料合计	**898**		**14**		**3**	**314**	**382**	**84**	**101**
三、烟叶合计	**8415**				**33**	**1**	**741**	**3490**	**4150**
#烤　烟	4891						741		4150
四、中药材	**184950**	**595**	**6500**		**25873**	**142570**	**7976**	**629**	**807**
#人　参	38299	140	10		386	36700	657		406
五、蔬菜和食用菌	**464569**	**33878**	**13353**	**1438**	**98397**	**28359**	**63562**	**105591**	**119990**
六、瓜果类	**60970**	**375**	**1629**	**1**	**1605**	**5166**	**17613**	**29184**	**5397**
七、其他作物	**361**		**38**			**3**	**320**		

11-17　畜牧业生产情况

项　　目	单位	2000年	2005年	2009年	2010年	2012年	2013年	2014年	2015年
出栏情况									
出栏肉猪	头	1256608	1723976	1661769	661673	766438	787132	809959	839589
出栏肉牛	头	379821	639095	530571	209133	265879	270400	274996	282749
出栏肉羊	头	78888	171048	170584	68173	76859	79933	83930	88903
活家禽	千只	60967	72350	83970	15114	20982	20395	19823	21446
产量情况									
猪肉产量	吨	111997	146572	144414	57226	66516	68047	69271	72099
牛肉产量	吨	42546	80160	73504	29760	38935	39130	40108	41575
羊肉产量	吨	1275	2495	2823	972	1116	1126	1159	1315
家禽肉产量	吨	115093	121905	152401	40027	44263	35455	33363	33159
奶类产量	吨	2290	6470	14460	7351	8142	7195		
#牛奶	吨	1796	6450	14317	6891	7542	7006	7403	8233
天然蜂蜜产量	吨	358	1017	1895	1831	1845	1589	167	636
禽蛋产量	吨	52206	53535	70911	35675	40996	32207	40143	44132
鹿茸产量	公斤	3803	13915	21726	22164	16070	11669	13170	12691
蚕茧产量	公斤	37350	36550	71700	53500		500	56330	56330
猪牛羊肉产量	吨	155818	194905	220741	87958	106567	108303	110538	114989
肉类总产量	吨	271430	334909	374820	129726	152714	144144		
年末存栏情况									
(一)活牲畜(除猪、牛、羊)	头	540179	545173	702508	356897	387332	34374	36372	37297
牛	头	515343	248517	687728	344048	377070	381791	403304	403600
#奶牛	头	868	2061	4989	4658	3294	2957	2767	2460
马	匹	16566	13570	9186	8220	7020	6513	6188	5067
(二)猪	头	735636	703255	873702	403915	459654	461952	464262	469544
(三)羊	只	128700	179915	205000	107197	124869	127117	130675	128052
(四)鹿	只	9681	19265	27574	27568	23954	24789	27211	29332
(五)养蜂箱数	箱	17064	42678	53579	60014	20282			
(六)活家禽	千只	16747	17349	26362	7373	10643	9897	9730	10026
#活鸡	千只	15162	15436	23129	4002	7545	7981	7860	8383

11-18 分县(市、区)畜牧业生产情况(2015年)

项　目	单位	全市	东昌区	二道江区	通化经济开发区	梅河口市	集安市	通化县	辉南县	柳河县
出栏情况										
出栏肉猪	头	839589	49139	29383	1080	299873	44232	78763	116859	220260
出栏肉牛	头	282749	11707	7711	66	66153	10206	15002	94302	77602
出栏肉羊	头	88903	3598	12180	425	13517	9755	14244	20117	15067
活家禽	千只	21446	637	539	24	5896	453	1822	5543	6532
产量情况										
猪肉产量	吨	72099	4165	2444	100	24590	3747	7823	10489	18741
牛肉产量	吨	41575	1791	1157	9	10254	1321	2433	13319	11291
羊肉产量	吨	1315	51	194	8	182	138	227	292	223
家禽肉产量	吨	33159	1029	709	35	11356	761	2946	8579	7744
奶类产量	吨									
#牛奶	吨	8233	4820	391	54	2614			232	122
天然蜂蜜产量	吨	636				5	573	54		4
禽蛋产量	吨	44132			106	7215	2997	7385	9970	8584
鹿茸产量	公斤	12691		45		5720	379	1560	4683	304
蚕茧产量	公斤	56330						330		56000
猪牛羊肉产量	吨	114989				35026	5206	10483	24100	20355
肉类总产量	吨	14989			117	46382	5967	13429	32679	37999
年末存栏情况										
(一)活牲畜(除猪、牛、羊)	头									
牛	头	463600	13485	4399	137	105770	15354	34597	124624	105252
#奶牛	头	2460	1347	130	7	870			57	39
马	匹	5067		70		290	176	586	3210	735
(二)猪	头	469544	19883	10917	2130	186214	36295	49118	60133	104854
(三)羊	只	128052	2291	3828	1380	25124	14216	21309	27858	32046
(四)鹿	只	29332	344	450		18118	902	2278	6638	602
(五)养蜂箱数	箱									
(六)活家禽	千只	10026	548	501	40	2723	379	1102	2235	2498
#活鸡	千只	8383	548	471	38	1689	359	928	2046	2304

11-19 水果及其他生产情况

项 目	单位	2000年	2005年	2009年	2010年	2012年	2013年	2014年	2015年
一、水果面积	**公顷**	**17974**	**6793**	**5186**	**5106**	**4920**	**4985**	**5050**	**5314**
1. 苹果	公顷	5163	1701	927	917	821	888	880	1015
2. 梨	公顷	3750	1176	863	908	886	874	775	866
#苹果梨	公顷	557	493	468	522	510	482		
3. 葡萄	公顷	3108	2207	2455	2312	2390	2387	2622	2558
4. 山楂	公顷	1288	340	225	234	185	168	149	139
5. 其它	公顷	4665	1299	652	664	571	607	528	502
二、水果产量	**吨**	**38125**	**49861**	**63942**	**70221**	**65573**	**66460**	**62471**	**63769**
1. 苹果	吨	9877	12181	12432	15197	13658	14596	13724	14173
2. 梨	吨	4060	6802	9017	11843	8310	8266	7260	8009
#苹果梨	吨	741	3755	5890	8688	5636	5509	5607	6367
3. 葡萄	吨	8801	211280	33446	32545	36643	36843	35729	36635
4. 山楂	吨	3071	1709	1791	2264	1766	1583	1058	1011
5. 其它	吨	12316	7830	7170	8258		43598	41487	41587
分县(市)区水果产量									
东昌区	吨	617	734	486	444	494	475	455	541
二道江区	吨	1079	559	496	484	395	343	183	211
通化经济开发区				90	58	53	53	15	12
梅河口市	吨	6193	7416	5291	2534	4639	3969	3409	3447
集安市	吨	8384	15331	23932	23310	25105	26593	26837	30079
通化县	吨	1871	893	2534	15182	1422	1330	1572	954
辉南县	吨	15593	14076	14039	5312	16937	17537	15090	14466
柳河县	吨	4387	10852	17074	22897	16528	16160	14910	14059
三、其他产品产量									
蚕茧产量	公斤	37350	27200	71700	53500		500	56330	56330
蜂蜜产量	吨	358	1592	1895	1831	1845	1589	167	636
鹿茸产量	公斤	3803	16945	21726	22164	16070	11669	13170	12691

11-20 蔬菜及特种作物生产情况

项　目	单 位	2015年	
		播种面积(公顷)	产量
一、蔬菜和食用菌	**吨**	**13743**	**464569**
1.叶菜类	吨	1457	41958
2.白菜类	吨	4709	199799
3.甘蓝类	吨	158	6517
4.根茎类	吨	1431	42599
5.瓜菜类	吨	1637	46746
6.豆类(菜用)	吨	1144	29426
7.茄果类	吨	2107	64928
8.葱蒜类	吨	1060	23337
9.食用菌	百公斤		83509
(1)干　品	百公斤		27634
(2)鲜　品	百公斤		55875
二、特种作物			
花卉种植面积	亩	9	
鲜切花	百枝		8670
盆栽观赏植物	盆		4975
药　材	公顷	12894	184950
#人参	百公斤	1365	382990
甘草	百公斤		
枸杞	百公斤		
三、设施数量	**个**	**12882**	

11-21 各县(市、区)农业主要能源及物耗

单位：吨

项　目	全　市	东昌区	二道江区	通化经济开发区	梅河口市	集安市	通化县	辉南县	柳河县
乡村水电站(个)									
农村用电量(千千瓦)	314289	16517	14156	2213	80047	48617	37034	55123	60582
农用化肥施用量	314705	2496	2637	1098	112725	16727	28698	72390	77934
氮肥	148578	1960	1617	442	48472	8402	17721	38071	31893
硫酸铵	3279	48	110	31	1203	10	656	1119	102
硝酸铵	3078	316	94	15	559	21	371	1582	120
尿素	118674	638	1010	337	43715	6442	10990	25637	29905
碳酸氢氨	21405	804	325	32	2803	1929	4939	9046	1527
其他	2086	131	72		192		765	687	239
磷肥	33929	129	145	72	15624	2229	1296	4180	10254
钾肥	35064	182	178	470	10813	2446	2649	6685	11641
复合肥	97134	225	697	114	37816	3650	7032	23454	24146
农用塑料薄膜使用量	7843	287	104	49	3322	1060	1254	1272	495
农用柴油使用量	50436	381	347	532	14058	2393	3038	7548	22139
农药使用量	4836	121	51	6	1653	657	548	771	1029

12. 工　业

12-1 规模以上工业企业单位数

单位：个

类别	2000年	2005年	2010年	2013年	2014年	2015年
总计	**331**	**282**	**604**	**552**	**549**	**596**
一、按隶属关系分						
中央	5	4	5	3	5	4
省属	19	9	7	9	8	7
市及市以下	307	269	592	540	536	585
二、按经济类型分						
国有企业	161	18	11	6	6	7
集体企业	42	21	25	12	12	11
其他经济类型企业	128	243	568	534	531	578
#国有控股企业	224	36	30	26	28	25
三、按轻重工业分						
轻工业	181	145	298	279	283	321
重工业	150	137	306	273	266	275
四、按企业规模分						
大中型企业	49	31	46	57	56	60
小型企业	282	251	558	495	493	536
五、按工业行业分						
采矿业(小计)	30	29	79	77	70	68
煤炭开采和洗选业	10	10	19	18	15	14
黑色金属矿采选业	3	12	37	35	34	33
有色金属矿采选业	8	2	8	10	9	9
非金属矿采选业	9	5	14	12	11	11
开采辅助活动				2	1	1
制造业(小计)	276	232	500	454	458	505
农副产品加工业	20	26	91	87	89	108
食品制造业	24	9	15	9	11	18
酒、饮料和精制茶制造业	16	27	37	33	33	35
纺织业	14	1	2	2	2	
纺织服装、服饰业	3		2	2	1	1

12-1 续表

单位：个

类别	2000年	2005年	2010年	2013年	2014年	2015年
皮革、毛皮、羽毛及其制品和制鞋业	1		2	2	2	2
木材加工和木、竹、藤、棕、草制品业	7	4	25	14	15	15
家具制造业	2	3	15	13	13	10
造纸和纸制品业	10	4	12	10	9	9
印刷和记录媒介复制业	11	4	7	6	6	9
文教、工美、体育和娱乐用品制造业		1	2	1	1	1
石油加工、炼焦和核燃料加工业		1	2	1	1	2
化学原料和化学制品制造业	22	18	24	23	21	22
医药制造业	49	60	92	99	100	108
化学纤维制造业	1					
橡胶和塑料制品业	11	5	19	13	13	14
非金属矿物制品业	31	25	60	56	59	62
黑色金属冶炼和压延加工业	8	14	11	13	11	11
有色金属冶炼和压延加工业	3	3	3	4	4	4
金属制品业	7	2	11	15	16	17
通用设备制造业	7	7	22	9	9	9
专用设备制造业	8	7	14	15	15	19
汽车制造业	8	5	11	9	9	10
铁路、船舶、航空航天和其他运输设备制造业				2	2	2
电气机械和器材制造业	8	4	13	8	7	7
计算机、通信和其他电子设备制造业	2			1	1	2
仪器仪表制造业			1	2	2	2
其他制造业		1	5	2	3	3
废弃资源综合利用业		1	2	2	2	2
金属制品、机械和设备修理业				1	1	1
电力、燃气及水的生产和供应业(小计)	25	21	25	21	21	23
电力、热力生产和供应业	18	14	19	18	18	18
燃气生产和供应业	1	2	2	1	1	3
水的生产和供应业	6	5	4	2	2	2

12-2 规模以上工业企业总产值

(当年价格)　　单位：万元

类　别	2000年	2005年	2010年	2013年	2014年	2015年
总　计	**1221706**	**2356896**	**8699842**	**16526132**	**19156226**	**21450859**
一、按隶属关系分						
中央企业	38161	56861	131106	75053	96407	90534
省属企业	583695	1030701	2162061	1548350	1322363	818351
市及市以下	599850	829392	6406675	14902729	17737455	20541973
二、按经济类型分						
国有企业	171905	42218	43785	35842	38521	46242
集体企业	50764	40281	94166	116665	134296	126813
其他经济类型企业	999037	2274397	8561891	16373625	18983409	21277803
三、按轻重工业分						
轻工业	464564	921018	4533848	10857650	13178742	15420489
重工业	757141	1435877	4165994	5668482	5977484	6030370
四、按企业规模分						
大中型企业	823377	1812563	5185287	8520072	10491417	11492605
小型企业	398329	544333	3514555	8006059	8664808	9958254
五、按工业行业分						
采矿业(小计)	20459	95842	619703	1106373	1206551	1162061
煤炭开采和洗选业	5620	52056	324087	295220	290372	267736
黑色金属矿采选业	4192	30441	192524	510366	560426	498317
有色金属矿采选业	4905	6629	58492	176821	216813	246296
非金属矿采选业	5742	6714	42499	109667	122723	130438
开采辅助活动				14298	16217	19274
制造业(小计)	1149733	216882	7865220	15149182	17657573	19974118
农副产品加工业	73780	86082	681398	1626162	1869119	2249142
食品制造业	23184	15500	68297	151703	254991	318345
酒、饮料和精制茶制造业	32716	75250	503767	823940	883026	1006345
纺织业	8470	5196	6070	9156	11611	
纺织、服装、鞋、帽制造业	905		2943	5880	5930	7757
皮革、毛皮、羽毛及其制品和制鞋业			4395	33884	40956	29756

12-2 续表

单位：万元

类别	2000年	2005年	2010年	2013年	2014年	2015年
木材加工及木、竹、藤、棕、草制品业	4705	8028	90674	174976	204266	222851
家具制造业	1134	4146	80015	201142	234981	170807
造纸及纸制品业	10613	7792	34072	64743	66941	80752
印刷业及记录媒介的复制	962	2238	13506	61627	70610	94092
文教、工美、体育和娱乐用品制造业		1080	19845	55327	71756	98170
石油加工、炼焦和核燃料加工业		1785	18978	51417	56937	73510
化学原料及化学制造业	25373	65632	222608	447448	479851	554550
医药制造业	270978	712789	3036463	7621974	9459681	11115602
橡胶和塑料制品业	8573	3684	60356	118755	144392	169316
非金属矿物制品业	43619	82909	416479	921039	1124119	1305552
黑色金属冶炼及压延加工业	572888	1026501	2150220	1861994	1655811	1241063
有色金属冶炼及压延加工业	114	4456	7589	66831	42867	55433
金属加工业	372	1520	51077	217306	278722	347582
通用设备制造业	3696	11413	62810	87924	88376	79148
专业设备制造业	9520	12649	81441	268313	280523	363169
汽车制造业	12006	17809	39053	71427	78028	103732
铁路、船舶、航空航天和其他运输设备制造业				9060	10566	12220
电气机械及器材制造业		16873	66979	102215	114449	125669
计算机、通信和其他电子设备制造业	23073			10351	20970	25242
仪器仪表制造业			3166	18008	21931	24654
其他制造业		4002	7234	14778	25418	29982
废弃资源和废旧材料回收加工业		739	135786	47697	55854	65072
金属制品、机械和设备修理业				4108	4889	4605
电力、燃气及水的生产和供应业(小计)	51514	92971	214919	270577	292102	314679
电力、热力的生产和供应业	47311	86683	202024	257417	277283	297047
燃气生产和供应业	265	998	3287	3491	4032	5168
水的生产和供应业	3938	5290	9608	9669	10787	12464

12-3 规模以上工业企业增加值

单位：万元

类　别	2000年	2005年	2010年	2013年	2014年	2015年
总　计	**413176**	**793400**	**2695132**	**4321643**	**5232106**	**5873935**
一、按隶属关系分						
中央企业	30665	19096	43847	28270	24638	28981
省属企业	91055	227096	445798	202094	129481	85865
市及市以下工业	291456	547208	2205487	4091278	5077987	5759089
二、按经济类型分						
国有企业	73927	20708	26062	16328	24586	15726
集体企业	16626	14944	34710	43093	45750	51232
其他经济类型企业	322623	757748	2634360	4262222	5161770	5806978
三、按轻重工业分						
轻工业	239692	418770	1650566	2688388	3644326	4210037
重工业	173484	374629	1044566	1633255	1587780	1663897
四、按企业规模分						
大中型企业	242718	594660	1504309	2145271	2756537	3153346
小型企业	170458	198740	1190823	2176372	2475569	2720589
五、按工业行业分						
采矿业(小计)	7609	34992	307495	651113	594822	569462
煤炭开采和洗选业	1754	15667	137691	173787	151852	141198
黑色金属矿采选业	1284	12994	120801	316080	284419	251984
有色金属矿采选业	2110	2849	42588	132348	121444	136537
非金属矿采选业	2461	3481	6415	28897	37106	39744
制造业(小计)	370924	720201	2309904	3577520	4550110	5217156
农副产品加工业	54618	23760	242731	331857	402019	478526
食品制造业	6091	5592	18809	43314	52430	70452
酒、饮料和精制茶制造业	7586	25085	140873	157046	176862	204101
纺织业	3020	1785	1717	2315	2729	
纺织服装、服饰业	332		3699	2062	2110	2618
皮革、毛皮、羽毛及其制品和制鞋业			1124	10128	10723	8090

12-3　续表　　　　单位：万元

类　别	2000年	2005年	2010年	2013年	2014年	2015年
木材加工和木、竹、藤、棕、草制品业	1329	1956	28539	42231	53250	55343
家具制造业	277	1017	21631	43888	52836	39696
造纸和纸制品业	3197	2019	11591	21857	26908	34773
印刷和记录媒介复制业	375	618	7432	5035	6379	8817
文教、工美、体育和娱乐用品制造业		350	6173	9323	13275	18161
石油加工、炼焦和核燃料加工业		840	12620	15559	17450	19112
化学原料和化学制品制造业	8275	19821	60084	136291	137435	159240
医药制造业	158005	353926	1120094	2004403	2840776	3270616
橡胶和塑料制品业	5243	1011	35948	57719	58396	67047
非金属矿物制品业	13610	31439	150367	240363	287898	334875
黑色金属冶炼和压延加工业	131332	231335	310869	203734	137713	120262
有色金属冶炼和压延加工业	81	418	2228	7008	5627	7309
金属制品业	97	509	26228	32890	45371	52946
通用设备制造业	1240	3192	24893	22157	19519	22803
专用设备制造业	-36127	3870	25660	67800	96557	117522
汽车制造业	4304	4233	15015	32489	24398	32288
铁路、船舶、航空航天和其他运输设备制造业				1546	2309	2670
电气机械和器材制造业	4077	6079	16605	29821	38909	43724
计算机、通信和其他电子设备制造业	1564		879	3497	6981	8383
仪器仪表制造业			1279	6420	7642	8635
其他制造业		1177	10706	3514	4179	6183
废弃资源综合利用业		170	12112	43244	19428	22963
金属制品、机械和设备修理业				11	1	
电力、燃气及水的生产和供应业(小计)	34643	38206	77733	93010	87174	87316
电力、热力的生产和供应业	32635	34994	71009	83803	75850	75911
燃气生产和供应业	-84	64	1988	4433	3867	3180
水的生产和供应业	2008	3148	4736	4775	7458	8225

12-4 2015年各县(市、区)规模以上工业企业主要经济指标

单位：万元

指 标	全 市	市 直	东 昌 区	二道江区	医药高新区	梅河口市
企业单位数(个)	596	7	43	49	28	155
工业总产值(当年价格)	21450859	6692198	1524117	980881	538274	6264928
工业增加值(当年价格)	5873935	1941124	529248	335801	118087	1542710
资产总计	13077683	5040683	969928	963638	326235	2042748
流动资产合计	6183300	2115552	469666	441415	128911	823192
应收帐款净额	1514610	628060	214498	92895	35431	151262
存 货	1493235	362759	109987	72636	31619	318682
#产成品	684071	197230	49593	18787	12621	151767
固定资产合计	4116989	1778654	396756	215235	121860	747366
负债合计	6648710	2923113	430773	301733	191601	907008
主营业务收入	19840255	6594292	1175246	848409	390734	6116128
利润总额	1366729	234264	89644	69758	9267	612179
亏损企业亏损额	147282	111111	1183	1466	2176	17790
利税总额	1997849	269172	117744	100621	20604	1003692
本年应付工资总额	727893	420165	14634	21648	9145	96472
本年应交增值税	467849	24301	24653	25575	5543	327035
从业人员年平均人数(人)	167695	82837	5444	7759	3233	25612

12-4 续表

指 标	集安市	通化县	辉南县	柳河县
企业单位数(个)	55	105	67	87
工业总产值(当年价格)	813160	1944825	936841	1755634
工业增加值(当年价格)	348231	662010	282637	575990
资产总计	925911	1306825	664041	837675
流动资产合计	602541	730657	400482	470885
应收帐款净额	61114	130421	99008	101920
存 货	255165	155172	81912	105303
#产成品	77664	68647	30042	77719
固定资产合计	191668	297733	164140	203576
负债合计	474069	627589	379591	413233
主营业务收入	725515	1525175	762816	1701939
利润总额	53704	146068	21445	130399
亏损企业亏损额	3364	700	9111	381
利税总额	75053	178790	37203	194971
本年应付工资总额	22360	37542	34948	70979
本年应交增值税	13744	16485	12982	17532
从业人员年平均人数(人)	7607	12856	7741	14606

12-5 2015年规模以上

分组	企业单位数(个)	亏损企业	工业总产值(当年价格)	工业销售产值(当年价格)	出口交货值	资产总计
总计	**596**	**28**	**21450859**	**20762983**	**268789**	**13077683**
一、按登记注册类型分组						
内资企业	574	25	20231772	19609214	268774	12499406
国有企业	7	2	46242	47742		136338
中央企业	1		3829	4380		2895
地方企业	6	2	42414	43362		133442
集体企业	11	2	126813	123215		61699
股份合作企业	1		39113	38424		689
有限责任公司	229	13	4490645	4336826	6609	2558791
股份有限公司	66	4	9432275	9154181	70567	7722933
私营企业	258	4	6074576	5887758	191598	2011840
其他企业	2		22108	21067		7116
港、澳、台商投资企业	5		363204	358065		129375
外商投资企业	17	3	855883	795705	15	448903
二、按经济组织类型分组						
独资企业	38	5	942783	910159		578777
国有企业	7	2	46242	47742		136338
集体企业	11	2	126813	123215		61699
私营独资企业	9		269997	266471		64335
港澳台商独资经营企业	1		13118	13118		3106
外资企业	10	1	486613	459612		313300
合作、合伙企业	6		93364	91422		16014
股份有限公司	80	4	10492928	10197070	70599	7874246
股份有限公司(内资)	66	4	9432275	9154181	70567	7722933
私营股份有限公司	14		1060653	1042889	32	151313
港澳台商投资股份有限公司						
有限责任公司	472	19	9921783	9564333	198190	4608646
国有独资公司	5	2	77031	75860	53	235498
私营有限责任公司	233	4	4724219	4558903	191566	1791584
合资经营企业(港或澳、台资)	4		350085	344946		126269
中外合资经营企业	6	2	356835	323658	15	132002
其他有限责任公司	224	11	4413613	4260966	6556	2323293
三、在总计中						
亏损企业	28	28	1005318	977738	65112	3165609
国有控股企业	25	6	1309700	1311106	64957	3272905
农村工业	9	1	163613	153148		80286
轻工业	321	9	15420489	14838640	200931	7529529
重工业	275	19	6030370	5924343	67859	5548154
大型企业	7	1	7317231	7115858	70112	5759297
中型企业	53	9	4175374	4070303	22699	2888053
小型企业	536	18	9958254	9576822	175979	4430334

工业企业主要经济指标

单位：万元

流动资产合计	应收账款	存货	产成品	固定资产合计	固定资产原价	累计折旧	负债合计	流动负债合计	应付账款
6183300	**1514610**	**1493235**	**684071**	**4116989**	**7191489**	**3309565**	**6648710**	**5571889**	**1537251**
5928978	1490092	1449805	668298	3961589	6820567	3072517	6431126	5381331	1519273
33297	6514	5872	3092	75539	106666	35807	123946	47495	8547
2407	886	1270	1148	488	1004	519	2795	2795	2024
30889	5628	4603	1944	75051	105662	35288	121151	44700	6523
37104	20938	4985	2249	22850	52956	30623	34269	28211	9707
616	264	269	172	73	676	603	456	456	200
1263945	298529	360940	138402	861028	1505372	723260	1369783	1088711	132339
3581301	954137	696247	339416	2263784	4227528	1993815	4044767	3465499	1262043
1009367	208804	380669	184695	736733	925263	287886	854677	748114	106333
3349	907	824	273	1583	2105	523	3228	2845	106
43985	7141	10307	5727	48602	228445	189352	49638	31008	1666
210336	17376	33123	10045	106797	142477	47696	167946	159550	16312
224320	40882	35977	14613	190670	273272	100628	302277	210653	34709
33297	6514	5872	3092	75539	106666	35807	123946	47495	8547
37104	20938	4985	2249	22850	52956	30623	34269	28211	9707
32586	7182	1939	1269	17303	26836	10244	19811	17641	7302
735	23			825	902	180	73	73	
120598	6226	23181	8003	74153	85911	23774	124177	117233	9153
7438	2024	1749	847	4955	21627	16672	7915	6119	307
3678631	990647	720319	348064	2315669	4303051	2024238	4103069	3519095	1270687
3581301	954137	696247	339416	2263784	4227528	1993815	4044767	3465499	1262043
97331	36509	24071	8648	51885	75523	30422	58302	53596	8644
2272911	481057	735190	320547	1605695	2593540	1168028	2235450	1836022	231549
97330	36252	8366	630	103120	287008	188290	327732	292419	6498
877080	164551	354499	174720	665416	819760	246206	773746	674059	90385
43250	7119	10307	5727	47777	227543	189173	49565	30936	1666
88636	10859	9444	1699	31474	40864	9390	42356	42316	7159
1166615	262277	352574	137771	757907	1218364	534970	1042051	796293	125841
859890	81646	270534	36994	1521532	2436857	924511	2808941	2540544	1108887
697983	95464	144713	19176	1778802	2978395	1213929	2961039	2563974	1112385
55213	15595	10674	9001	13953	20663	8948	25476	20779	11788
4404129	1137460	1165428	577677	1651460	3115399	1607111	2814814	2370119	277654
1779171	377150	327807	106393	2465529	4076091	1702455	3833896	3201770	1259598
2584147	698519	516684	273915	1893270	3259011	1426053	3111801	2842150	1156966
1328823	348607	292327	125897	930404	1745896	864460	1547649	1153747	114008
2270330	467484	684223	284259	1293315	2186582	1019053	1989260	1575991	266277

12-5 续表 1

分　组	所有者权益合计					
		实收资本	国家资本	集体资本	法人资本	个人资本
总　　计	**6413024**	**2746559**	**208642**	**24011**	**1711988**	**766579**
一、按登记注册类型分组:						
内资企业	6052331	2617414	208642	24011	1660075	722954
国有企业	12391	13001	12299		703	
中央企业	100	528			528	
地方企业	12291	12473	12299		175	
集体企业	27430	4344		3444	100	800
股份合作企业	233	1000			1000	
有限责任公司	1177135	427767	23752	8134	199134	196747
股份有限公司	3678166	1865772	171041	8967	1352883	331149
私营企业	1153087	305260	1550	3466	106256	193988
其他企业	3888	270				270
港、澳、台商投资企业	79736	32247			1927	24976
外商投资企业	280957	96897			49986	18649
二、按经济组织类型分组						
独资企业	276501	76522	12299	3444	36586	3708
国有企业	12391	13001	12299		703	
集体企业	27430	4344		3444	100	800
私营独资企业	44524	3106			198	2908
港澳台商独资经营企业	3033	400				
外资企业	189123	55671			35585	
合作、合伙企业	8100	3320			2000	1320
股份有限公司	3771176	1899800	171041	8967	1369593	348468
股份有限公司(内资)	3678166	1865772	171041	8967	1352883	331149
私营股份有限公司	93010	34028			16710	17318
港澳台商投资股份有限公司						
有限责任公司	2357248	766916	25302	11600	303809	413083
国有独资公司	-92235	11400	9621		1780	
私营有限责任公司	1013763	267075	1550	3466	89348	172712
合资经营企业(港或澳、台资)	76703	31847			1927	24976
中外合资经营企业	89646	40226			13401	18649
其他有限责任公司	1269369	416367	14132	8134	197355	196747
三、在总计中						
亏损企业	356667	978718	13963	3840	930053	21698
国有控股企业	311866	1082698	203655	35	877206	1802
农村工业	54811	10338		472	2011	7855
轻工业	4713966	1215461	15565	5009	652070	514147
重工业	1699058	1531098	193077	19001	1059918	252432
大型企业	2647496	1261271	270	878	1143030	117093
中型企业	1340404	581364	194834	11201	187938	176950
小型企业	2425125	903924	13538	11932	381020	472536

单位：万元

港澳台资本	外商资本	营业收入	主营业务收入	营业成本	主营业务成本	营业税金及附加	主营业务税金及附加	其他业务收入	其他业务利润
14064	**21275**	**19900833**	**19840255**	**15082902**	**14991509**	**163271**	**163076**	**60578**	**2241**
3	1729	18846054	18787224	14498508	14408414	150017	149822	58830	1858
		40390	35230	31071	29661	554	554	5160	
		3651	3651	3187	3187	7	7		
		36738	31579	27884	26474	547	547	5160	
		104429	104334	94486	94486	875	875	95	
		38424	38424	30662	30662	915	915		
		3955317	3935406	3002699	2936483	38396	38372	19911	3594
3	1729	9111983	9082983	6602834	6581654	23827	23659	29000	-1736
		5573445	5568784	4717046	4715758	85441	85438	4661	
		22065	22062	19710	19710	10	10	4	
5344		278143	278139	164404	164404	1379	1379	4	
8717	19546	776636	774893	419990	418691	11874	11874	1744	382
9117	11369	890071	883135	633992	631283	14833	14830	6936	382
		40390	35230	31071	29661	554	554	5160	
		104429	104334	94486	94486	875	875	95	
		265938	265938	233069	233069	2380	2377		
400		12994	12994	11495	11495	67	67		
8717	11369	466320	464640	263872	262574	10957	10957	1681	382
		88982	88979	73229	73229	1272	1272	4	
3	1729	10083768	10054768	7410378	7389197	27711	27543	29000	-1736
3	1729	9111983	9082983	6602834	6581654	23827	23659	29000	-1736
		971784	971784	807544	807544	3885	3885		
4944	8177	8838013	8813374	6965303	6897799	119455	119431	24639	3594
		98326	85656	104184	80901	890	866	12671	
		4316228	4311567	3660951	3659663	78844	78844	4661	
4944		265150	265145	152909	152909	1313	1313	4	
	8177	301319	301256	148744	148744	902	902	63	
		3856990	3849750	2898516	2855582	37506	37506	7240	3594
	9164	995191	962895	1050834	1009732	3433	3404	32296	-2109
		1374430	1340964	1392181	1349832	3401	3360	33465	-1421
		151818	151482	131691	131353	1545	1545	335	
13664	15005	14250617	14234447	10024888	10020653	111734	111721	16170	862
400	6270	5650216	5605808	5058014	4970855	51537	51355	44408	1378
		7185694	7171670	5094202	5078053	13334	13329	14024	-2127
8717	1725	3959763	3924291	2830803	2762845	35405	35369	35473	788
5347	19550	8755375	8744294	7157897	7150611	114532	114378	11082	3580

12-5 续表 2

分组	管理费用	税金	财务费用	利息支出	营业利润	投资收益
总计	**872076**	**48817**	**181525**	**119595**	**1645575**	**62423**
一、按登记注册类型分组						
内资企业	788279	46952	173590	115094	1354546	12298
国有企业	6184	33	969	722	1333	
中央企业	352	1	1		9	
地方企业	5832	32	968	722	1324	
集体企业	3941	15	267	290	4027	
股份合作企业	1137	11	1276		3001	
有限责任公司	238675	30169	44951	25006	320783	4013
股份有限公司	433350	8554	69644	57355	522896	8285
私营企业	104888	8170	56388	31626	500408	
其他企业	104		96	96	2098	
港、澳、台商投资企业	16073	141	3646	3603	72096	
外商投资企业	67725	1724	4290	898	218933	50125
二、按经济组织类型分组						
独资企业	40577	1710	5822	2027	213242	50125
国有企业	6184	33	969	722	1333	
集体企业	3941	15	267	290	4027	
私营独资企业	5165	205	2558	479	18947	
港澳台商独资经营企业	253	2	2	2	1131	
外资企业	25035	1455	2028	534	187803	50125
合作、合伙企业	2476	48	1720	96	7789	
股份有限公司	441935	8755	74244	59301	665235	8285
股份有限公司(内资)	433350	8554	69644	57355	522896	8285
私营股份有限公司	8585	201	4599	1946	142339	
港澳台商投资股份有限公司						
有限责任公司	387088	38305	99739	58172	759309	4013
国有独资公司	8348	336	3399	3377	-18667	
私营有限责任公司	90501	7728	48899	29201	336888	
合资经营企业(港或澳、台资)	15820	139	3643	3601	70965	
中外合资经营企业	42092	269	2246	363	30674	
其他有限责任公司	230327	29832	41552	21630	339449	4013
三、在总计中						
亏损企业	**57351**	**6286**	**22940**	**17351**	**-160956**	**-539**
国有控股企业	47085	5812	30573	27131	-107410	-380
农村工业	3369	40	2514	283	10026	7
轻工业	712452	35660	105372	74597	1440057	60224
重工业	159624	13157	76153	44998	205518	2198
大型企业	368723	6521	41329	34244	308769	4647
中型企业	240104	30707	58172	46372	545321	55114
小型企业	263249	11589	82024	38979	791485	2662

单位：万元

营业外收入	政府补助	营业外支出	利润总额	应交所得税	亏损企业亏损总额	利税总额	本年应付职工薪酬	本年应交增值税	从业人员平均人数(人)
-236045	**66223**	**42801**	**1366729**	**128291**	**147282**	**1997849**	**727893**	**467849**	**167695**
-183094	33149	29468	1141984	77497	144283	1696667	709470	404666	163597
879	80	197	2016		1262	3386	8547	816	2561
1			10			90	629	73	115
878	80	197	2005		1262	3296	7918	744	2446
-541			3486	34	2851	6201	7357	1840	2029
			3001			3941	231	25	60
-25762	8476	6290	288731	16913	28928	432694	114117	105567	30919
-34476	16075	8674	479746	47972	110511	653979	469610	150406	99018
-123195	8518	14306	362907	12578	731	594288	109416	145941	28927
			2098			2179	191	71	83
-49516		1525	21055	283		27463	3577	5029	759
-3435	33074	11808	203690	50511	2999	273718	14846	58154	3339
4060	33154	11750	205552	52481	4258	266888	34274	46504	8716
879	80	197	2016		1262	3386	8547	816	2561
-541			3486	34	2851	6201	7357	1840	2029
-4267		96	14584	1653		20912	8123	3949	1821
			1131	283		1259	127	61	81
7989	33074	11456	184336	50511	144	235130	10121	39838	2224
			7789	543		9475	1039	413	315
-90799	16397	16383	558054	48988	110511	804542	476959	218777	100859
-34476	16075	8674	479746	47972	110511	653979	469610	150406	99018
-56323	322	7708	78308	1016		150563	7349	68371	1841
-149306	16672	14669	595334	26278	32513	916944	215620	202156	57805
5326	2666	1056	-14397		17421	-8413	33130	5094	6705
-62605	8196	6502	267781	9365	731	420083	93444	73458	25148
-49516		1525	19924			26205	3450	4968	678
-11424		352	18898		2854	37963	4610	18163	1060
-31087	5810	5234	303128	16913	11506	441107	80987	100473	24214
14542	**12014**	**867**	**-147282**	**-6**	**147282**	**-135676**	**135448**	**8173**	**24315**
7829	15847	3964	-103544	-113	131192	-75115	147118	25028	25731
147		5	10167	563	44	12802	3410	1090	807
-210165	40976	35222	1194671	111877	6638	1682060	478023	375656	113132
-25880	25247	7579	172059	16414	140645	315789	249869	92193	54563
12725	10289	5345	316150	33489	106934	365934	429484	36451	88274
-80134	50232	24770	440418	67830	31638	713219	140296	237396	32379
-168636	5702	12686	610162	26971	8710	918695	158113	194002	47042

12-6 2015年工业企业

分组	企业单位数(个)	亏损企业	工业总产值(当年价格)	工业销售产值(当年价格)	出口交货值	资产总计
总计	**596**	**28**	**21450859**	**20762983**	**268789**	**13077683**
煤炭开采和洗选业	14	3	267736	265059		225242
石油和天然气开采业						
黑色金属矿采选业	33	1	498317	489004		170472
有色金属矿采选业	9		246296	236537		140571
非金属矿采选业	11		130438	128214		45374
开采辅助活动	1		19274	19274		18377
其他采矿业						
农副食品加工业	108		2249142	2170849	188552	648183
食品制造业	18	1	318345	306003	15	165177
酒、饮料和精制茶制造业	35	1	1006345	968954	100	702118
烟草制品业						
纺织业						
纺织服装、服饰业	1		7757	7757		3955
皮革、毛皮、羽毛及其制品和制鞋业	2	1	29756	29317		10317
木材加工和木、竹、藤、棕、草制品业	15	2	222851	217823		49821
家具制造业	10	1	170807	160171	6190	79036
造纸和纸制品业	9		80752	79547		40289
印刷和记录媒介复制业	9		94092	89402		56917
文教、工美、体育和娱乐用品制造业	1		98170	86748		14886
石油加工、炼焦和核燃料加工业	2		73510	73510		17271
化学原料和化学制品制造业	22	2	554550	515135	243	390268
医药制造业	108	3	11115602	10735241	6074	5635404
化学纤维制造业						
橡胶和塑料制品业	14	1	169316	156184		119900
非金属矿物制品业	62	4	1305552	1272262	2659	501666
黑色金属冶炼和压延加工业	11	3	1241063	1235848	64904	2680913
有色金属冶炼和压延加工业	4		55433	54255		64402
金属制品业	17		347582	345917		156768
通用设备制造业	9	1	79148	79357		70050
专用设备制造业	19	1	363169	353472		161342
汽车制造业	10		103732	99562		32553
铁路、船舶、航空航天和其他运输设备制造业	2		12220	12351		12297
电气机械和器材制造业	7	1	125669	120862		48064
计算机、通信和其他电子设备制造业	2		25242	24098		10104
仪器仪表制造业	2		24654	23055		3381
其他制造业	3		29982	28905		8750
废弃资源综合利用业	2		65072	65072		55070
金属制品、机械和设备修理业	1		4605	4605		861
电力、热力生产和供应业	18		297047	291001	53	617573
燃气生产和供应业	3	1	5168	5168		40788
水的生产和供应业	2	1	12464	12464		79527

主要经济指标

单位：万元

流动资产合计	应收账款	存货	产成品	固定资产合计	固定资产原价	累计折旧	负债合计	流动负债合计	应付账款
6183300	**1514610**	**1493235**	**684071**	**4116989**	**7191489**	**3309565**	**6648710**	**5571889**	**1537251**
91502	20954	7002	3695	75586	164979	97545	268882	240931	13247
92228	17412	14770	5376	44296	64701	24801	78106	55357	6090
40566	6645	5447	4154	54490	73662	20779	54301	46938	6020
35862	3910	13233	10163	8133	15149	8163	23632	22349	2870
11222	403	2315	2315	7155			9557		
324839	53890	114292	61299	187719	224306	51381	311119	264360	20127
75101	17134	38670	13488	67987	258342	191438	57876	41545	4138
382334	54459	195646	92585	286950	344829	123412	322945	311171	19926
3513	231	456		443	2298	1855	50	50	23
2688	631	694	511	2751	3508	757	371	371	301
24341	5021	6748	2262	12153	14174	2126	19165	12171	710
32334	10464	19755	10080	43965	51165	7606	36045	30428	6158
11861	2599	4722	2732	16941	22233	6361	20336	16252	1932
26575	13565	5751	2362	24652	57548	32954	31867	30066	9689
3515	26	746		5780	6823	1044	7661	7661	
7895	641	188	188	5947	8628	2681	1064		
154390	22252	30029	18974	72538	104561	35147	131639	63559	12196
3491756	968261	776306	390821	927761	2029558	1157752	1930703	1628651	208578
82106	10536	5456	3442	14674	42951	28310	88494	80701	11501
209416	69917	40193	19939	174848	285562	123047	190148	155954	40436
585255	56091	137432	19232	1392687	2184725	797403	2331426	2142070	1088962
25985	10921	1532	830	38417	58953	20542	32921	11880	2874
44322	6116	8175	2629	87004	59948	15235	42141	17021	695
39775	20243	7290	4097	8176	14487	6593	32480	15086	9383
88951	40824	15447	5141	62265	137388	75662	77154	55057	11449
18517	4977	3728	1818	11289	16155	5010	13569	11734	6492
9766	2931	5169	1148	1261	2080	823	10453	9016	2168
19219	9898	6659	3585	27076	115474	92612	18032	17101	1588
3464	457	1995	189	1176	1390	213	3401	3251	101
1635	468	250		1078	1408	330	518	176	170
6917	3732	906	761	968	2061	1093	4213	4151	1614
44095	9494			3441	5540	2415	1205	1205	
549	129	105	79	265	442	177	317	317	108
168606	60875	20063	102	380192	728497	348830	418884	259411	45042
18106	7901	1970	53	18207	22338	8561	27010	8070	1873
4096	605	94	24	48721	65628	16908	51024	7827	789

12-6 续表 1

分组	所有者权益合计					
		实收资本	国家资本	集体资本	法人资本	个人资本
总　计	**6413024**	**2746559**	**208642**	**24011**	**1711988**	**766579**
煤炭开采和洗选业	-47139	28412	16121	982	5969	5340
石油和天然气开采业						
黑色金属矿采选业	92055	29310		130	3042	26138
有色金属矿采选业	86270	36649			8021	28628
非金属矿采选业	21742	8257		32	700	7525
开采辅助活动	8820	900				900
其他采矿业						
农副食品加工业	337063	130021	11228	700	40213	77880
食品制造业	107301	34144			21512	12195
酒、饮料和精制茶制造业	379173	96413	5	5	53987	33700
烟草制品业						
纺织业						
纺织服装、服饰业	3905	3500				3500
皮革、毛皮、羽毛及其制品和制鞋业	9946	1175				1175
木材加工和木、竹、藤、棕、草制品业	20263	14204	800			13404
家具制造业	42991	12244			4100	5250
造纸和纸制品业	19205	13216			10704	2512
印刷和记录媒介复制业	25051	6450			2950	3500
文教、工美、体育和娱乐用品制造业	7225	3500			700	2800
石油加工、炼焦和核燃料加工业	16207	5100			100	5000
化学原料和化学制品制造业	257631	90242	2903	480	51241	35618
医药制造业	3704700	879118	822	4304	494068	363303
化学纤维制造业						
橡胶和塑料制品业	31405	18784		50	13078	5656
非金属矿物制品业	311517	116836	2140	15177	48611	50908
黑色金属冶炼和压延加工业	349487	887144		115	872330	8429
有色金属冶炼和压延加工业	31481	9798			8598	1200
金属制品业	114628	49139			20931	28208
通用设备制造业	37570	12036			5916	6119
专用设备制造业	84188	30432			23097	7335
汽车制造业	18984	8694		686	700	7308
铁路、船舶、航空航天和其他运输设备制造业	1843	928			528	400
电气机械和器材制造业	30033	13707			8827	4880
计算机、通信和其他电子设备制造业	6703	2969	400		1869	700
仪器仪表制造业	2863	2800			2300	500
其他制造业	4537	2651				2651
废弃资源综合利用业	53865	3848	270	878	300	2400
金属制品、机械和设备修理业	544	472		472		
电力、热力生产和供应业	198689	186407	168692		7597	9717
燃气生产和供应业	13778	3795	1995			1800
水的生产和供应业	28503	3265	3265			

单位：万元

港澳台资本	外商资本	营业收入	主营业务收入	营业成本	主营业务成本	营业税金及附加	主营业务税金及附加	其他业务收入	其他业务利润
14064	**21275**	**19900833**	**19840255**	**15082902**	**14991509**	**163271**	**163076**	**60578**	**2241**
		281342	268255	266308	242969	3595	3571	13087	
		477452	477452	412592	412592	7448	7448		
		244982	244982	196753	156753	3853	3853		
		124917	124917	104078	104078	2312	2312		
		14654	14654	13626	13626	118	118		
		2111914	2111294	1800589	1798686	30184	30171	620	349
	437	242622	242099	202619	202619	1068	1068	523	
8717		962143	961224	772373	771642	39612	39612	920	189
		7757	7757	6745	6745	16	16		
		30638	30638	21499	21499	374	374		
		207897	207897	180872	180872	3647	3647		
	2894	136108	136100	116591	116586	1602	1602	8	3
		79813	79813	70074	70074	938	938		
		76380	76380	64387	64387	313	313		
		88748	88748	73054	73054				
		66672	66672	61752	61752				
		486998	486842	385374	385373	3804	3804	156	
4947	11674	10319356	10308087	6737411	6736463	35196	35196	11269	321
		168794	168794	141727	141727	353	350		
		1194010	1193574	1025905	1025517	13491	13491	435	50
	6270	1280783	1266424	1303223	1286819	1348	1343	14359	-2112
		48101	48101	38366	38366	407	407		
		300100	300100	270624	270624	4796	4796		
		67639	67636	56296	56296	473	473	3	
		254537	254511	216857	216841	2971	2971	27	
		86000	85997	74113	74113	1043	1043	4	
		11623	11623	10683	10683	7	7		
		99407	99125	84308	84282	1623	1623	282	
		25834	25834	22298	22298	24	24		
		24042	24042	19569	19569	140	140		
		24116	24116	21937	21671	274	274		
		63918	63918	56887	56887	81	81		
		4605	4605	4342	4342	18	18		
400		254865	246334	225159	221301	1891	1740	8531	342
		17132	9325	13403	10252	28	28	7807	3099
		14935	12385	10508	10151	225	225	2549	

12-6 续表 2

分组	管理费用	税金	财务费用	利息支出	营业利润	投资收益
总计	**872076**	**48817**	**181525**	**119595**	**1645575**	**62423**
煤炭开采和洗选业	11549	396	1789	1794	-3759	2240
石油和天然气开采业						
黑色金属矿采选业	12317	138	6288	1049	29856	
有色金属矿采选业	10943	1077	4697	835	18304	
非金属矿采选业	3931	211	2195	706	9147	
开采辅助活动	591		2		108	
其他采矿业						
农副食品加工业	43641	5319	23206	15173	172707	
食品制造业	7133	134	1928	622	22901	9
酒、饮料和精制茶制造业	20796	1872	16908	10944	82377	-175
烟草制品业						
纺织业						
纺织服装、服饰业	152		6		614	
皮革、毛皮、羽毛及其制品和制鞋业	2174	102	191	86	3927	
木材加工和木、竹、藤、棕、草制品业	3769	16	2349	151	13606	
家具制造业	3682	220	2164	1511	8125	
造纸和纸制品业	2054	121	658	349	5378	
印刷和记录媒介复制业	2801	0	363	201	5964	
文教、工美、体育和娱乐用品制造业	1337	100	178	168	13208	
石油加工、炼焦和核燃料加工业	301		199		4291	
化学原料和化学制品制造业	20320	2668	9983	9480	49795	2
医药制造业	618803	27296	58458	44696	1114295	60390
化学纤维制造业						
橡胶和塑料制品业	4325	536	706	228	19109	
非金属矿物制品业	27242	1100	8888	3336	90358	7
黑色金属冶炼和压延加工业	31508	5471	17165	11530	-82203	-380
有色金属冶炼和压延加工业	2228	4	494	70	3573	
金属制品业	4760	707	1882	320	15251	
通用设备制造业	4914	105	1172	986	957	15
专用设备制造业	6952	49	2789	613	19302	
汽车制造业	3464	502	1386	296	4191	
铁路、船舶、航空航天和其他运输设备制造业	386	1	11		422	
电气机械和器材制造业	2811	45	1318	741	7125	
计算机、通信和其他电子设备制造业	350	5	39		2742	
仪器仪表制造业	822		16		880	
其他制造业	505	2	9		1254	
废弃资源综合利用业	558	20	168		5644	
金属制品、机械和设备修理业	10		7		146	
电力、热力生产和供应业	9302	530	13236	13316	4636	315
燃气生产和供应业	1980	43	596	315	1073	
水的生产和供应业	3667	27	81	81	270	

单位：万元

营业外收入	补贴收入	营业外支出	利润总额	应交所得税	亏损企业亏损总额	利税总额	本年应付职工薪酬	本年应交增值税	从业人员平均人数(人)
-236045	**66223**	**42801**	**1366729**	**128291**	**147282**	**1997849**	**727893**	**467849**	**167695**
355	1829	1026	-4431	1570	19052	6817	37279	7653	7840
270		11	30115	555	406	39331	12297	1768	3644
			18304	4942		23761	7298	1603	2402
		59	9088	500		12327	5415	927	1325
			108			431		205	124
-34723	1157	4454	133530	3448		206600	37319	42886	9964
215		31	23085	730	44	27396	4381	3243	1446
-30933	127	2360	49084	1630	2914	105520	28679	16824	7178
1		1	614			712	860	82	201
-1318		171	2438	623	55	5554	2926	2742	401
			13606	453	146	17740	2920	487	905
882	40	86	8921		144	11684	4635	1162	1402
-151		41	5185			6764	2988	640	1020
1		0	5965	542		7993	1884	1715	620
-5845		337	7026			11499	858	4473	252
			4291			5897	612	1607	141
-18943		1226	29627	2402	1243	51403	9004	17972	2708
-138362	39652	27730	948203	104724	2220	1282204	385998	298805	87819
-6387			12722	490	294	19272	3549	6197	1320
-14372	1923	384	75602	1271	2240	111650	31162	22556	8835
-2099	9989	3967	-88270	2621	114586	-76099	88750	10823	13873
20	20	2	3591			4768	1251	770	488
			15251	185		21879	10636	1832	1392
386	90	12	1330	130	1615	3461	2845	1658	965
398	367	16	19684		21	27114	6187	4458	2007
			4191	380		5895	2156	661	709
1			424			518	1130	87	151
31	3	45	7111	15	1039	10059	1792	1325	533
			2742			2794	644	28	300
			880	134		1449	742	429	314
3		3	1254	30		1755	356	226	217
			5644			6802	1341	1077	1231
			146			182	96	17	40
14219	10945	663	18192	428		30426	23612	10343	4148
242	80	167	1148	488	779	1267	2853	91	804
65		7	328		483	1028	3440	475	976

12-7 规模以上工业主要产品产量

产品名称	计量单位	2015年	2014年	2015年比2014年增长(%)
原煤	吨	2000461	2299459	-13.0
洗煤	吨	1657244	1995890	-17.0
铁矿石原矿量	吨	1106043	2164837	-48.9
发电量	万千瓦小时	387663	395466	-2.0
火电	万千瓦小时	332203	340098	-2.3
水电	万千瓦小时	42521	42666	-0.3
大米	吨	1170096	1014522	15.3
精制食用植物油	吨	27036	34143	-20.8
鲜冷藏冻肉	吨	385164	342770	12.4
配合饲料	吨	63168	51569	22.5
发酵酒精(折96度，商品量)	千升	608980	527175	15.5
饮料酒	千升	470321	403042	16.7
白酒(折65度，商品量)	千升	117162	97548	20.1
啤酒	千升	256915	220074	16.7
葡萄酒	千升	89947	85420	5.3
纱	吨		3404	-100.0
实木地板(木地板)	平方米		22264	-100.0
家具	件	323850	884111	-63.4
机制纸及纸板	吨	106159	61554	72.5
纸制品	吨	67861	59581	13.9
瓦楞纸箱(纸箱)	吨	33400	29680	12.5
焦炭	吨	1672629	1871294	-10.6
煤气生产量(煤气)	万立方米	757589	885687	-14.5
合成氨	吨	62027	17343	257.6
农用氮、磷、钾化学肥料总计	吨	44016	11843	271.7
氮肥(折含N100%)	吨	44016	11843	271.7
尿素	吨	44016	11843	271.7
化学药品原药(化学原料药)	吨	106	125	-15.2
中成药	吨	170689	154742	10.3
塑料制品	吨	67363	74403	-9.5
水泥熟料	吨	650135	875166	-25.7
水泥	吨	2506690	2793435	-10.3
砖(折标准砖)	万块	103118	84886	21.5
耐火材料制品	吨	246031	198959	23.7
石墨及碳素制品	吨	94301	117132	-19.5
生铁	吨	3840965	4439456	-13.5
粗钢	吨	3698764	4391172	-15.8
钢材	吨	3753920	4384897	-14.4
大型型钢	吨	2191	12900	-83.0
中小型型钢	吨			
棒材	吨	662642	724063	-8.5
钢筋	吨	792024	814017	-2.7
盘条(线材)	吨	73284	65400	12.1
热扎薄宽钢带	吨	421112	675960	-37.7
热扎窄钢带	吨			
无缝钢管	吨	220012	158533	38.8
铁合金	吨	8883	6799	30.7
工业锅炉	蒸发量吨	690	704	-2.0
起重设备	吨		2020	-100.0
输送机械	吨	3217	3898	-17.5
采矿设备(矿山设备)	台	876	818	7.1
交流电动机	千瓦		35590	-100.0
变压器	千伏安	66925	261255	-74.4

13. 建 筑 业

13-1 建筑施工企业概况

年 份	施工企业	国有及国有控股	国有经济	城镇集体	其他
企业单位数(个)					
1997	98		43	54	1
1998	91	40	40	48	3
1999	86	36	36	48	2
2000	89	38	36	45	8
2001	94	41	39	43	12
2002	105	45	41	29	35
2003	77	28	26	18	33
2004	100	40	34	16	50
2005	94	32	28	16	50
2006	90	23	21	16	53
2007	87	18	15	15	57
2008	98	17	12	13	73
2009	94	16	14	12	68
2010	94	16	14	11	69
2011	97	15	13	12	72
2012	117	17	14	12	97
2013	123	16	13	11	99
2014	140	14	11	7	122
2015	139	12	9	6	124
从业人员（人）					
1997	22343		15655	5990	698
1998	17811	11818	11818	5063	930
1999	17572	11560	11560	5274	738
2000	22566	14682	11636	6997	3933
2001	31242	17526	145052	11704	5036
2002	25632	16018	11860	4548	9224
2003	22350	14521	11496	2000	8854
2004	25391	15395	12359	3258	9774
2005	29438	14957	10666	3237	15535
2006	29436	8223	8180	2804	16392
2007	20231	3507	3454	2889	13888
2008	22467	3377	3017	2927	16523
2009	16820	3325	3019	1992	11809
2010	15075	2319	2054	839	12182
2011	20125	2463	2200	2580	15345
2012	28802	5211	4879	378	23545
2013	42058	3909	3084	2176	36798
2014	45087	2209	2012	1223	41852
2015	35447	1780	1648	613	33186
总产值(万元)					
1997	64776		48405	13434	2937
1998	69033	48552	48552	17492	2989
1999	88419	66478	66478	18979	2962
2000	95407	65511	44504	26867	24036
2001	155442	116227	90572	27159	37711
2002	179460	119558	88429	23777	67254
2003	176769	110868	74125	12495	90149
2004	216924	142598	74844	12025	130055
2005	271628	160636	98594	17255	155779
2006	497844	79955	79145	29042	389657
2007	675490	40828	39415	50433	585642
2008	868998	54779	49519	46568	772911
2009	1089508	89912	83634	114857	891017
2010	1382778	104804	102647	44703	1235428
2011	1489695	143342	137990	97569	1254136
2012	1849082	194795	176980	83019	1589083
2013	2247294	110761	66696	32666	2147932
2014	2529118	97294	76394	40629	2412094
2015	1774767	71924	69566	22433	1682768

13-2 建筑业企业

指 标	建筑业企业个数(个)	建筑业总产值(万元)	#装饰装修产值	#在外省完成的产值	按构成分		
					1.建筑工程产值	2.安装工程产值	3.其他产值
总 计	**139**	**1774767**	**12677**	**50434**	**1543608**	**173561**	**57598**
#国有及国有控股企业	12	71924		1700	63907	6317	1700
一、按登记注册类型分组							
内资企业	139	1774767	12677	50434	1543608	173561	57598
国有企业	9	69566		1700	62843	5023	1700
集体企业	6	22433	2548		9869	12564	
有限责任公司	87	1056465	1981	137	900222	100350	55893
股份有限公司	9	198330			160030	38300	
私营企业	25	366428	8147	48597	352643	13780	5
其他企业	3	61545			58000	3545	
二、按国民经济行业分组							
房屋建筑业	69	1034392	11860	1700	987510	22333	24550
房屋建筑业	69	1034392	11860	1700	987510	22333	24550
土木工程建筑业	33	579465		48597	467095	79459	32911
铁路、道路、隧道和桥梁工程建筑	18	453413		48597	362049	78664	12700
水利和内河港口工程建筑	4	12065			12065		
工矿工程建筑	4	22010			1799		20211
架线和管道工程建筑	3	22127			21332	795	
其他土木工程建筑	4	69850			69850		
建筑安装业	21	154847		137	82992	71718	137
电气安装	3	13917		137		13780	137
管道和设备安装	10	45940			21642	24298	
其他建筑安装业	8	94990			61350	33640	
建筑装饰和其他建筑业	16	6063	816		6011	51	1
建筑装饰业	11	4068	816		4016	51	1
工程准备活动	5	1995			1995		
三、按隶属关系分组							
中央	1	2001		1700	301		1700
省(自治区、直辖市)	2	56999			56999		
地区(州、盟、省辖市)	32	393176	286		328627	51737	12812
县(区、市、旗)	42	421042	3472		329994	67838	23210
镇	1	26410			26410		
其他	61	875139	8919	48734	801276	53987	19876
四、按企业资质等级分组							
施工总承包	104	1649397	11955	50297	1480435	111501	57462
特级							
一级	6	380148		48597	380036		112
二级	15	319412	8000		296712		22700
三级及以下	83	949837	3955	1700	803686	111501	34650
专业承包	35	125370	721	137	63173	62060	137
一级							
二级	6	36088			32543	3545	
三级及以下	29	89282	721	137	30630	58515	137

生产情况指标

竣工产值（万元）	房屋建筑施工面积（平方米）	#本年新开工面积	房屋建筑竣工面积（平方米）	1.住宅房屋	2.商业及服务用房屋	3.厂房及建筑物	竣工房屋价值（万元）	1.住宅房屋	2.商业及服务用房屋	3.厂房及建筑物
1545689	**6689698**	**4701659**	**4112816**	**3354627**	**194462**	**120344**	**691688**	**555811**	**60324**	**37001**
66901	152155	149323	149323	124296			35272	31401		
1545689	6689698	4701659	4112816	3354627	194462	120344	691688	555811	60324	37001
64543	137944	137944	137944	124296			34208	31401		
15133	74710	74710	74710	62330	12380		13692	11216	2476	
912600	4272510	3323154	2183581	1884719	164971	65016	440934	343379	54525	26996
165627	629616	150406	514364	491635		11350	65689	61333		3292
334966	1449154	992235	1202217	791647	17111	43978	137165	108482	3323	6713
52821	125764	23210								
860245	6245585	4353971	3657519	3197067	187912	120344	620623	519281	36039	37001
860245	6245585	4353971	3657519	3197067	187912	120344	620623	519281	36039	37001
562235	90113	62036								
453413										
12045										
22010										
4917										
69850	90113	62036								
117244	316000	247652	455097	157560	6550		71050	36530	24285	
13837			290987				10235			
40917	42000	3652	48550	42000	6550		36815	12530	24285	
62490	274000	244000	115560	115560			24000	24000		
5965	38000	38000	200				15			
3970			200				15			
1995	38000	38000								
2001	1852	1852	1852	1852			185	185		
24499	265000	235000	115560	115560			24000	24000		
357802	1004107	468385	778950	644118	17057	45916	126407	102724	3071	7890
387106	2035317	1518703	1085727	909724	147294	6666	182371	124234	50764	190
26410	176100		33546	33546			5032	5032		
747872	3207322	2477719	2097181	1649827	30111	67762	353694	299636	6489	28921
1442890	6599698	4650007	4056266	3304627	187912	120344	653923	542331	36039	37001
314945	915910	439843	588560	499337	17057	26116	91963	75213	3071	4990
268748	1024282	746876	487831	484931	2700		76638	76023	600	
859197	4659506	3463288	2979875	2320359	168155	94228	485322	391094	32368	32011
102799	90000	51652	56550	50000	6550		37765	13480	24285	
18548	10000	10000	8000	8000			950	950		
84251	80000	41652	48550	42000	6550		36815	12530	24285	

13-3 建筑业企业

指标名称	一、年初存货	二、年末资产负债(万元)					
		流动资产合计	应收工程款	存货	固定资产合计	固定资产原价	累计折旧
总计	**89794**	**700750**	**306677**	**78587**	**129723**	**188991**	**75261**
#国有及国有控股企业	4839	47564	8168	5360	9742	14283	4738
一、按登记注册类型分组							
内资企业	89794	700750	306677	78587	129723	188991	75261
国有企业	4113	32259	7263	5311	5841	10355	4695
集体企业	1224	6241	3260	1222	1800	2919	1119
有限责任公司	51659	400099	167768	46312	58104	91335	40543
股份有限公司	13351	68875	21394	8961	13870	13934	5184
私营企业	19376	175040	89403	16688	49146	69439	23618
其他企业	71	18236	17590	92	962	1009	102
二、按国民经济行业分组							
房屋建筑业	55313	412107	172302	55418	32858	48917	17644
房屋建筑业	55313	412107	172302	55418	32858	48917	17644
土木工程建筑业	27949	227792	103417	17207	85424	125035	50280
铁路、道路、隧道和桥梁工程建筑	26302	155160	69014	14132	76826	110035	43739
水利和内河港口工程建筑	1165	6659	766	1241	2330	3278	948
工矿工程建筑	424	13680	6038	138	1801	2879	1134
架线和管道工程建筑	18	18815	9236	1635	2274	4745	2471
其他土木工程建筑	39	33478	18362	61	2193	4098	1990
建筑安装业	6103	55476	28047	5575	9584	12927	6986
电气安装	375	4607	3265	78	3277	609	305
管道和设备安装	2272	16745	4544	2573	1179	2155	1135
其他建筑安装业	3456	34124	20238	2925	5128	10163	5545
建筑装饰和其他建筑业	430	5376	2911	386	1858	2112	351
建筑装饰业	299	2248	1561	255	628	681	150
工程准备活动	131	3127	1350	131	1230	1431	201
三、按隶属关系分组							
中央	386	1778	894	386	888	1654	947
省(自治区、直辖市)	1381	29496	18074	1696	4126	9842	5717
地区(州、盟、省辖市)	31881	192269	80137	33110	31234	57376	31551
县(区、市、旗)	17779	149444	49648	22215	19826	23722	4968
镇		19			126	129	3
其他	38368	327745	157924	21179	73524	96267	32076
四、按控股情况分							
国有控股	4839	47564	8168	5360	9742	14283	4738
集体控股	13710	94972	41474	11443	7927	14305	6487
私人控股	68784	518482	235961	59185	107519	150658	58625
其他	2461	39734	21073	2599	4536	9745	5411

财务状况指标

	二、年末资产负债(万元)										
#本年折旧	在建工程	资产合计	流动负债合计	应付账款	非流动负债合计	负债合计	所有者权益合计	#实收资本	#国家资本	#集体资本	#法人资本
8178	**10647**	**930851**	**466164**	**167909**	**43191**	**558021**	**372831**	**263989**	**21108**	**8905**	**44239**
548		100425	60470	10173	19459	83304	17121	16991	15736		1255
8178	10647	930851	466164	167909	43191	558021	372831	263989	21108	8905	44239
532		60616	43909	9882	3927	51211	9404	8576	7971		605
34		8291	6554	4365		6554	1737	1825		1825	
3615	5628	521049	250832	95425	38306	330624	190426	152437	13136	7080	28909
507	4850	89591	62258	16813	514	64040	25550	15586			6750
3428	169	228193	87081	26012	444	90062	138131	79952			7735
63		23112	15530	15412		15530	7582	5612			240
1687	303	458731	273671	113165	31668	324625	134105	90380	7115	3231	33632
1687	303	458731	273671	113165	31668	324625	134105	90380	7115	3231	33632
6137	9973	395630	157193	42937	8637	183979	211651	155874	12779	5530	6265
5543	9973	304481	110014	31291	7377	121668	182813	131536	2196	3080	1360
180		16662	8843	243	375	12593	4069	2623	623		1000
50		15481	4484	1073	50	4534	10946	8255	4850		3305
76		21436	15164	411	835	15999	5437	5104	654	2450	
287		37571	18688	9920		29185	8387	8355	4455		600
334	328	66672	32850	10071	2882	44550	22122	13117	1214	59	3374
105		8409	296	72		2522	5887	1740			140
35	159	18427	3975	1839	2882	13430	4997	2905	1214	59	727
194	169	39837	28580	8159		28598	11238	8472			2507
21	43	9819	2450	1736	5	4867	4952	4618		85	968
21	43	3077	1123	910	5	1143	1934	1783		85	968
		6742	1328	826		3724	3018	2834			
135		3096	2165	923		2165	931	729	729		
156		33621	27484	7540		27484	6137	6241			855
2755	5140	273358	157766	48259	22010	186350	87008	77923	8944	3828	16253
518		200768	112124	28518	10505	142490	58278	40128	6584	2010	9451
3		144	88			88	56	30			30
4612	5507	419864	166537	82669	10677	199444	220420	138938	4850	3067	17650
548		100425	60470	10173	19459	83304	17121	16991	15736		1255
205		105236	87380	25841		87380	17856	13909	21	5560	5480
7249	10445	678300	291514	122748	23432	352176	326124	223175	4850	3345	35376
176	202	46891	26801	9148	301	35161	11730	9914	500		2128

13-3 续表

指标名称	#个人资本	三、损益及分配（万元）					
		营业收入	主营业务收入	营业成本	主营业务成本	营业税金及附加	主营业务税金及附加
总计	**189737**	**1663269**	**1616518**	**1470887**	**1438853**	**64559**	**58416**
#国有及国有控股企业		66757	66697	59323	55096	2899	2898
一、按登记注册类型分组							
内资企业	189737	1663269	1616518	1470887	1438853	64559	58416
国有企业		64331	64272	57204	52978	2816	2816
集体企业		22683	21242	21110	19741	995	995
有限责任公司	103312	1025093	1014953	902185	878560	41857	40020
股份有限公司	8836	171135	170992	156130	153497	7115	7115
私营企业	72217	344956	344529	301395	301214	10609	6302
其他企业	5372	35071	529	32863	32863	1167	1167
二、按国民经济行业分组							
房屋建筑业	46403	928700	886579	843400	828130	35584	33466
房屋建筑业	46403	928700	886579	843400	828130	35584	33466
土木工程建筑业	131300	582491	578062	496721	486729	24078	20167
铁路、道路、隧道和桥梁工程建筑	124900	441742	441242	379848	379348	18503	14592
水利和内河港口工程建筑	1000	9373	9314	7939	7939	321	321
工矿工程建筑	100	43972	43972	41520	41460	1553	1553
架线和管道工程建筑	2000	20358	20075	15053	15053	656	656
其他土木工程建筑	3300	67046	63460	52360	42929	3045	3045
建筑安装业	8470	144002	143990	124038	117840	4671	4601
电气安装	1600	5306	5306	3058	3058	183	183
管道和设备安装	905	47063	47063	42823	36625	1608	1538
其他建筑安装业	5965	91633	91621	78157	78157	2881	2881
建筑装饰和其他建筑业	3564	8077	7887	6728	6153	226	182
建筑装饰业	730	5027	4837	4085	3510	127	114
工程准备活动	2834	3050	3050	2643	2643	98	68
三、按隶属关系分组							
中央		2001	2001	1537	1537	67	67
省(自治区、直辖市)	5386	53972	53972	49912	49912	1607	1607
地区(州、盟、省辖市)	48897	328807	323082	298201	283784	12722	12422
县(区、市、旗)	22083	456448	454979	404713	389723	22011	20475
镇		26410	26410	24822	24822	1408	1408
其他	113371	795632	756074	691703	689074	26745	22438
四、按控股情况分							
国有控股		66757	66697	59323	55096	2899	2898
集体控股	2848	143966	142100	130565	126563	6090	6090
私人控股	179604	1314369	1269733	1151354	1129822	51562	45491
其他	7286	138178	137988	129645	127371	4008	3938

三、损益及分配（万元）											四、直接从事生产经营活动的平均人数（人）
其他业务利润	管理费用	#税金	财务费用	#利息支出	营业利润	营业外收入	营业外支出	利润总额	应交所得税	应付职工薪酬（本年贷方累计发生额）	
3293	**64421**	**6759**	**6772**	**3175**	**54336**	**934**	**2746**	**52380**	**17144**	**107091**	**72185**
59	3840	82	682	49	7	77	18	66	184	5268	2782
3293	64421	6759	6772	3175	54336	934	2746	52380	17144	107091	72185
59	3668	80	-28		666	29	18	677	157	4839	2664
	563	18	-2		75		1	2	12	1817	731
2166	45791	6028	4759	1450	29793	760	855	28283	9188	65905	46348
50	5991	322	1154	1015	975	9	1552	775	485	16139	5027
76	8143	212	888	708	22110	134	317	21927	6606	18062	14650
942	265	100	2	1	719	2	5	716	697	329	2765
1017	23287	2764	1787	677	26692	448	791	24861	8573	57160	45328
1017	23287	2764	1787	677	26692	448	791	24861	8573	57160	45328
2334	30514	1437	4399	1974	23839	485	1680	23986	7171	38888	20677
501	13711	1316	4318	1934	22383	448	1660	22514	6244	21913	15866
59	843	10	-4		274	14	6	281	74	341	422
	680	19	-1	4	83			83	64	6161	955
283	4563	67	31	35	55	9	9	56	12	4756	663
1491	10718	25	54		1044	14	5	1053	778	5717	2771
-57	10099	2529	575	515	3862	1	275	3589	1373	9799	5642
	2055	11	6	4	5		4	1	4	1155	392
-69	1579	40	-2		994	1	2	994	562	1471	1607
12	6465	2478	571	510	2862		268	2594	806	7172	3643
	521	30	12	9	-56			-57	27	1244	538
	227	7	3		24			24	3	1100	408
	294	23	9	9	-81			-81	24	144	130
	384	21			13			13	1	305	274
	1902	94	439	416	112		264	-152		4488	2220
-10	12088	639	3277	1626	2647	500	1673	2744	1163	15408	12495
1421	17129	945	1364	173	9190	88	296	8994	4081	29491	18889
	160	11	30	30	95		5	90	5	240	1300
1882	32757	5049	1662	929	42280	347	509	40690	11896	57159	37007
59	3840	82	682	49	7	77	18	66	184	5268	2782
216	8021	194	208	24	452	26	252	166	396	13354	5671
3018	50166	6370	5408	2686	52601	830	2212	51133	15917	76380	59925
	2394	113	474	416	1276	1	264	1014	648	12089	3807

13-4 各县（市、区）建筑业企业主要指标

县（市、区）	企业个数（个）	有工作量的企业个数	建筑业总产值（万元）	增加值（万元）	营业收入（万元）	期末从业人员（人）	工程技术人员（人）
全 市	**139**	**122**	**1774767**	**234781**	**1663269**	**35447**	**3581**
市 直	22	19	286759	30458	267066	5947	929
东昌区	35	27	138850	22553	110722	3251	513
二道江区	10	9	61155	10203	87259	2459	284
通化县	13	12	183098	22404	171891	2278	187
辉南县	14	12	202890	20551	198192	4895	457
柳河县	11	9	120411	20413	144332	4339	13
梅河口市	21	21	627702	72638	538242	9463	798
集安市	13	13	153903	35561	145567	2815	400

13-5 各县（市、区)建筑业企业房屋建筑竣工面积情况

县（市、区）	房屋竣工面积（平方米）	住 宅	房屋竣工价值（万元）	住 宅
全 市	**4112816**	**3354627**	**691688**	**555811**
市 直	833790	661752	116676	86472
东昌区	396800	72209	25417	10681
二道江区	235683	235683	33248	33248
通化县	725001	568301	103022	71512
辉南县	585147	542635	82478	75746
柳河县	153939	153939	27408	27408
梅河口市	920785	886537	238894	207910
集安市	261671	233571	64546	42834

14. 交通运输和邮电通信业

14-1 交通运输业务情况

单位：辆

指　标	2005年	2009年	2010年	2013年	2014年	2015年
民用汽车拥有量	**232681**	**338327**	**355233**	**414754**	**311833**	**340246**
一、汽　车	54784	93573	106889	145663	151863	167821
1. 载客汽车	29536	57915	70508	111157	120927	139250
其中：大　型	1351	1813	1968	2362	2400	2516
中　型	2023	2318	2420	1576	1512	1422
小　型	23177	50406	62542	103392	114408	132810
微　型	2985	3378	3578	3827	2607	2502
其中：轿　车	15055					
2. 载货汽车	14044	17369	19868	24152	24086	24329
其中：重　型	2356	4666	5767	6751	6771	6677
中　型	4561	3685	3533	2067	2044	1892
轻　型	6970	8902	10538	15322	15262	15751
微　型	157	116	30	12	9	9
其中：普通载货	10759					
3. 其他汽车	11204	18289	16513	10354	6850	4242
二、摩托车	114060	163384	171659	167075	83221	75799
1. 普　通	112039	161633	169842	165368	82228	75170
2. 轻　便	2021	1751	1817	1707	993	629
三、农用运输车	17060	13272	15624	11085	10202	9929
1. 三　轮	11576	7157	4466	6592	5689	5606
2. 低速载货汽车	5484	6115	11158	4493	4513	4323
四、拖拉机	46596	67616	76000	89784	65337	85413
1. 大　型	1556	4839	7379	11124	6283	13699
2. 小　型	45040	62777	68621	78660	59054	71714
五、挂　车	136	411	633	1120	1195	1275
六、其他类型车	45	49	52	27	15	9

注：民用汽车拥有量中包括农机部门的拖拉机和农用运输车。

14-2　通车里程、客货运量和邮电通信业务情况

指　标	单位	2005年	2009年	2010年	2013年	2014年	2015年
一、铁　路							
营运里程	公里	906	906	906	906	906	906
客 运 量	万人	456	386.72	399.5	357	352	319
货运量	万吨	1218	1410.1	1366	963	738	601
二、公　路							
1.通车里程	公里	5216	6171	6289	6587	6675	6786
一级公路	公里	195	234	234	234	234	234
二级公路	公里	806	980	980	1015	1024	1025
三级公路	公里	1370	1280	1280	1295	1327	1336
四级公路	公里	2838	3630	3678	3827	4090	4191
等外路	公里	7					
2.公路客运量	万人	2442	7447	7622	8812	2020	2673
公路客运周转量	万人公里	87239	344674	356648	135343	139116	186238
公路货运量	万吨	3437	1408	1745	2766	2225	2084
公路货运周转量	万吨公里	111189	330277	337113	362091	434559	465556
三、邮政及通信业务							
邮电通信业务收入	万元	94541	116632	111400	154337	152057	147800
邮政局所数	个	163	132	135	110	115	114
固定电话用户	万户	71.95	52.6	53.2	47.8	45.6	45.2
移动电话用户	万户	62.26	147.1	190.8	201.3	215.1	234.2

15. 贸易、外经和旅游业

15-1 主要年份社会消费品零售总额

单位：万元

年 份	总 计	按销售地区分	
		城镇	乡村
1993	238416	187704	50712
1994	298660	221240	77477
1995	365222	280151	85251
1996	416302	309277	107025
1997	444323	330052	114271
1998	466845	347891	118954
1999	495009	375063	119946
2000	549374	392580	156794
2001	611630	431780	17985
2002	672570	475142	197428
2003	740623	528302	212321
2004	781000	588805	192255
2005	930400	709360	248040
2006	1108500	842103	293397
2007	1397600	1083477	341123
2008	1858300	1404572	453728
2009	2069560	1578411	491149
2010	2470820	2049729	421091
2011	2907250	2499023	408227
2012	3393699	2887268	506431
2013	3889179	3274399	614780
2014	4397449	3919324	478125
2015	4832797	4304533	528264

15-2 2015年分县社会消费品零售总额

单位：万元

指 标	全 市	梅河口市	集安市	通化县	辉南县	柳河县
社会消费品零售总额	**4832797**	**1480161**	**478751**	**401688**	**579600**	**556659**
按销售地区分						
城镇	4304533	1317344	416513	345453	504252	489860
乡村	528264	162817	365447	56235	75348	66799
按行业分						
批发零售贸易业	4464753	1365815	444185	371138	541518	516811
餐饮业	368044	114346	34566	30550	38082	39848

15-3 2015年限额以上批发零售

指 标	法 人 企业数 (个)	从业人员 期末人数 (人)	商 品 购进额	进口	商 品 销售额	#通过公共 网络实现 的销售额
总 计	**189**	**9279**	**2548915.6**	**177434.9**	**3029156.0**	**8730.9**
一、批发业	**58**	**2994**	**1550539.8**	**172704.1**	**1715350.4**	**3564.4**
农、林、牧产品批发	4	413	73552.3		58491.7	
谷物、豆及薯类批发	4	413	73552.3		58491.7	
食品、饮料及烟草制品批发	10	913	161127.3		210050.5	679.6
米、面制品及食用油批发	2	111	10071.8		18057.2	679.6
肉、禽、蛋、奶及水产品批发	2	106	12138.5		12236.1	
盐及调味品批发	1	111	1254.6		2448.1	
酒、饮料及茶叶批发	3	85	16244.5		19443.5	
烟草制品批发	1	478	116561.9		150139.7	
其他食品批发	1	22	4856.0		7725.9	
纺织、服装及家庭用品批发	2	40	44555.9		46570.9	
其他家庭用品批发	2	40	44555.9		46570.9	
医药及医疗器材批发	29	1246	624250.4		743546.5	2884.8
西药批发	5	186	162665.9		193215.3	
中药批发	24	1060	461584.5		550331.2	2884.8
矿产品、建材及化工产品批发	10	332	609611.0	172704.1	618883.5	
煤炭及制品批发	3	61	62435.7		63597.0	
石油及制品批发	2	190	189221.6		182124.5	
金属及金属矿批发	3	56	308113.2	172704.1	319719.1	
建材批发	2	25	49840.5		53442.9	
机械设备、五金产品及电子产品批发	2	29	7553.0		7635.9	
其他机械设备及电子产品批发	2	29	7553.0		7635.9	
其他批发业	1	21	29889.9		30171.4	
其他未列明批发业	1	21	29889.9		30171.4	
内资企业	57	2940	1547493.7	172704.1	1712224.1	3564.4
国有企业	8	1058	374127.7		387546.3	679.6
有限责任公司	22	808	500892.8	172704.1	578073.4	2884.8
国有独资公司	3	197	283725.3	172704.1	303211.4	
其他有限责任公司	19	611	217167.5		274862.0	2884.8
股份有限公司	3	470	356269.4		387789.8	
私营企业	24	604	316203.8		358814.6	
私营有限责任公司	24	604	316203.8		358814.6	

法人企业商品购进、销售和库存

单位：万元

#通过非自营平台实现的商品销售额	#使用银行卡支付的商品销售额	批发额	出口	零售额	#通过公共网络实现的零售额	#通过非自营平台实现的零售额	期末商品库存额	年末零售营业面积（平方米）
	157724.9	**1318489.7**	**31.2**	**1710666.3**	**1714.1**	**1142.8**	**273601.6**	**399809.0**
	150492.2	**1281341.9**		**434008.5**			**198740.8**	**111896.0**
		58491.7					89703.6	800.0
		58491.7					89703.6	800.0
	150139.7	197198.3		12852.2			59404.2	4137.0
		18057.2					36177.0	600.0
		7362.2		4873.9			553.4	1040.0
		2448.1					596.7	80.0
		13216.3		6227.2			448.9	1817.0
	150139.7	150139.7					15947.4	
		5974.8		1751.1			5680.8	600.0
		25100.3		21470.6			980.0	1100.0
		25100.3		21470.6			980.0	1100.0
		559699.5		183847.0			20074.3	94565.0
		120943.6		72271.7			7143.1	4100.0
		438755.9		111575.3			12931.2	90465.0
		423691.4		195192.1			27946.7	10694.0
		33565.6		30031.4			1821.5	1140.0
		28513.5		153611.0			3299.8	8420.0
		316073.1		3646.0			21816.7	420.0
		45539.2		7903.7			1008.7	714.0
	352.5	1092.9		6543.0			497.0	400.0
	352.5	1092.9		6543.0			497.0	400.0
		16067.8		14103.6			135.0	200.0
		16067.8		14103.6			135.0	200.0
	150492.2	1278215.6		434008.5			198690.0	110896.0
	150139.7	239122.3		148424.0			144087.8	9150.0
	352.5	467194.0		110879.4			42287.0	19866.0
		291743.2		11468.2			21749.5	900.0
	352.5	175450.8		99411.2			20537.5	18966.0
		324607.6		63182.2			1217.6	10090.0
		247291.7		111522.9			11097.6	71790.0
		247291.7		111522.9			11097.6	71790.0

15-3 续表 1

指　　标	法　人企业数(个)	从业人员期末人数(人)	商　品购进额	进口	商　品销售额	#通过公共网络实现的销售额
港、澳、台商投资企业	1	54	3046.1		3126.3	
港澳台商独资企业	1	54	3046.1		3126.3	
国有控股	11	1255	657853.0	172704.1	690757.7	679.6
私人控股	40	1514	809279.2		930967.8	2884.8
港澳台商控股	1	54	3046.1		3126.3	
其他	6	171	80361.5		90498.6	
独立门店	49	1656	1001971.8	172704.1	1115111.3	3564.4
其他	9	1338	548568.0		600239.1	
大型	2	808	454262.2		518657.0	
中型	27	1627	670066.0		742900.6	679.6
小型	26	535	423961.8	172704.1	450944.1	2884.8
微型	3	24	2249.8		2848.7	
二、零售业	**131**	**6285**	**998375.8**	**4730.8**	**1313805.6**	**5166.5**
综合零售	35	2485	267983.9		391918.5	
百货零售	12	766	96282.9		118829.5	
超级市场零售	10	1456	127500.9		226404.4	
其他综合零售	13	263	44200.1		46684.6	
食品、饮料及烟草制品专门零售	8	211	31653.1		39409.4	
粮油零售	2	59	6974.1		13592.5	
营养和保健品零售	1	9	1296.0		1574.4	
酒、饮料及茶叶零售	4	107	11719.5		11687.2	
其他食品零售	1	36	11663.5		12555.3	
纺织、服装及日用品专门零售	13	1199	233455.8	30.2	371669.5	
服装零售	8	891	127065.1		178918.8	
化妆品及卫生用品零售	2	132	8196.0		13735.2	
钟表、眼镜零售	1	20	265.8	30.2	432.0	
其他日用品零售	2	156	97928.9		178583.5	
文化、体育用品及器材专门零售	11	236	18249.8		19545.7	
体育用品及器材零售	1	28	2246.7		2378.5	
图书、报刊零售	6	154	7447.9		8017.5	
其他文化用品零售	4	54	8555.2		9149.7	
医药及医疗器材专门零售	13	694	109343.2	3337.1	116983.9	5166.5
药品零售	12	650	101701.2	3337.1	109312.2	5166.5
医疗用品及器材零售	1	44	7642.0		7671.7	

单位：万元

#通过非自营平台实现的商品销售额	#使用银行卡支付的商品销售额	批发额	出口	零售额	#通过公共网络实现的零售额	#通过非自营平台实现的零售额	期末商品库存额	年末零售营业面积(平方米)
		3126.3					50.8	1000.0
		3126.3					50.8	1000.0
	150139.7	530865.5		159892.2			165837.3	10050.0
	352.5	694309.7		236658.1			25615.7	95177.0
		3126.3					50.8	1000.0
		53040.4		37458.2			7237.0	5669.0
	352.5	742277.9		372833.4			91264.7	98807.0
	150139.7	539064.0		61175.1			107476.1	13089.0
	150139.7	459777.7		58879.3			15966.1	9500.0
		413237.6		329663.0			156710.8	30666.0
		406702.5		44241.6			25700.7	10730.0
	352.5	1624.1		1224.6			363.2	61000.0
	7232.7	**37147.8**	**31.2**	**1276657.8**	**1714.1**	**1142.8**	**74860.8**	**287913.0**
	45.0	3497.2		388421.3			27732.1	93201.0
	45.0	2015.0		116814.5			14183.8	34893.0
		28.0		226376.4			11842.9	45954.0
		1454.2		45230.4			1705.4	12354.0
		1574.4		37835.0			1476.3	5795.0
				13592.5			741.6	2600.0
		1574.4					140.0	1080.0
				11687.2			456.3	1515.0
				12555.3			138.4	600.0
				371669.5			9021.6	42744.0
				178918.8			8050.1	37864.0
				13735.2			462.8	1080.0
				432.0			23.5	100.0
				178583.5			485.2	3700.0
	36.0	1251.2	31.2	18294.5			2102.2	9110.0
				2378.5			99.6	100.0
				8017.5			1346.2	3530.0
	36.0	1251.2	31.2	7898.5			656.4	5480.0
	5166.5	24336.0		92647.9			6082.4	21118.0
	5166.5	24336.0		84976.2			5655.6	19750.0
				7671.7			426.8	1368.0

15-3 续表 2

指标	法人企业数（个）	从业人员期末人数（人）	商品购进额	进口	商品销售额	#通过公共网络实现的销售额
汽车、摩托车、燃料及零配件专门零售	30	830	269280.8		298430.0	
汽车零售	29	792	263763.4		292886.9	
摩托车及零配件零售	1	38	5517.4		5543.1	
家用电器及电子产品专门零售	12	373	40037.0	1363.5	45394.6	
家用视听设备零售	8	319	21777.0		27250.9	
计算机、软件及辅助设备零售	4	54	18260.0	1363.5	18143.7	
五金、家具及室内装饰材料专门零售	4	156	10125.0		10095.8	
五金零售	2	62	7235.2		7186.4	
卫生洁具零售	1	9	662.4		671.8	
其他室内装饰材料零售	1	85	2227.4		2237.6	
货摊、无店铺及其他零售业	5	101	18247.2		20358.2	
生活用燃料零售	2	57	6362.9		7279.6	
其他未列明零售业	3	44	11884.3		13078.6	
内资企业	130	6271	996813.6	4730.8	1311835.8	5166.5
国有企业	1	51	7706.7		7660.3	
集体企业	11	143	27487.0		29728.3	
股份合作企业	1	51	3142.0		3513.9	
有限责任公司	58	2694	594556.3	4700.6	732911.4	5166.5
国有独资公司	4	132	5407.9		5909.3	
其他有限责任公司	54	2562	589148.4	4700.6	727002.1	5166.5
股份有限公司	12	1092	122711.6	30.2	224875.3	
私营企业	47	2240	241210.0		313146.6	
私营独资企业	3	64	14689.2		15307.4	
私营有限责任公司	41	1743	201452.7		272520.6	
私营股份有限公司	3	433	25068.1		25318.6	
外商投资企业	1	14	1562.2		1969.8	
外资企业	1	14	1562.2		1969.8	
国有控股	7	218	19268.7		19628.7	
集体控股	13	483	33059.6		119310.8	
私人控股	103	5055	866097.7	4730.8	1083291.9	5166.5
其他	8	529	79949.8		91574.2	
独立门店	124	5850	953931.3	4730.8	1266125.2	5166.5

#通过非自营平台实现的商品销售额	#使用银行卡支付的商品销售额	批发额	出口	零售额	#通过公共网络实现的零售额	#通过非自营平台实现的零售额	期末商品库存额	年末零售营业面积（平方米）
	995.0			298430.0	1714.1	1142.8	24105.2	91597.0
	995.0			292886.9	1714.1	1142.8	23941.4	91497.0
				5543.1			163.8	100.0
	990.2	1245.0		44149.6			2815.6	16588.0
	990.2	1245.0		26005.9			2173.1	15278.0
				18143.7			642.5	1310.0
		671.8		9424.0			482.5	730.0
				7186.4			239.2	480.0
		671.8					46.4	80.0
				2237.6			196.9	170.0
		4572.2		15786.0			1042.9	7030.0
		4381.2		2898.4			351.5	5700.0
		191.0		12887.6			691.4	1330.0
	7232.7	37147.8	31.2	1274688.0	1714.1	1142.8	74726.6	287366.0
				7660.3			428.6	10000.0
		1286.3		28442.0			594.2	11607.0
		167.9		3346.0			232.0	1300.0
	5211.5	28299.0	31.2	704612.4			43687.4	136275.0
				5909.3			1239.2	3240.0
	5211.5	28299.0	31.2	698703.1			42448.2	133035.0
				224875.3			15832.5	48940.0
	2021.2	7394.6		305752.0	1714.1	1142.8	13951.9	79244.0
	715.0			15307.4			656.3	8373.0
	1306.2	7366.6		265154.0			10288.7	57656.0
		28.0		25290.6	1714.1	1142.8	3006.9	13215.0
				1969.8			134.2	547.0
				1969.8			134.2	547.0
				19628.7			2257.8	14230.0
		1286.3		118024.5			6872.1	32657.0
	7232.7	35861.5	31.2	1047430.4	1714.1	1142.8	60851.7	209299.0
				91574.2			4879.2	31727.0
	7232.7	37147.8	31.2	1228977.4	1714.1	1142.8	71781.9	271312.0

15-3 续表 3

指　　标	法人企业数(个)	从业人员期末人数(人)	商品购进额	进口	商品销售额	#通过公共网络实现的销售额
连锁总店	3	351	18727.1		20976.8	
连锁门店	3	65	20280.2		20556.8	
其他	1	19	5437.2		6146.8	
大型	1	320	2885.9		87152.5	
中型	35	3777	510400.0		704803.2	
小型	76	2045	440938.8	3367.3	475039.2	5166.5
微型	19	143	44151.1	1363.5	46810.7	
有店铺零售	131	6285	998375.8	4730.8	1313805.6	5166.5
便利店	1	36	11663.5		12555.3	
超市	13	641	106785.0		120668.7	
大型超市	2	587	15307.8		15055.8	
百货店	31	2105	255192.2		382787.3	
专业店	29	892	102876.5	4730.8	109515.8	5166.5
专卖店	49	1598	364083.6		404395.8	
购物中心	2	312	121768.9		247552.4	
厂家直销中心	4	114	20698.3		21274.5	
三、批发业按地区分组	**58**	**2994**	**1550539.8**	**172704.1**	**1715350.4**	**3564.4**
东昌区	13	1404	1099971.2	172704.1	1245130.6	
二道江区	5	86	112276.2		117039.9	
通化县	19	441	81051.3		97978.4	
辉南县	4	341	50109.2		63309.8	
柳河县	4	201	58916.1		32863.2	2884.8
梅河口市	10	460	73770.0		82286.2	679.6
集安市	3	61	74445.8		76742.3	
四、零售业按地区分组	**131**	**6285**	**998375.8**	**4730.8**	**1313805.6**	**5166.5**
东昌区	43	2401	285916.9	3367.3	520114.7	5166.5
二道江区	10	211	46580.9	1363.5	50847.0	
通化县	11	182	34420.2		36564.6	
辉南县	16	584	114785.6		128941.5	
柳河县	7	174	122068.3		131595.7	
梅河口市	35	1704	353919.9		396248.6	
集安市	9	1029	40684		49493.5	

单位：万元

#通过非自营平台实现的商品销售额	#使用银行卡支付的商品销售额	批发额	出口	零售额	#通过公共网络实现的零售额	#通过非自营平台实现的零售额	期末商品库存额	年末零售营业面积(平方米)
				20976.8			2113.9	8499.0
				20556.8			383.0	2157.0
				6146.8			582.0	5945.0
				87152.5			6001.2	20000.0
		2210.9		702592.3			39996.2	130547.0
	7151.7	30928.9	31.2	444110.3	1714.1	1142.8	26799.7	123165.0
	81.0	4008.0		42802.7			2063.7	14201.0
	7232.7	37147.8	31.2	1276657.8	1714.1	1142.8	74860.8	287913.0
				12555.3			138.4	600.0
		2182.9		118485.8			6087.3	16813.0
		28.0		15027.8			1840.0	13308.0
	45.0	1286.3		381501.0			28324.3	103944.0
	5166.5	2468.4	31.2	107047.4	1714.1	1142.8	12404.7	57682.0
	2021.2	31182.2		373213.6			22617.3	77621.0
				247552.4			935.7	200.0
				21274.5			2513.1	17745.0
	150492.2	**1281341.9**		**434008.5**			**198740.8**	**111896.0**
	150492.2	947046.0		298084.6			55931.9	85250.0
		79104.8		37935.1			2830.2	1854.0
		61048.1		36930.3			7993.6	13809.0
		63309.8					37334.4	720.0
		30281.1		2582.1			53941.2	1040.0
		59384.0		22902.2			39594.5	7923.0
		41168.1		35574.2			1115.0	1300.0
	7232.7	**37147.8**	**31.2**	**1276657.8**	**1714.1**	**1142.8**	**74860.8**	**287913.0**
	5166.5	1944.8		518169.9	1714.1	1142.8	30155.4	112824.0
	45.0	191.0		50656.0			3425.0	14886.0
		1286.3		35278.3			404.0	12194.0
	1923.0	7343.5		121598.0			4594.4	17648.0
				131595.7			2315.1	15358.0
	98.2	24336.0		371912.6			33332.3	76903.0
		2046.2	31.2	47447.3			634.6	38100

15-4 2015年限额以上住宿

指标	法人企业数(个)	从业人员期末人数(人)	营业额	#使用银行卡支付的营业额	客房收入	#通过公共网络实现的客房收入	#通过非自营平台实现的客房收入
总计	**26**	**1786**	**43427.6**		**18591.9**		
一、住宿业	**15**	**1205**	**26315.4**		**11988.0**		
1.按住宿业行业小类分							
旅游饭店	13	1050	23009.1		10634.2		
一般旅馆	1	56	1443.1		422.7		
其他住宿业	1	99	1863.2		931.1		
2.按登记注册类型分							
内资企业	15	1205	26315.4		11988.0		
国有企业	2	165	2554.4		1174.3		
集体企业							
股份合作企业	1	58	314.5		188.7		
联营企业							
国有联营企业							
集体联营企业							
国有与集体联营企业							
其他联营企业							
有限责任公司	1	99	1863.2		931.1		
国有独资公司							
其他有限责任公司	1	99	1863.2		931.1		
股份有限公司	2	116	2876.8		943.6		
私营企业	8	742	18425.3		8617.1		
私营独资企业	2	192	4935.5		2309.5		
私营合伙企业							
私营有限责任公司	5	505	12159.1		5846.8		
私营股份有限公司	1	45	1330.7		460.8		
其他企业	1	25	281.2		133.2		
港、澳、台商投资企业							
与港澳台商合资经营企业							
与港澳台商合作经营企业							
港澳台商独资企业							
港澳台商投资股份有限公司							
其他港澳台投资企业							
外商投资企业							
中外合资经营企业							
中外合作经营企业							
外资企业							
外商投资股份有限公司							
其他外商投资企业							

和餐饮业法人单位经营情况

单位：万元

餐费收入	#通过公共网络实现的餐费收入	#通过非自营平台实现的餐费收入	商品销售额收入	其他收入	客房数（间）	床位数（个）	餐位数（位）	年末餐饮营业面积（平方米）
23024.1			**629.9**	**1181.7**	**2008**	**3686**	**18232**	**69887.0**
12569.8			**577.9**	**1179.7**	**1278**	**2374**	**9626**	**41417.0**
11292.4			577.9	504.6	1155	2139	9286	36617.0
723.6				296.8	50	100	240	3800.0
553.8				378.3	73	135	100	1000.0
12569.8			577.9	1179.7	1278	2374	9626	41417.0
1351.6			28.1	0.4	198	397	660	2644.0
125.8					71	133	2700	2900.0
553.8				378.3	73	135	100	1000.0
553.8				378.3	73	135	100	1000.0
1884.3				48.9	170	385	2040	8500.0
8506.3			549.8	752.1	726	1246	3674	25873.0
2204.0				422.0	146	275	350	5800.0
5432.4			549.8	330.1	480	821	3124	19773.0
869.9					100	150	200	300.0
148.0					40	78	452	500.0

15-4 续表 1

指　标	法人企业数(个)	从业人员期末人数(人)	营业额	#使用银行卡支付的营业额	客房收入	#通过公共网络实现的客房收入	#通过非自营平台实现的客房收入
3.按控股情况分							
国有控股	2	165	2554.4		1174.3		
集体控股	1	58	314.5		188.7		
私人控股	10	818	18884.9		8872.1		
港澳台商控股							
外商控股							
其他	2	164	4561.6		1752.9		
4.按经营形式分							
独立门店	14	1023	23381.9		10694.6		
连锁总店							
连锁门店	1	182	2933.5		1293.4		
其他							
5.按单位规模分							
大型							
中型	3	433	10352.1		5153.3		
小型	12	772	15963.3		6834.7		
微型							
6.按星级分							
五星	1	115	3926.2		1973.1		
四星	3	332	8488.3		4718.6		
三星	7	430	8507.8		3295.5		
二星							
一星							
其他	4	328	5393.1		2000.8		
二、餐饮业	**11**	**581**	**17112.2**		**6603.9**		
1.按餐饮业行业小类分							
正餐服务	11	581	17112.2		6603.9		
快餐服务							
饮料及冷饮服务							
茶馆服务							
咖啡馆服务							
酒吧服务							
其他饮料及冷饮服务							

单位：万元

餐费收入	#通过公共网络实现的餐费收入	#通过非自营平台实现的餐费收入	商品销售额收入	其他收入	客房数(间)	床位数(个)	餐位数(位)	年末餐饮营业面积(平方米)
1351.6			28.1	0.4	198	397	660	2644.0
125.8					71	133	2700	2900.0
8710.9			549.8	752.1	845	1530	4566	31373.0
2381.5				427.2	164	314	1700	4500.0
10949.3			577.9	1160.1	1072	2066	9226	34944.0
1620.5				19.6	206	308	400	6473.0
4424.1			549.8	224.9	368	606	710	8773.0
8145.7			28.1	954.8	910	1768	8916	32644.0
1323.2			549.8	80.1	66	123	200	300.0
3035.8				733.9	269	490	510	8000.0
5134.9			28.1	49.3	636	1263	5824	17344.0
3075.9				316.4	307	498	3092	15773.0
10454.3			**52.0**	**2.0**	**730**	**1312**	**8606**	**28470.0**
10454.3			52.0	2.0	730	1312	8606	28470.0

15-4 续表 2

指　　标	法　人 企业数 (个)	从业人员 期末人数 (人)	营业额	#使用银行卡支付的营业额	客房收入	#通过公共网络实现的客房收入	#通过非自营平台实现的客房收入
其他餐饮业							
小吃服务							
餐饮配送服务							
其他未列明餐饮业							
2.按登记注册类型分							
内资企业	11	581	17112.2		6603.9		
国有企业							
集体企业	1	48	1108.6		279.9		
股份合作企业							
联营企业							
国有联营企业							
集体联营企业							
国有与集体联营企业							
其他联营企业							
有限责任公司	4	253	3876.7		903.5		
国有独资公司							
其他有限责任公司	4	253	3876.7		903.5		
股份有限公司	2	128	1862.2		396.8		
私营企业	4	152	10264.7		5023.7		
私营独资企业							
私营合伙企业	1	27	1333.8		508.8		
私营有限责任公司	3	125	8930.9		4514.9		
私营股份有限公司							
其他企业							
港、澳、台商投资企业							
与港澳台商合资经营企业							
与港澳台商合作经营企业							
港澳台商独资企业							
港澳台商投资股份有限公司							
其他港澳台投资企业							
外商投资企业							
中外合资经营企业							
中外合作经营企业							
外资企业							
外商投资股份有限公司							
其他外商投资企业							

单位：万元

餐费收入	#通过公共网络实现的餐费收入	#通过非自营平台实现的餐费收入	商品销售额收入	其他收入	客房数(间)	床位数(个)	餐位数(位)	年末餐饮营业面积(平方米)
10454.3			52.0	2.0	730	1312	8606	28470.0
828.7					40	80	140	1500.0
2973.2					197	297	1530	11260.0
2973.2					197	297	1530	11260.0
1411.4			52.0	2.0	112	190	5026	9400.0
5241.0					381	745	1910	6310.0
825.0					20	60	150	600.0
4416.0					361	685	1760	5710.0

15-4 续表 3

指　标	法　人企业数(个)	从业人员期末人数(人)	营业额	#使用银行卡支付的营业额	客房收入	#通过公共网络实现的客房收入	#通过非自营平台实现的客房收入
3.按控股情况分							
国有控股	1	164	598.5				
集体控股	1	48	1108.6		279.9		
私人控股	9	369	15405.1		6324.0		
港澳台商控股							
外商控股							
其他							
4.按经营形式分							
独立门店	11	581	17112.2		6603.9		
连锁总店							
连锁门店							
其他							
5.按单位规模分							
大型							
中型							
小型	11	581	17112.2		6603.9		
微型							
三、住宿业按地区分组	**15**	**1205**	**26315.4**		**11988.0**		
按全国地区分组							
市辖区							
东昌区	5	444	9752.9		4590.9		
二道江区	1	65	2698.4		821.8		
通化县	2	164	2598.5		1082.6		
辉南县	2	101	2773.8		883.5		
柳河县	1	58	314.5		188.7		
梅河口市	1	110	940.0		424.9		
集安市	3	263	7237.3		3995.6		
四、餐饮业按地区分组	**11**	**581**	**17112.2**		**6603.9**		
按全国地区分组							
市辖区							
东昌区	4	332	2753.0		667.9		
二道江区	1	30	2569.8		371.4		
通化县	4	144	9347.0		4775.9		
辉南县	2	75	2442.4		788.7		
柳河县							
梅河口市							
集安市							

单位：万元

餐费收入	#通过公共网络实现的餐费收入	#通过非自营平台实现的餐费收入	商品销售额收入	其他收入	客房数(间)	床位数(个)	餐位数(位)	年末餐饮营业面积(平方米)
598.5							800	2000.0
828.7					40	80	140	1500.0
9027.1			52.0	2.0	690	1232	7666	24970.0
10454.3			52.0	2.0	730	1312	8606	28470.0
10454.3			52.0	2.0	730	1312	8606	27260.0
								1210.0
12569.8			**577.9**	**1179.7**	**1278**	**2374**	**9626**	**41417.0**
5017.2				144.8	501	875	1236	12073.0
1827.7				48.9	91	179	1600	3500.0
1137.6				378.3	84	147	2100	6000.0
1593.5				296.8	150	250	440	4100.0
125.8					71	133	2700	2900.0
486.6			28.1	0.4	136	281	610	2544.0
2381.4			549.8	310.5	245	509	940	10300.0
10454.3			**52.0**	**2.0**	**730**	**1312**	**8606**	**28470.0**
2031.1			52.0	2.0	207	375	6226	13400.0
2198.4					42	84	300	900.0
4571.1					421	713	1790	10860.0
1653.7					60	140	290	3310.0

15-5 2015年限额以上批发

指 标	法人企业数（个）	执行《2006年企业会计准则》企业数（个）	一、年初存货	二、期末资产负债			
				流动资产合计			固定资产合计
					应收帐款	存货	
总 计	**189**	**172**	**260271.9**	**922286.0**	**306661.7**	**366483.2**	**247371.8**
一、批发业	**58**	**54**	**198087.9**	**742224.6**	**288591.4**	**308736.6**	**104309.6**
1.按批发行业小类分							
农、林、牧产品批发	4	4	50964.1	104682.9	2163.5	92625.7	11458.2
谷物、豆及薯类批发	4	4	50964.1	104682.9	2163.5	92625.7	11458.2
种子批发							
饲料批发							
棉、麻批发							
林业产品批发							
牲畜批发							
其他农牧产品批发							
食品、饮料及烟草制品批发	10	9	97361.8	211348.9	12101.5	166565.4	21758.8
米、面制品及食用油批发	2	2	82441.8	158052.1	11005.1	143331.7	9266.5
糕点、糖果及糖批发							
果品、蔬菜批发							
肉、禽、蛋、奶及水产品批发	2	2	711.0	1541.1	795.5	684.8	958.2
盐及调味品批发	1	1	620.6	1036.7	3.3	626.9	598.3
营养和保健品批发							
酒、饮料及茶叶批发	3	3	416.0	1451.8	212.5	268.5	77.6
烟草制品批发	1	1	9247.9	41422.2	85.1	15972.7	10674.2
其他食品批发	1		3924.5	7845.0		5680.8	184.0
纺织、服装及家庭用品批发	2	2	700.0	1345.0			1821.0
纺织品、针织品及原料批发							
服装批发							
鞋帽批发							
化妆品及卫生用品批发							
厨房、卫生间用具及日用杂货批发							
灯具、装饰物品批发							
家用电器批发							
其他家庭用品批发	2	2	700.0	1345.0			1821.0
文化、体育用品及器材批发							
文具用品批发							
体育用品及器材批发							
图书批发							
报刊批发							
音像制品及电子出版物批发							
首饰、工艺品及收藏品批发							
其他文化用品批发							
医药及医疗器材批发	29	27	16308.7	252744.6	170200.7	19958.7	38593.3
西药批发	5	4	6141.5	80845.7	40212.9	6522.5	1161.1
中药批发	24	23	10167.2	171898.9	129987.8	13436.2	37432.2
医疗用品及器材批发							
矿产品、建材及化工产品批发	10	10	32171.9	169986.2	103434.6	29316.6	30501.5
煤炭及制品批发	3	3	544.1	1315.5	126.6	53.2	670.0
石油及制品批发	2	2	3652.0	-30930.4	-35601.9	3299.8	28869.4
非金属矿及制品批发							
金属及金属矿批发	3	3	27610.4	197821.9	138553.2	25812.1	361.7

和零售业法人企业财务状况

单位：万元

二、期末资产负债								
固定资产原价	累计折旧	本年折旧	在建工程	资产总计	流动负债合计	应付账款	非流动负债合计	负债合计
316984.5	**71493.1**	**28759.3**	**6486.8**	**1265903.5**	**951852.8**	**283101.8**	**30630.7**	**982483.4**
147187.9	**43520.4**	**21377.0**	**5210.9**	**897194.1**	**717999.4**	**249527.0**	**11584.1**	**729583.4**
18922.2	7464.0	421.6	3802.2	123327.3	107418.3	5182.2	1423.5	108841.8
18922.2	7464.0	421.6	3802.2	123327.3	107418.3	5182.2	1423.5	108841.8
34691.2	12932.4	923.7	1221.9	237146.9	179805.2	10593.2	41.2	179846.4
14221.1	4954.6	635.4		168124.5	155785.3	338.1	21.0	155806.3
1000.8	42.6	11.5		2539.9	1664.9	396.8		1664.9
1171.5	573.2	40.8		1662.9	680.8	551.9		680.8
140.2	62.6	21.9		1530.1	2160.2	1690.4		2160.2
17973.6	7299.4	214.1	1221.9	55231.3	11704.0	7616.0	20.2	11724.2
184.0				8058.2	7810.0			7810.0
1882.0	61.0			3166.0	1150.0		1030.0	2180.0
1882.0	61.0			3166.0	1150.0		1030.0	2180.0
40564.0	1970.7	575.8		316513.0	246132.9	181130.7	7703.5	253836.4
1691.0	529.9	61.2		82817.7	74571.4	67938.4	3137.6	77709.0
38873.0	1440.8	514.6		233695.3	171561.5	113192.3	4565.9	176127.4
50801.6	20942.2	19450.9	186.8	214747.0	181428.6	50998.3	1265.9	182694.4
1765.4	1095.4	263.9		2401.3	447.7		88.2	535.9
47694.9	19467.6	19125.5	186.8	11467.7	14311.8	-20855.3	1136.9	15448.6
618.7	257.0	61.5		198183.6	166013.4	71388.6		166013.4

15-5 续表 1

指　　标	法人企业数(个)	执行《2006年企业会计准则》企业数(个)	一、年初存货	二、期末资产负债			
				流动资产合计	应收帐款	存货	固定资产合计
建材批发	2	2	365.4	1779.2	356.7	151.5	600.4
化肥批发							
农药批发							
农用薄膜批发							
其他化工产品批发							
机械设备、五金产品及电子产品批发	2	1	451.4	1943.2	691.1	270.2	24.8
农业机械批发							
汽车批发							
汽车零配件批发							
摩托车及零配件批发							
五金产品批发							
电气设备批发							
计算机、软件及辅助设备批发							
通讯及广播电视设备批发							
其他机械设备及电子产品批发	2	1	451.4	1943.2	691.1	270.2	24.8
贸易经纪与代理							
贸易代理							
拍卖							
其他贸易经纪与代理							
其他批发业	1	1	130.0	173.8			152.0
再生物资回收与批发							
其他未列明批发业	1	1	130.0	173.8			152.0
2.按登记注册类型分							
按登记注册类型分							
内资企业	57	53	198025.8	741411.5	288466.8	308685.8	104270.4
国有企业	8	8	145241.9	309329.6	14815.4	254061.8	54669.8
集体企业							
股份合作企业							
联营企业							
国有联营企业							
集体联营企业							
国有与集体联营企业							
其他联营企业							
有限责任公司	22	20	36443.7	214151.6	112673.7	39726.3	9535.6
国有独资公司	3	3	24434.9	151995.3	100058	21779.7	6083.1
其他有限责任公司	19	17	12008.8	62156.3	12615.7	17946.6	3452.5
股份有限公司	3	3	1433.1	125028.2	121506.6	733.7	1834.1
私营企业	24	22	14907.1	92902.1	39471.1	14164.0	38230.9
私营独资企业							
私营合伙企业							
私营有限责任公司	24	22	14907.1	92902.1	39471.1	14164.0	38230.9
私营股份有限公司							
其他企业							
港、澳、台商投资企业	1	1	62.1	813.1	124.6	50.8	39.2
合资经营企业(港或澳、台资)							
合作经营企业(港或澳、台资)							
港、澳、台商独资经营企业	1	1	62.1	813.1	124.6	50.8	39.2
港、澳、台商投资股份有限公司							
其他港澳台投资企业							

单位：万元

二、期末资产负债								
固定资产原　　价	累计折旧	本年折旧	在建工程	资产总计	流动负债合　　计	应付账款	非流动负债合计	负债合计
722.6	122.2			2694.4	655.7	465.0	40.8	696.5
156.9	132.1	5.0		1968.1	1944.4	1622.6		1944.4
156.9	132.1	5.0		1968.1	1944.4	1622.6		1944.4
170.0	18.0			325.8	120.0		120.0	240.0
170.0	18.0			325.8	120.0		120.0	240.0
147087.8	43459.5	21355.4	5210.9	896341.7	716411.3	247942.8	11584.1	727995.3
93078.8	38409.0	20083.7	5210.9	382671.0	310381.2	14387.6	2601.6	312982.8
11932.2	3038.7	869.2		231839.6	177654.3	60927.3	3138.9	180793.1
6763.3	1322.3	373.3		164091.0	136197.7	45824.1		136197.6
5168.9	1716.4	495.9		67748.6	41456.6	15103.2	3138.9	44595.5
2516.6	682.5	260.5		128716.5	120468.2	105954.4	389.1	120857.3
39560.2	1329.3	142.0		153114.6	107907.6	66673.5	5454.5	113362.1
39560.2	1329.3	142.0		153114.6	107907.6	66673.5	5454.5	113362.1
100.1	60.9	21.6		852.4	1588.1	1584.2		1588.1
100.1	60.9	21.6		852.4	1588.1	1584.2		1588.1

15-5 续表 2

指　　标	法　人企业数(个)	执行《2006年企业会计准则》企业数(个)	一、年初存货	二、期末资产负债			
				流动资产合　计	应收帐款	存货	固定资产合　计
外商投资企业							
中外合资经营企业							
中外合作经营企业							
外资企业							
外商投资股份有限公司							
其他外商投资企业							
3.按控股情况分							
国有控股	11	11	169676.8	461324.9	114873.4	275841.5	60752.9
集体控股							
私人控股	40	38	23302.7	259659.4	168252.7	26460.3	42837.0
港澳台商控股	1	1	62.1	813.1	124.6	50.8	39.2
外商控股							
其他	6	4	5046.3	20427.2	5340.7	6384.0	680.5
4.按经营形式分							
独立门店	49	45	135468.5	464658.3	163438.4	198331.8	81082.2
连锁总店							
连锁门店							
其他	9	9	62619.4	277566.3	125153	110404.8	23227.4
5.按单位规模分							
大型	2	2	9355.0	163738.2	119964.1	15972.7	11265.5
中型	27	24	157876.1	364649.5	23301.2	264015.7	90819.7
小型	26	25	30693.0	209755.0	142264.5	28385.0	2219.6
微型	3	3	163.8	4081.9	3061.6	363.2	4.8
二、零售业	**131**	**118**	**62184.0**	**180061.4**	**18070.3**	**57746.6**	**143062.2**
1.按零售行业小类分							
综合零售	35	30	20033.1	52165.0	3994.4	21637.7	75967.6
百货零售	12	8	10776.1	20682.8	516.3	10815.2	24128.8
超级市场零售	10	10	7987.5	28225.6	3390.9	9305.5	49331.7
其他综合零售	13	12	1269.5	3256.6	87.2	1517.0	2507.1
食品、饮料及烟草制品专门零售	8	7	1341.3	2468.2	388.8	1316.4	391.9
粮油零售	2	1	715.4	1352.8	285.7	747.1	287.7
糕点、面包零售							
果品、蔬菜零售							
肉、禽、蛋、奶及水产品零售							
营养和保健品零售	1	1	145.6	298.0	10.8	140.0	6.0
酒、饮料及茶叶零售	4	4	350.1	639.2	71.4	305.7	47.2
烟草制品零售							
其他食品零售	1	1	130.2	178.2	20.9	123.6	51.0
纺织、服装及日用品专门零售	13	11	3665.0	32355.3	990.8	3473.0	37543.3
纺织品及针织品零售							
服装零售	8	8	2703.3	30288.3	436	2473.4	35164.7
鞋帽零售							
化妆品及卫生用品零售	2	1	454.6	1085.4	479.8	485.1	12.5
钟表、眼镜零售	1	1	16.9	9.6			1989.8
箱、包零售							

单位：万元

二、期末资产负债								
固定资产原价	累计折旧	本年折旧	在建工程	资产总计	流动负债合计	应付账款	非流动负债合计	负债合计
99842.1	39731.3	20457.0	5210.9	546762.0	446578.9	60211.7	2601.6	449180.4
46378.1	3541.1	865.3		328399.7	252348.6	179612.2	7212.5	259561.1
100.1	60.9	21.6		852.4	1588.1	1584.2		1588.1
867.6	187.1	33.1		21180.0	17483.8	8118.9	1770.0	19253.8
108450.4	28010.3	20473.5	186.8	584254.0	472603.8	128762.0	9751.3	482355.0
38737.5	15510.1	903.5	5024.1	312940.1	245395.6	120765.0	1832.8	247228.4
18906.4	7640.9	412.9	1221.9	179401.1	130046.8	113246.8	20.2	130067.0
124299.6	34122.0	20788.7	3989.0	486109.0	400948.9	52628.0	11227.0	412175.8
3885.0	1665.4	175.4		227597.2	183246.3	80457.0	336.9	183583.2
96.9	92.1			4086.8	3757.4	3195.2		3757.4
169796.6	**27972.7**	**7382.3**	**1275.9**	**368709.4**	**233853.4**	**33574.8**	**19046.6**	**252900.0**
94131.6	18164.0	4924.5	10.7	136265.1	67385.3	13644.9	5862.1	73247.4
27260.9	3132.1	150.6		46219.1	19632.5	6446.5	956.1	20588.6
63574.9	14243.2	4609.7		83502.7	45972.2	7033.2	1648.7	47620.9
3295.8	788.7	164.2	10.7	6543.3	1780.6	165.2	3257.3	5037.9
523.8	131.9	12.5		3149.0	2216.1	374.0	11.7	2227.8
369.0	81.3	1.8		1734.7	1544.0	214.0		1544.0
10.0	4.0	1.0		304.0	11.0	8.0		11.0
52.8	5.6	0.5		727.7	433.6	133.8	11.7	445.3
92.0	41.0	9.2		382.6	227.5	18.2		227.5
39391.8	1848.5	52.2		71620.7	57430.2	1334.9	1470.9	58901.1
36911.8	1747.1	48.7		65541.0	56014.2	1289.1	1320.9	57335.1
17.8	5.3	2.0		1698.1	574.3	45.8		574.3
2000.0	10.2	1.5		2007.6	8.5			8.5

15-5 续表 3

指标	法人企业数（个）	执行《2006年企业会计准则》企业数（个）	一、年初存货	二、期末资产负债			
				流动资产合计	应收帐款	存货	固定资产合计
厨房用具及日用杂品零售							
自行车零售							
其他日用品零售	2	1	490.2	972.0	75	514.5	376.3
文化、体育用品及器材专门零售	11	11	2107.0	4952.4	335.3	1059.9	1811.6
文具用品零售							
体育用品及器材零售	1	1	531.2	312.6	16.8	206.2	57.0
图书、报刊零售	6	6	1179.6	3874.0	258.5	511.0	1138.2
音像制品及电子出版物零售							
珠宝首饰零售							
工艺美术品及收藏品零售							
乐器零售							
照相器材零售							
其他文化用品零售	4	4	396.2	765.8	60	342.7	616.4
医药及医疗器材专门零售	13	13	6978.1	21606.1	7119.1	4705.2	3431.6
药品零售	12	12	6505.8	20299.4	6464.3	4219.0	3383.2
医疗用品及器材零售	1	1	472.3	1306.7	654.8	486.2	48.4
汽车、摩托车、燃料及零配件专门零售	30	26	23147.1	55654.8	3383.6	21542.9	21550.3
汽车零售	29	25	22529.9	54961.3	3320.5	21010.5	21538.4
汽车零配件零售							
摩托车及零配件零售	1	1	617.2	693.5	63.1	532.4	11.9
机动车燃料零售							
家用电器及电子产品专门零售	12	11	2445.9	7862.5	1376.9	2532.6	903.9
家用视听设备零售	8	8	1938.9	7261.0	1170.6	2159.4	697.6
日用家电设备零售							
计算机、软件及辅助设备零售	4	3	507.0	601.5	206.3	373.2	206.3
通信设备零售							
其他电子产品零售							
五金、家具及室内装饰材料专门零售	4	4	1584.9	1811.1	199.5	1164.5	288.2
五金零售	2	2	1426.0	1497.9	163.5	937.6	262.7
灯具零售							
家具零售							
涂料零售							
卫生洁具零售	1	1	23.9	118.2	36	46.4	
木质装饰材料零售							
陶瓷、石材装饰材料零售							
其他室内装饰材料零售	1	1	135.0	195.0		180.5	25.5
货摊、无店铺及其他零售业	5	5	881.6	1186.0	281.9	314.4	1173.8
货摊食品零售							
货摊纺织、服装及鞋零售							
货摊日用品零售							
互联网零售							
邮购及电视、电话零售							
旧货零售							
生活用燃料零售	2	2	335.3	673.0	35	201.5	822.0
其他未列明零售业	3	3	546.3	513.0	246.9	112.9	351.8
2.按登记注册类型分							
按登记注册类型分							

单位：万元

二、期末资产负债								
固定资产原价	累计折旧	本年折旧	在建工程	资产总计	流动负债合计	应付账款	非流动负债合计	负债合计
462.2	85.9			2374.0	833.2		150.0	983.2
2940.8	1129.2	123.1	1.7	7837.9	1886.8	619.2	1826.9	3713.7
58.8	1.8	0.8		369.6	273.2	261.5		273.2
2154.4	1016.2	117.0		6086.1	1289.5	269.6	1696.9	2986.4
727.6	111.2	5.3	1.7	1382.2	324.1	88.1	130.0	454.1
4346.2	914.6	152.2		26343.1	16993.8	8833.2	3269.3	20263.1
4296.2	913.0	151.4		24988.0	15975.3	8530.7	3269.3	19244.6
50.0	1.6	0.8		1355.1	1018.5	302.5		1018.5
25487.4	5175.4	1916.0	1263.5	109175.8	81438.6	6835.6	6256.2	87694.8
25473.9	5173.8	1915.8	1263.5	108470.4	80826.5	6473.1	6256.2	87082.7
13.5	1.6	0.2		705.4	612.1	362.5		612.1
1317.1	413.2	160.3		9495.2	4195.8	1665.0	78.5	4274.3
1097.8	400.2	157.3		8043.7	3878.8	1422.2		3878.8
219.3	13.0	3.0		1451.5	317.0	242.8	78.5	395.5
320.3	32.1	24.7		2153.0	1296.9	179.0		1296.9
270.8	8.1	0.7		1814.3	1230.5	112.6		1230.5
				118.2	61.4	61.4		61.4
49.5	24.0	24.0		220.5	5.0	5.0		5.0
1337.6	163.8	16.8		2669.6	1009.9	89.0	271.0	1280.9
928.0	106.0	10.2		1495.0	646.0	89.0	250.0	896.0
409.6	57.8	6.6		1174.6	363.9		21.0	384.9

15-5 续表 4

指　　标	法　人企业数(个)	执行《2006年企业会计准则》企业数(个)	一、年初存货	二、期末资产负债			
				流动资产合　计	应收帐款	存货	固定资产合　计
内资企业	130	117	61996.0	179811.9	18070.3	57631.9	142991.2
国有企业	1		352.2	483.7	106.7	315.8	119.4
集体企业	11	10	538.3	844.5	9.2	186.7	228.6
股份合作企业	1	1	376.0	832.0	78	232.0	158.2
联营企业							
国有联营企业							
集体联营企业							
国有与集体联营企业							
其他联营企业							
有限责任公司	58	52	38750.2	88336.7	9514.4	37075.9	50947.6
国有独资公司	4	4	1054.7	3560.3	256.1	476.8	1036.8
其他有限责任公司	54	48	37695.5	84776.4	9258.3	36599.1	49910.8
股份有限公司	12	11	8878.4	35181.6	3045.4	7676.8	48420.4
私营企业	47	43	13100.9	54133.4	5316.6	12144.7	43117.0
私营独资企业	3	3	302.3	2500.7	184.5	307.6	415.7
私营合伙企业							
私营有限责任公司	41	37	9698.7	47031.9	4865.5	8104.9	41446.7
私营股份有限公司	3	3	3099.9	4600.8	266.6	3732.2	1254.6
其他企业							
港、澳、台商投资企业							
合资经营企业(港或澳、台资)							
合作经营企业(港或澳、台资)							
港、澳、台商独资经营企业							
港、澳、台商投资股份有限公司							
其他港澳台投资企业							
外商投资企业	1	1	188.0	249.5		114.7	71.0
中外合资经营企业							
中外合作经营企业							
外资企业	1	1	188.0	249.5		114.7	71.0
外商投资股份有限公司							
其他外商投资企业							
3.按控股情况分							
国有控股	7	6	2035.5	6338.0	405.4	1314.8	2970.2
集体控股	13	12	3240.7	9116.0	1915.4	2816.3	35911.4
私人控股	103	94	51706.7	154232.8	14373.4	48787.6	95531.0
港澳台商控股							
外商控股							
其他	8	6	5201.1	10374.6	1376.1	4827.9	8649.6
4.按经营形式分							
独立门店	124	111	58488.6	171350.8	17059.8	56204.1	139100.0
连锁总店	3	3	2225.5	4043.3	962.4	596.2	2453.8
连锁门店	3	3	466.4	752.4	48.1	364.3	1375.3
其他	1	1	1003.5	3914.9		582.0	133.1
5.按单位规模分							
大型	1	1	2484.9	8271.5	1906.2	2629.6	35682.8
中型	35	31	30854.1	95354.1	3698.7	29054.8	77097.1
小型	76	69	27155.4	69706.4	12004	24371.9	29476.1
微型	19	17	1689.6	6729.4	461.4	1690.3	806.2

单位：万元

二、期末资产负债								
固定资产原价	累计折旧		在建工程	资产总计	流动负债合计		非流动负债合计	负债合计
		本年折旧				应付账款		
169633.6	27880.7	7347.7	1275.9	368341.3	233535.3	33574.8	19046.6	252581.9
123.0	3.6	1.2		603.1	414.0		78.5	492.5
452.6	224.0	0.4	10.7	1714.2	1058.9	76.2	43.1	1102.0
232.0	73.8	9.5		990.2	405.0	89.0		405.0
66572.6	16506.9	2051.1	888.4	153867.8	96713.3	20798.0	8395.6	105108.9
1977.4	940.6	94.1		5613.5	1189.5	264.6	1643.3	2832.8
64595.2	15566.3	1957.0	888.4	148254.3	95523.8	20533.4	6752.3	102276.1
54977.9	6635.4	4667.1	85.3	106508.9	61697.1	5869.2	3495.3	65192.4
47275.5	4437.0	618.4	291.5	104657.1	73247.0	6742.4	7034.1	80281.1
920.5	504.8	32.6		2916.4	532.4	192.0		532.4
44147.6	2745.2	301.3	168.1	95870.6	67995.0	4446.4	6995.4	74990.4
2207.4	1187.0	284.5	123.4	5870.1	4719.6	2104.0	38.7	4758.3
163.0	92.0	34.6		368.1	318.1			318.1
163.0	92.0	34.6		368.1	318.1			318.1
4264.7	1294.5	205.0		10809.8	4811.9	309.8	1874.4	6686.3
39899.9	3988.5	3764.9	10.7	47342.3	23243.5	3321.9	43.1	23286.6
108260.0	13967.3	2947.1	1265.2	288197.6	186877.6	27394.5	16879.1	203756.7
17372.0	8722.4	465.3		22359.7	18920.4	2548.6	250.0	19170.4
164841.9	26980.2	7123.5	1152.2	354301.5	226319.4	31827.0	15986.4	242305.8
3075.7	621.9	124.7		7709.4	2615.9	184.3	3006.6	5622.5
1704.3	329.0	102.3		2526.8	1757.0	1405.1	53.6	1810.6
174.7	41.6	31.8	123.7	4171.7	3161.1	158.4		3161.1
39447.3	3764.5	3764.5		45466.1	22184.6	3245.7		22184.6
94028.0	16930.9	1837.7	8.4	201569.8	136406.7	10844.0	11136.5	147543.2
35365.2	7049.5	1650.3	1202.0	113277.7	68792.5	18856.4	7901.4	76693.9
956.1	227.8	129.8	65.5	8395.8	6469.6	628.7	8.7	6478.3

15-5 续表 5

指　标	法人企业数(个)	执行《2006年企业会计准则》企业数(个)	一、年初存货	二、期末资产负债 流动资产合计	应收帐款	存货	固定资产合计
6.按零售业态分							
零售业态分组							
有店铺零售	131	118	62184.0	180061.4	18070.3	57746.6	143062.2
食杂店							
便利店	1	1	130.2	178.2	20.9	123.6	51.0
折扣店							
超市	13	11	4886.5	9702.8	1398	5441.8	10897.9
大型超市	2	2	1388.9	11040.6	7.9	2545.6	2636.3
仓储会员店							
百货店	31	26	16786.1	37206.8	3580.4	16263.3	66740.5
专业店	29	27	11951.7	31952.7	6044.6	10479.2	13303.6
加油站							
专卖店	49	45	22551.7	51775.2	6535	19339.8	13993.7
家居建材商店							
购物中心	2	2	935.7	26992.0	75	1084.0	31318.7
社区购物中心							
市区购物中心							
城郊购物中心							
厂家直销中心	4	4	3553.2	11213.1	408.5	2469.3	4120.5
无店铺零售							
电视购物							
邮购							
网上商店							
自动售货亭							
电话购物							
三、批发业按地区分组	**58**	**54**	**198087.9**	**742224.6**	**288591.4**	**308736.6**	**104309.6**
按全国地区分组							
市辖区							
东昌区	13	12	45746.5	422825.3	263118.5	55926.0	41456.9
二道江区	5	5	909.5	3094.7	483.3	204.7	1270.4
通化县	19	17	5973.8	29411.6	6963.7	7452.3	33756.5
辉南县	4	4	28244.3	49140.7	2914.5	40256.5	7835.2
柳河县	4	4	29244.3	68968.7	1254	58898.1	5390.4
梅河口市	10	9	87139.5	167264.8	13857.4	145999.0	12627.2
集安市	3	3	830.0	1518.8			1973.0
四、零售业按地区分组	**131**	**118**	**62184.0**	**180061.4**	**18070.3**	**57746.6**	**143062.2**
按全国地区分组							
市辖区							
东昌区	43	40	23313.7	97588.3	10009.7	23719.9	87253.9
二道江区	10	8	1688.8	1357.7	69.2	1054.6	2998.1
通化县	11	9	363.2	1133.8	66.1	405.6	896.6
辉南县	16	16	4641.9	14368.6	2169.3	4432.2	8070.9
柳河县	7	7	2597.2	5297.0	1094	2183.4	5897.6
梅河口市	35	30	28844.2	48660.0	4662	25899.8	31391.4
集安市	9	8	735	11656		51.1	6553.7

单位：万元

二、期末资产负债								
固定资产原价	累计折旧		在建工程	资产总计	流动负债合计		非流动负债合计	负债合计
		本年折旧				应付账款		
169796.6	27972.7	7382.3	1275.9	368709.4	233853.4	33574.8	19046.6	252900.0
92.0	41.0	9.2		382.6	227.5	18.2		227.5
13855.0	2957.1	781.2		25513.6	15692.0	2082.2	3644.2	19336.2
3637.5	1001.2	132.6		13691.6	4417.7	1459.9	1538.7	5956.4
81580.7	14840.2	4061.1	10.7	107380.2	52744.2	11279.6	2150.1	54894.3
15731.7	2706.6	696.6	177.9	51266.4	38598.4	8823.1	1984.9	40583.3
18309.0	4393.2	1482.7	138.6	95195.5	57494.7	8291.3	9620.1	67114.8
32686.2	1367.5	0.3		59336.4	52742.5			52742.5
3904.5	665.9	218.6	948.7	15943.1	11936.4	1620.5	108.6	12045.0
147187.9	**43520.4**	**21377.0**	**5210.9**	**897194.1**	**717999.4**	**249527.0**	**11584.1**	**729583.4**
68954.2	28139.4	19786.2	1408.7	484252.2	386576.3	227210.8	2677.1	389253.3
2488.0	1217.6	263.9		5095.7	1103.4	465.0	129.0	1232.4
34076.6	320.1	73.8		84543.6	48855.8	10577.7	1003.2	49859.0
13880.4	6045.2	430.6	2784.1	61280.0	52067.3	6394.2	44.5	52111.8
7325.9	1935.5	79.6	1018.1	77241.2	66188.2	3186.4	3271.9	69460.1
18410.8	5783.6	742.9		181289.6	161938.4	1692.9	3308.4	165246.8
2052.0	79.0			3491.8	1270.0		1150.0	2420.0
169796.6	**27972.7**	**7382.3**	**1275.9**	**368709.4**	**233853.4**	**33574.8**	**19046.6**	**252900.0**
97491.8	11431.9	5837.7	1157.4	214269.0	162842.2	16213.7	4302.3	167144.5
4247.1	1249.0	86.9		6145.6	1977.3	1571.3		1977.3
1063.9	211.6	57.3	55.1	3181.8	2351.3	534.0	243.1	2594.4
16874.3	8803.4	233.3		22535.6	12521.4	3549.8	653.3	13174.7
7478.3	1580.7	678.2		13815.4	8521.0	907.8	255.0	8776.0
35733.2	4341.8	486.6	61.7	90552.3	41652.5	10798.2	9939.9	51592.4
6908	354.3	2.3	1.7	18209.7	3987.7		3653	7640.7

15-5　续表 6

指　标	二、期末资产负债					
	所有者权益	实收资本				
			国家资本	集体资本	法人资本	个人资本
总　计	**283420.1**	**157647.3**	**39922.9**	**955.4**	**71418.9**	**45300.1**
一、批发业	**167610.7**	**66241.9**	**37517.0**		**14112.7**	**14612.2**
1.按批发行业小类分						
农、林、牧产品批发	14485.5	10471.8	5541.3		4930.5	
谷物、豆及薯类批发	14485.5	10471.8	5541.3		4930.5	
种子批发						
饲料批发						
棉、麻批发						
林业产品批发						
牲畜批发						
其他农牧产品批发						
食品、饮料及烟草制品批发	57300.5	14577.8	9975.7		3822.1	780.0
米、面制品及食用油批发	12318.2	8280.2	8252.2		28.0	
糕点、糖果及糖批发						
果品、蔬菜批发						
肉、禽、蛋、奶及水产品批发	875.0	750.0				750.0
盐及调味品批发	982.1	529.3	529.3			
营养和保健品批发						
酒、饮料及茶叶批发	-630.1	3584.1			3554.1	30.0
烟草制品批发	43507.1	1194.2	1194.2			
其他食品批发	248.2	240.0			240.0	
纺织、服装及家庭用品批发	986.0	986.0				986.0
纺织品、针织品及原料批发						
服装批发						
鞋帽批发						
化妆品及卫生用品批发						
厨房、卫生间用具及日用杂货批发						
灯具、装饰物品批发						
家用电器批发						
其他家庭用品批发	986.0	986.0				986.0
文化、体育用品及器材批发						
文具用品批发						
体育用品及器材批发						
图书批发						
报刊批发						
音像制品及电子出版物批发						
首饰、工艺品及收藏品批发						
其他文化用品批发						
医药及医疗器材批发	62676.6	13674.7			4043.0	9631.7
西药批发	5108.7	2850.0			1703.0	1147.0
中药批发	57567.9	10824.7			2340.0	8484.7
医疗用品及器材批发						
矿产品、建材及化工产品批发	32052.6	26195.8	22000.0		1117.1	3078.7
煤炭及制品批发	1865.4	1865.4			817.1	1048.3
石油及制品批发	-3980.9					
非金属矿及制品批发						
金属及金属矿批发	32170.2	22400.0	22000.0		300.0	100.0

单位：万元

二、期末资产负债		三、损益及分配							
港澳台资本	外商资本	营业收入	主营业务收入	营业成本	主营业务成本	营业税金及附加	主营业务税金及附加	其他业务利润	销售费用
	50.0	**3002745.0**	**2987158.9**	**2640765.6**	**2637917.9**	**52007.6**	**51615.4**	**83382.5**	**166651.1**
		1730467.3	**1725812.8**	**1478827.9**	**1476332.5**	**28627.6**	**28432.1**	**44928.0**	**136983.2**
		61107.7	61106.9	57064.6	57064.6	153.3	19.0		3593.0
		61107.7	61106.9	57064.6	57064.6	153.3	19.0		3593.0
		216632.0	216395.5	173528.2	173107.6	17125.7	17125.7	112.8	6255.1
		26465.6	26341.4	26755.5	26341.4	4.3	4.3		939.6
		10236.1	10236.1	9714.7	9714.7	165.3	165.3		98.7
		2448.1	2448.1	1245.2	1245.2	19.2	19.2	7.1	200.2
		19443.5	19443.5	18636.0	18636.0	161.0	161.0		838.7
		150312.8	150200.5	109853.7	109847.2	16752.7	16752.7	105.7	3832.4
		7725.9	7725.9	7323.1	7323.1	23.2	23.2		345.5
		46570.9	46570.9	44555.9	44555.9	83.0	83.0		370.0
		46570.9	46570.9	44555.9	44555.9	83.0	83.0		370.0
		749461.7	747276.1	583344.4	583191.0	4391.2	4365.8	43977.3	106971.6
		196783.8	196592.3	168540.2	168540.2	485.0	485.0		20777.6
		552677.9	550683.8	414804.2	414650.8	3906.2	3880.8	43977.3	86194.0
		618887.7	616656.1	583092.8	581171.4	6867.8	6832.0	837.9	19773.7
		63597.0	63597.0	58772.6	58772.6	2658.7	2658.7		977.7
		182124.4	179897.0	172010.1	170088.7	126.5	123.3	837.9	15792.2
		319723.4	319719.2	306573.7	306573.7	1477.6	1477.6		495.0

15-5 续表 7

指标	二、期末资产负债					
	所有者权益	实收资本	国家资本	集体资本	法人资本	个人资本
建材批发	1997.9	1930.4				1930.4
化肥批发						
农药批发						
农用薄膜批发						
其他化工产品批发						
机械设备、五金产品及电子产品批发	23.7	250.0			200.0	50.0
农业机械批发						
汽车批发						
汽车零配件批发						
摩托车及零配件批发						
五金产品批发						
电气设备批发						
计算机、软件及辅助设备批发						
通讯及广播电视设备批发						
其他机械设备及电子产品批发	23.7	250.0			200.0	50.0
贸易经纪与代理						
贸易代理						
拍卖						
其他贸易经纪与代理						
其他批发业	85.8	85.8				85.8
再生物资回收与批发						
其他未列明批发业	85.8	85.8				85.8
2.按登记注册类型分						
按登记注册类型分						
内资企业	168346.4	62726.3	37517.0		10597.1	14612.2
国有企业	69688.2	19816.7	14987.7		4829.0	
集体企业						
股份合作企业						
联营企业						
国有联营企业						
集体联营企业						
国有与集体联营企业						
其他联营企业						
有限责任公司	51046.5	28590.5	22529.3		2752.1	3309.1
国有独资公司	27893.4	22529.3	22529.3			
其他有限责任公司	23153.1	6061.2			2752.1	3309.1
股份有限公司	7859.2	2200.0			1495.0	705.0
私营企业	39752.5	12119.1			1521.0	10598.1
私营独资企业						
私营合伙企业						
私营有限责任公司	39752.5	12119.1			1521.0	10598.1
私营股份有限公司						
其他企业						
港、澳、台商投资企业	-735.7	3515.6			3515.6	
合资经营企业(港或澳、台资)						
合作经营企业(港或澳、台资)						
港、澳、台商独资经营企业	-735.7	3515.6			3515.6	
港、澳、台商投资股份有限公司						
其他港澳台投资企业						

单位：万元

二、期末资产负债		三、损益及分配							
港澳台资本	外商资本	营业收入	主营业务收入	营业成本	主营业务成本	营业税金及附加	主营业务税金及附加	其他业务利润	销售费用
		53442.9	53442.9	45736.4	45736.4	2605.0	2572.4		2508.8
		7635.9	7635.9	7352.1	7352.1	1.4	1.4		11.5
		7635.9	7635.9	7352.1	7352.1	1.4	1.4		11.5
		30171.4	30171.4	29889.9	29889.9	5.2	5.2		8.3
		30171.4	30171.4	29889.9	29889.9	5.2	5.2		8.3
		1727341.0	1722686.5	1475770.6	1473275.2	28627.6	28432.1	44928.0	136421.8
		398743.8	396279.1	346134.1	343792.1	17015.1	16877.6	943.6	21450.2
		582117.7	580119.4	509979.7	509826.3	5245.8	5213.2	43984.4	28946.9
		303215.6	303211.4	290643.7	290643.7	816.9	816.9	7.1	2802.6
		278902.1	276908.0	219336.0	219182.6	4428.9	4396.3	43977.3	26144.3
		385789.8	385789.8	304947.6	304947.6	1640.2	1640.2		61278.9
		360689.7	360498.2	314709.2	314709.2	4726.5	4701.1		24745.8
		360689.7	360498.2	314709.2	314709.2	4726.5	4701.1		24745.8
		3126.3	3126.3	3057.3	3057.3				561.4
		3126.3	3126.3	3057.3	3057.3				561.4

15-5 续表 8

指　　标	二、期末资产负债					
	所有者权益	实收资本				
			国家资本	集体资本	法人资本	个人资本
外商投资企业						
中外合资经营企业						
中外合作经营企业						
外资企业						
外商投资股份有限公司						
其他外商投资企业						
3.按控股情况分						
国有控股	97581.6	42346.0	37517.0		4829.0	
集体控股						
私人控股	68838.6	18578.5			4178.1	14400.4
港澳台商控股	-735.7	3515.6			3515.6	
外商控股						
其他	1926.2	1801.8			1590.0	211.8
4.按经营形式分						
独立门店	101899.0	52475.9	30781.5		7087.2	14607.2
连锁总店						
连锁门店						
其他	65711.7	13766.0	6735.5		7025.5	5.0
5.按单位规模分						
大型	49334.1	2194.2	1194.2		1000.0	
中型	73933.2	28015.6	13793.5		7133.6	7088.5
小型	44014.0	35822.1	22529.3		5779.1	7513.7
微型	329.4	210.0			200.0	10.0
二、零售业	**115809.4**	**91405.4**	**2405.9**	**955.4**	**57306.2**	**30687.9**
1.按零售行业小类分						
综合零售	63017.7	53491.1	100.0	806.7	41298.1	11236.3
百货零售	25630.5	23905.6	100.0	162.0	20407.2	3236.4
超级市场零售	35881.8	28364.2			20384.2	7980.0
其他综合零售	1505.4	1221.3		644.7	506.7	19.9
食品、饮料及烟草制品专门零售	921.2	574.6			309.6	265.0
粮油零售	190.7	149.6			149.6	
糕点、面包零售						
果品、蔬菜零售						
肉、禽、蛋、奶及水产品零售						
营养和保健品零售	293.0	160.0			160.0	
酒、饮料及茶叶零售	282.4	165.0				165.0
烟草制品零售						
其他食品零售	155.1	100.0				100.0
纺织、服装及日用品专门零售	12719.6	8658.9			1369.9	7289.0
纺织品及针织品零售						
服装零售	8205.9	7014.0				7014.0
鞋帽零售						
化妆品及卫生用品零售	1123.8	217.1			167.1	50.0
钟表、眼镜零售	1999.1	37.0			37.0	
箱、包零售						

单位：万元

二、期末资产负债		三、损益及分配							
港澳台资本	外商资本	营业收入	主营业务收入	营业成本	主营业务成本	营业税金及附加	主营业务税金及附加	其他业务利润	销售费用
		701959.4	699490.5	636777.8	634435.8	17832.0	17694.5	950.7	24252.8
		932792.9	930651.4	750563.5	750454.3	10671.7	10613.7	43977.4	110401.6
		3126.3	3126.3	3057.3	3057.3				561.4
		92588.7	92544.6	88429.3	88385.1	123.9	123.9	-0.1	1767.4
		1127394.9	1122897.6	1002815.6	1000370.9	10080.4	10019.2	44822.4	67498.3
		603072.4	602915.2	476012.3	475961.6	18547.2	18412.9	105.6	69484.9
		518830.1	518717.8	398486.5	398480.0	18323.0	18323.0	105.7	64874.7
		756804.2	752501.8	659553.2	657108.5	4373.3	4210.4	44258.5	65414.7
		451984.3	451744.5	418737.6	418693.4	5925.8	5893.2	7.0	6693.8
		2848.7	2848.7	2050.6	2050.6	5.5	5.5	556.8	
	50.0	**1272277.7**	**1261346.1**	**1161937.7**	**1161585.4**	**23380.0**	**23183.3**	**38454.5**	**29667.9**
	50.0	337899.6	327356.1	301541.8	301197.3	2589.8	2410.6	2845.4	8985.5
		102949.9	98213.4	87244.2	86901.5	1216.2	1040.8	2497.8	2162.9
		187664.7	181903.7	170884.4	170884.4	1089.4	1088.6	306.5	4425.9
	50.0	47285.0	47239.0	43413.2	43411.4	284.2	281.2	41.1	2396.7
		39444.4	39409.4	34194.6	34194.6	597.5	593.1	35399.4	2230.8
		13627.5	13592.5	11948.0	11948.0	244.9	240.5	34940.0	647.1
		1574.4	1574.4	1425.0	1425.0	16.0	16.0		24.0
		11687.2	11687.2	10415.4	10415.4	290.9	290.9	459.4	416.1
		12555.3	12555.3	10406.2	10406.2	45.7	45.7		1143.6
		383465.7	383465.7	349051.8	349051.8	16400.8	16400.8		7424.0
		190705.8	190705.8	173629.3	173629.3	2489.8	2489.8		6752.8
		13735.2	13735.2	12335.7	12335.7	47.3	47.3		458.1
		441.2	441.2	331.3	331.3	5.1	5.1		

15-5 续表 9

指标	二、期末资产负债					
	所有者权益	实收资本				
			国家资本	集体资本	法人资本	个人资本
厨房用具及日用杂品零售						
自行车零售						
其他日用品零售	1390.8	1390.8			1165.8	225.0
文化、体育用品及器材专门零售	4124.2	2231.3	1305.9	148.7	694.7	82.0
文具用品零售						
体育用品及器材零售	96.4	50.0				50.0
图书、报刊零售	3099.7	1700.6	1305.9		394.7	
音像制品及电子出版物零售						
珠宝首饰零售						
工艺美术品及收藏品零售						
乐器零售						
照相器材零售						
其他文化用品零售	928.1	480.7		148.7	300.0	32.0
医药及医疗器材专门零售	6080.0	4307.1			3222.1	1085.0
药品零售	5743.4	4007.1			3222.1	785.0
医疗用品及器材零售	336.6	300.0				300.0
汽车、摩托车、燃料及零配件专门零售	21481.0	18190.9	1000.0		8565.9	8625.0
汽车零售	21387.7	18140.9	1000.0		8565.9	8575.0
汽车零配件零售						
摩托车及零配件零售	93.3	50.0				50.0
机动车燃料零售						
家用电器及电子产品专门零售	5220.9	2284.0			1263.1	1020.9
家用视听设备零售	4164.9	1363.1			1263.1	100.0
日用家电设备零售						
计算机、软件及辅助设备零售	1056.0	920.9				920.9
通信设备零售						
其他电子产品零售						
五金、家具及室内装饰材料专门零售	856.1	641.4			198.3	443.1
五金零售	583.8	541.4			198.3	343.1
灯具零售						
家具零售						
涂料零售						
卫生洁具零售	56.8	50.0				50.0
木质装饰材料零售						
陶瓷、石材装饰材料零售						
其他室内装饰材料零售	215.5	50.0				50.0
货摊、无店铺及其他零售业	1388.7	1026.1			384.5	641.6
货摊食品零售						
货摊纺织、服装及鞋零售						
货摊日用品零售						
互联网零售						
邮购及电视、电话零售						
旧货零售						
生活用燃料零售	599.0	430.0			300.0	130.0
其他未列明零售业	789.7	596.1			84.5	511.6
2.按登记注册类型分						
按登记注册类型分						

单位：万元

二、期末资产负债		三、损益及分配							
港澳台资本	外商资本	营业收入	主营业务收入	营业成本	主营业务成本	营业税金及附加	主营业务税金及附加	其他业务利润	销售费用
		178583.5	178583.5	162755.5	162755.5	13858.6	13858.6		213.1
		17835.2	17572.8	14236.8	14235.0	415.9	412.8	54.8	955.5
		2378.5	2378.5	1988.1	1988.1	152.4	152.4		135.7
		8029.1	7908.9	6203.3	6201.5	10.3	7.2	54.8	449.7
		7427.6	7285.4	6045.4	6045.4	253.2	253.2		370.1
		116983.9	116983.9	106913.3	106913.3	692.2	692.2		3557.7
		109312.2	109312.2	99859.1	99859.1	497.4	497.4		3349.1
		7671.7	7671.7	7054.2	7054.2	194.8	194.8		208.6
		300039.6	299948.9	288230.1	288224.1	1045.5	1045.5	154.9	3468.9
		294496.5	294405.8	283793.5	283787.5	811.4	811.4	154.9	2992.0
		5543.1	5543.1	4436.6	4436.6	234.1	234.1		476.9
		46155.3	46155.3	41341.8	41341.8	527.9	527.9		2532.0
		27251.3	27251.3	24643.5	24643.5	115.6	115.6		1821.5
		18904.0	18904.0	16698.3	16698.3	412.3	412.3		710.5
		10095.8	10095.8	8306.3	8306.3	962.1	962.1		296.4
		7186.4	7186.4	5659.6	5659.6	959.2	959.2		157.8
		671.8	671.8	640.0	640.0	1.7	1.7		13.7
		2237.6	2237.6	2006.7	2006.7	1.2	1.2		124.9
		20358.2	20358.2	18121.2	18121.2	148.3	138.3		217.1
		7279.6	7279.6	6535.9	6535.9	24.5	24.5		153.0
		13078.6	13078.6	11585.3	11585.3	123.8	113.8		64.1

15-5 续表 10

指标	二、期末资产负债					
	所有者权益	实收资本				
			国家资本	集体资本	法人资本	个人资本
内资企业	115759.4	91355.4	2405.9	955.4	57306.2	30687.9
国有企业	110.6	100.0	100.0			
集体企业	612.2	813.3		793.4		19.9
股份合作企业	585.2	100.0			100.0	
联营企业						
国有联营企业						
集体联营企业						
国有与集体联营企业						
其他联营企业						
有限责任公司	48758.9	39212.8	2305.9	162.0	30932.4	5812.5
国有独资公司	2780.7	1620.6	1305.9		314.7	
其他有限责任公司	45978.2	37592.2	1000.0	162.0	30617.7	5812.5
股份有限公司	41316.5	33092.8			22582.5	10510.3
私营企业	24376.0	18036.5			3691.3	14345.2
私营独资企业	2384.0	277.4			120.0	157.4
私营合伙企业						
私营有限责任公司	20880.2	16559.1			2471.3	14087.8
私营股份有限公司	1111.8	1200.0			1100.0	100.0
其他企业						
港、澳、台商投资企业						
合资经营企业(港或澳、台资)						
合作经营企业(港或澳、台资)						
港、澳、台商独资经营企业						
港、澳、台商投资股份有限公司						
其他港澳台投资企业						
外商投资企业	50.0	50.0				
中外合资经营企业						
中外合作经营企业						
外资企业	50.0	50.0				
外商投资股份有限公司						
其他外商投资企业						
3.按控股情况分						
国有控股	4123.5	2770.6	2405.9		364.7	
集体控股	24055.7	19522.3		955.4	18547.0	19.9
私人控股	84440.9	66905.3			36417.3	30488.0
港澳台商控股						
外商控股						
其他	3189.3	2207.2			1977.2	180.0
4.按经营形式分						
独立门店	111995.7	87265.5	2405.9	955.4	54676.3	29227.9
连锁总店	2086.9	2462.7			2202.7	260.0
连锁门店	716.2	477.2			427.2	
其他	1010.6	1200.0				1200.0
5.按单位规模分						
大型	23281.5	18547.0			18547.0	
中型	54026.6	46310.0	100.0		29522.3	16687.7
小型	36583.8	23975.0	2305.9	875.7	8716.9	12026.5
微型	1917.5	2573.4		79.7	520.0	1973.7

单位：万元

二、期末资产负债		三、损益及分配							
港澳台资本	外商资本	营业收入	主营业务收入	营业成本	主营业务成本	营业税金及附加	主营业务税金及附加	其他业务利润	销售费用
		1270548.1	1259662.5	1160527.4	1160176.9	23369.1	23175.4	38413.4	29216.7
		7660.3	7660.3	6937.8	6937.8	138.4	138.4		298.4
		28846.8	28704.6	25037.9	25037.9	443.7	443.7		2128.1
		3513.9	3513.9	3165.0	3165.0	16.0	16.0		
		731641.6	726620.4	676553.9	676203.4	18130.2	17947.3	37797.5	12567.6
		5910.9	5800.7	4296.3	4295.0	8.1	5.0	45.3	393.7
		725730.7	720819.7	672257.6	671908.4	18122.1	17942.3	37752.2	12173.9
		184958.8	179257.2	166372.1	166372.1	554.8	554.8	39.5	3422.9
		313926.7	313906.1	282460.7	282460.7	4086.0	4075.2	576.4	10799.7
		15307.4	15307.4	14704.8	14704.8	35.8	35.8		172.0
		273300.7	273280.1	245143.9	245143.9	3407.5	3396.7	552.6	9319.7
		25318.6	25318.6	22612.0	22612.0	642.7	642.7	23.8	1308.0
	50.0	1729.6	1683.6	1410.3	1408.5	10.9	7.9	41.1	451.2
	50.0	1729.6	1683.6	1410.3	1408.5	10.9	7.9	41.1	451.2
		19695.3	19520.1	16583.7	16575.9	149.6	146.5	103.8	748.1
		77906.2	72076.0	65448.0	65448.0	937.1	937.1		3188.0
		1080538.5	1075693.3	990646.6	990303.9	21548.1	21361.9	3196.0	24006.7
	50.0	94137.7	94056.7	89259.4	89257.6	745.2	737.8	35154.7	1725.1
		1224775.1	1216190.9	1123170.7	1122820.7	22925.8	22732.1	38338.6	27056.2
		21029.2	20976.8	16408.8	16408.8	39.1	39.1	52.5	2104.5
	50.0	20326.6	18031.6	16537.1	16534.8	415.1	412.1	50.6	507.2
		6146.8	6146.8	5821.1	5821.1			12.8	
		47201.4	41513.4	38946.0	38946.0	406.1	406.1		1059.9
		701530.1	698980.2	643649.4	643306.7	17671.1	17495.7	2749.8	15013.8
	50.0	475959.8	473279.7	436084.6	436075.0	4206.5	4185.2	35691.1	12453.7
		47586.4	47572.8	43257.7	43257.7	1096.3	1096.3	13.6	1140.5

15-5 续表 11

指 标	二、期末资产负债					
	所有者权益	实收资本				
			国家资本	集体资本	法人资本	个人资本
6.按零售业态分						
零售业态分组						
有店铺零售	115809.4	91405.4	2405.9	955.4	57306.2	30687.9
食杂店						
便利店	155.1	100.0				100.0
折扣店						
超市	6177.4	4020.1			1481.1	2489.0
大型超市	7735.2	7600.0			100.0	7500.0
仓储会员店						
百货店	52485.9	44097.3	100.0	955.4	40033.7	3008.2
专业店	10683.1	10046.8	499.0		6640.2	2907.6
加油站						
专卖店	28080.7	14646.4	806.9		5784.5	8055.0
家居建材商店						
购物中心	6593.9	6593.9			1165.8	5428.1
社区购物中心						
市区购物中心						
城郊购物中心						
厂家直销中心	3898.1	4300.9	1000.0		2100.9	1200.0
无店铺零售						
电视购物						
邮购						
网上商店						
自动售货亭						
电话购物						
三、批发业按地区分组	**167610.7**	**66241.9**	**37517.0**		**14112.7**	**14612.2**
按全国地区分组						
市辖区						
东昌区	94998.9	26632.0	23723.5		1908.5	1000.0
二道江区	3863.3	3795.8			817.1	2978.7
通化县	34684.6	12795.6			5455.6	7340.0
辉南县	9168.2	6009.3	5541.3		468.0	
柳河县	7781.1	5062.5			4787.5	275.0
梅河口市	16042.8	10874.9	8252.2		676.0	1946.7
集安市	1071.8	1071.8				1071.8
四、零售业按地区分组	**115809.4**	**91405.4**	**2405.9**	**955.4**	**57306.2**	**30687.9**
按全国地区分组						
市辖区						
东昌区	47124.5	42051.4	1499.0		30984.3	9518.1
二道江区	4168.3	4160.1		641.3	605.5	2913.3
通化县	587.4	734.0		314.1	50.0	369.9
辉南县	9360.9	3519.1	174.1		2930.0	415.0
柳河县	5039.4	999.7			514.7	485.0
梅河口市	38959.9	29570.5	732.8		22221.7	6616.0
集安市	10569	10370.6				10370.6

单位：万元

二、期末资产负债		三、损益及分配							
港澳台资本	外商资本	营业收入	主营业务收入	营业成本	主营业务成本	营业税金及附加	主营业务税金及附加	其他业务利润	销售费用
	50.0	1272277.7	1261346.1	1161937.7	1161585.4	23380.0	23183.3	38454.5	29667.9
		12555.3	12555.3	10406.2	10406.2	45.7	45.7		1143.6
	50.0	121674.9	119281.9	110824.5	110822.7	609.1	600.9	35287.6	2955.6
		15055.8	15055.8	12320.0	12320.0	58.1	58.1		1620.2
		337862.1	329534.4	300476.4	300133.7	4091.8	3916.4	2497.8	9773.6
		109527.1	109527.1	97794.5	97794.5	2347.0	2337.0	535.6	2639.3
		406601.4	406445.7	383317.6	383315.8	1752.0	1748.9	41.9	8976.4
		247552.4	247552.4	226779.5	226779.5	14469.0	14469.0		2383.4
		21448.7	21393.5	20019.0	20013.0	7.3	7.3	91.6	175.8
		1730467.3	**1725812.8**	**1478827.9**	**1476332.5**	**28627.6**	**28432.1**	**44928.0**	**136983.2**
		1248770.4	1244285.0	1034950.2	1032913.1	20472.8	20469.6	44371.3	124270.0
		117039.9	117039.9	104509.0	104509.0	5263.7	5231.1		3486.5
		98916.4	98872.3	87169.3	87125.1	1111.9	1111.9	556.7	2468.3
		63442.2	63442.2	61341.5	61341.5	41.0	41.0		2251.2
		35436.8	35436.0	29549.1	29549.1	832.5	672.8		2153.0
		90119.3	89995.1	86863.0	86448.9	817.5	817.5		1975.9
		76742.3	76742.3	74445.8	74445.8	88.2	88.2		378.3
	50.0	**1272277.7**	**1261346.1**	**1161937.7**	**1161585.4**	**23380.0**	**23183.3**	**38454.5**	**29667.9**
	50.0	479576.8	473634.1	435562.4	435554.1	15558.1	15549.9	35430.1	10674.3
		50153.8	47772.6	41385.8	41385.8	1730.8	1720.8		1015.5
		35882.6	35882.6	32842.4	32842.4	186.1	186.1	59.8	1794.6
		128970.0	128925.6	122872.6	122872.6	723.4	723.4		1072.3
		131498.2	131489.6	122914.2	122912.9	792.0	792.0	7.4	2665.4
		396619.8	394065.1	365914.4	365571.7	4292.3	4113.8	2957.2	11713.9
		49576.5	49576.5	40445.9	40445.9	97.3	97.3		731.9

15-5　续表 12

指　　标	三、损益及分配						
	管理费用	税　金	财务费用	利息收入	利息支出	资产减值损　失	公允价值变动收益
总　计	**57037.6**	**2396.2**	**20508.8**	**3022.5**	**12453.0**	**1713.3**	
一、批发业	**26125.9**	**725.2**	**16918.2**	**2612.4**	**10286.9**	**1682.0**	
1.按批发行业小类分							
农、林、牧产品批发	1694.0	3.1	2287.3	39.1	2311.6	0.3	
谷物、豆及薯类批发	1694.0	3.1	2287.3	39.1	2311.6	0.3	
种子批发							
饲料批发							
棉、麻批发							
林业产品批发							
牲畜批发							
其他农牧产品批发							
食品、饮料及烟草制品批发	10733.0	42.7	2806.8	1440.5	4180.2	1.9	
米、面制品及食用油批发	2128.5	9.5	3936.4	230.6	4162.4		
糕点、糖果及糖批发							
果品、蔬菜批发							
肉、禽、蛋、奶及水产品批发	87.5	3.5	3.3		3.3		
盐及调味品批发	919.5	17.9	0.5	0.4			
营养和保健品批发							
酒、饮料及茶叶批发	260.9	9.2	-2.4	17.3	14.5		
烟草制品批发	7312.9	0.3	-1133.2	1192.2		1.9	
其他食品批发	23.7	2.3	2.2				
纺织、服装及家庭用品批发	302.0						
纺织品、针织品及原料批发							
服装批发							
鞋帽批发							
化妆品及卫生用品批发							
厨房、卫生间用具及日用杂货批发							
灯具、装饰物品批发							
家用电器批发							
其他家庭用品批发	302.0						
文化、体育用品及器材批发							
文具用品批发							
体育用品及器材批发							
图书批发							
报刊批发							
音像制品及电子出版物批发							
首饰、工艺品及收藏品批发							
其他文化用品批发							
医药及医疗器材批发	11050.9	167.1	1024.7	45.5	390.5	1679.8	
西药批发	580.9	69.2	112.7	14.7	127.0	1688.3	
中药批发	10470.0	97.9	912.0	30.8	263.5	-8.5	
医疗用品及器材批发							
矿产品、建材及化工产品批发	2082.4	511.6	10799.3	1087.3	3404.5		
煤炭及制品批发	224.0						
石油及制品批发	311.3	382.0	864.2	709.3	119.3		
非金属矿及制品批发							
金属及金属矿批发	983.9	129.6	9746.5	378	3285.2		

单位：万元

三、损益及分配							四、人工成本及增值税		五、从事批发和零售业活动的从业人员平均人数（人）
投资收益	营业利润	营业外收入	政府补助	营业外支出	利润总额	应交所得税	应付职工薪酬（本年货方累计发生额）	应交增值税	
130.2	**64249.0**	**17405.8**	**13184.1**	**3920.3**	**71407.0**	**6344.8**	**30151.9**	**42845.0**	**9852**
130.2	**41439.8**	**16709.7**	**13115.9**	**1569.7**	**53867.3**	**4835.6**	**14156.0**	**37079.5**	**3537**
	-3684.8	5439.1	5430.2	764.6	1041.6	73.9	2073.1	93.4	299
	-3684.8	5439.1	5430.2	764.6	1041.6	73.9	2073.1	93.4	299
130.2	6318.6	8245.6	7471.7	208.1	14307.9	27.5	5602.9	7211.0	827
	-7298.7	7718.1	7454.7	7.2	412.0	0.4	1457.5		111
	166.6				166.6		319.0	52.1	106
1.1	71.8	19.9	17.0	9.5	82.1	23.7	542.3	165.0	111
	-450.8	5.9		0.4	-493.2	1.4	252.4	122.4	85
129.1	13821.5	501.7		191.0	14132.2		2997.3	6848.4	392
	8.2				8.2	2.0	34.4	23.1	22
	1260.0				1260.0		108.0		40
	1260.0				1260.0		108.0		40
	40999.1	1984.0	14.0	42.2	40628.7	4716.3	4716.1	19392.4	1171
	4599.1	16.8		0.4	4615.3	1151.6	624.2	3881.2	186
	36400.0	1967.2	14.0	41.8	36013.4	3564.7	4091.9	15511.2	985
	-3728.3	1041.0	200.0	554.8	-3646.1	17.9	1533.5	10380.5	1155
	964.0				964.0		111.5		260
	-6979.9	840.9		1.4	-6140.4		1130.9	3557.3	814
	446.7	200.1	200.0	553.4	191.3	17.9	221.0	6823.2	56

15-5 续表 13

指标	三、损益及分配						
	管理费用	税金	财务费用	利息收入	利息支出	资产减值损失	公允价值变动收益
建材批发	563.2		188.6				
化肥批发							
农药批发							
农用薄膜批发							
其他化工产品批发							
机械设备、五金产品及电子产品批发	253.6	0.7	0.1		0.1		
农业机械批发							
汽车批发							
汽车零配件批发							
摩托车及零配件批发							
五金产品批发							
电气设备批发							
计算机、软件及辅助设备批发							
通讯及广播电视设备批发							
其他机械设备及电子产品批发	253.6	0.7	0.1		0.1		
贸易经纪与代理							
贸易代理							
拍卖							
其他贸易经纪与代理							
其他批发业	10.0						
再生物资回收与批发							
其他未列明批发业	10.0						
2.按登记注册类型分							
按登记注册类型分							
内资企业	26069.6	721.2	16921.7	2595.1	10273.5	1682.0	
国有企业	11212.1	374.1	5763.2	2171.2	6445.4	2.2	
集体企业							
股份合作企业							
联营企业							
国有联营企业							
集体联营企业							
国有与集体联营企业							
其他联营企业							
有限责任公司	7491.8	176.8	9948.1	387.4	3251.5	-8.5	
国有独资公司	1512.8	125.1	9642.5	378.4	3162.1		
其他有限责任公司	5979.0	51.7	305.6	9	89.4	-8.5	
股份有限公司	3673.0	45.3	143.3	28.1	161.8		
私营企业	3692.7	125.0	1067.1	8.4	414.8	1688.3	
私营独资企业							
私营合伙企业							
私营有限责任公司	3692.7	125.0	1067.1	8.4	414.8	1688.3	
私营股份有限公司							
其他企业							
港、澳、台商投资企业	56.3	4.0	-3.5	17.3	13.4		
合资经营企业(港或澳、台资)							
合作经营企业(港或澳、台资)							
港、澳、台商独资经营企业	56.3	4.0	-3.5	17.3	13.4		
港、澳、台商投资股份有限公司							
其他港澳台投资企业							

单位：万元

三、损益及分配							四、人工成本及增值税		五、从事批发和零售业活动的从业人员平均人数(人)
投资收益	营业利润	营业外收入	政府补助	营业外支出	利润总额	应交所得税	应付职工薪酬(本年货方累计发生额)	应交增值税	
	1840.9				1339.0		70.1		25
	17.2				17.2		72.0	2.2	24
	17.2				17.2		72.0	2.2	24
	258.0				258.0		50.4		21
	258.0				258.0		50.4		21
130.2	41985.1	16703.8	13115.9	1569.3	54407.0	4835.6	13978.2	37079.5	3483
129.1	-2704.0	14498.2	12884.9	308.8	11437.1	74.3	7003.0	10363.2	1484
1.1	20522.2	2117.2	231.0	48.5	22088.6	226.5	3254.4	14116.7	973
1.1	-2194.6	221.6	217.0	9.5	-1982.7	41.6	1101.7	6823.1	195
	22716.8	1895.6	14.0	39.0	24071.3	184.9	2152.7	7293.6	778
	14106.8	72.2		3.1	14175.9	3443.4	1894.6	8153.8	430
	10060.1	16.2		1208.9	6705.4	1091.4	1826.2	4445.8	596
	10060.1	16.2		1208.9	6705.4	1091.4	1826.2	4445.8	596
	-545.3	5.9		0.4	-539.7		177.8		54
	-545.3	5.9		0.4	-539.7		177.8		54

15-5 续表 14

指 标	三、损益及分配						
	管理费用		财务费用			资产减值损失	公允价值变动收益
		税 金		利息收入	利息支出		
外商投资企业							
中外合资经营企业							
中外合作经营企业							
外资企业							
外商投资股份有限公司							
其他外商投资企业							
3.按控股情况分							
国有控股	12724.9	499.2	15405.7	2549.6	9607.5	2.2	
集体控股							
私人控股	12602.4	206.5	1520.2	39	666.3	1688.3	
港澳台商控股	56.3	4.0	-3.5	17.3	13.4		
外商控股							
其他	742.3	15.5	-4.2	6.5	-0.3	-8.5	
4.按经营形式分							
独立门店	13166.8	655.2	15525.6	1352.8	7735.5	1688.3	
连锁总店							
连锁门店							
其他	12959.1	70.0	1392.6	1259.6	2551.4	-6.3	
5.按单位规模分							
大型	10743.2	22.1	-990.4	1220.3	161.3	1.9	
中型	10492.7	538.9	7478.8	989.8	6900.5	1688.6	
小型	4643.6	163.5	10429.7	402.3	3225.0	-8.5	
微型	246.4	0.7	0.1		0.1		
二、零售业	**30911.7**	**1671.0**	**3590.6**	**410.1**	**2166.1**	**31.3**	
1.按零售行业小类分							
综合零售	9730.5	190.7	778.8	238.1	363.4	-60.0	
百货零售	3877.0	151.9	106.5	17.1	122.5	-60.0	
超级市场零售	5162.3	24.3	464.9	221	80.5		
其他综合零售	691.2	14.5	207.4		160.4		
食品、饮料及烟草制品专门零售	1712.1	28.7	98.3		90.9		
粮油零售	674.3		7.4				
糕点、面包零售							
果品、蔬菜零售							
肉、禽、蛋、奶及水产品零售							
营养和保健品零售	20.1	6.0	3.0		3.0		
酒、饮料及茶叶零售	460.5	19.2	31.7		31.7		
烟草制品零售							
其他食品零售	557.2	3.5	56.2		56.2		
纺织、服装及日用品专门零售	7319.1	687.9	445.4		356.6		
纺织品及针织品零售							
服装零售	5934.1	687.9	430.8		356.6		
鞋帽零售							
化妆品及卫生用品零售	573.3		7.7				
钟表、眼镜零售	13.6						
箱、包零售							

单位：万元

三、损益及分配							四、人工成本及增值税		五、从事批发和零售业活动的从业人员平均人数（人）
投资收益	营业利润	营业外收入	政府补助	营业外支出	利润总额	应交所得税	应付职工薪酬（本年贷方累计发生额）	应交增值税	
130.2	-4898.6	14719.8	13101.9	318.3	9454.4	115.9	8104.7	17186.3	1679
	45345.2	1963.6	14.0	1250.0	43394.9	4588.3	5335.1	19705.5	1633
	-545.3	5.9		0.4	-539.7		177.8		54
	1538.5	20.4		1.0	1557.7	131.4	538.4	187.7	171
1.1	16628.1	10676.9	7685.7	57.0	24385.5	1318.3	7262.3	21607.3	2439
129.1	24811.7	6032.8	5430.2	1512.7	29481.8	3517.3	6893.7	15472.2	1098
129.1	27520.3	573.9		194.1	27900.1	3441.9	4416.3	14806.4	722
	7802.9	15876.1	12884.9	1364.4	22416.6	1108.1	7855.2	15053.0	2062
1.1	5570.5	259.7	231.0	11.0	3004.7	285.6	1834.8	7170.6	734
	546.1			0.2	545.9		49.7	49.5	19
	22809.2	**696.1**	**68.2**	**2350.6**	**17539.7**	**1509.2**	**15995.9**	**5765.5**	**6315**
	14333.2	530.3		898.1	11522.1	1313.0	4729.7	1756.8	2470
	8403.1	394.7			6334.4	339.2	1608.4	639.3	746
	5637.8	55.3		898.1	4815.1	906.5	2532.2	973.3	1459
	292.3	80.3			372.6	67.3	589.1	144.2	265
	611.0	2.7	2.6	86.3	462.8	1.5	663.0	218.7	229
	105.7	2.7	2.6		43.8		176.9	11.3	76
	86.3			86.3			22.0	26.0	9
	72.6				72.6	1.5	288.1	181.4	108
	346.4				346.4		176.0		36
	2824.6				2475.1	31.8	3382.6	1351.7	1195
	1469.0				1441.1	10.3	2346.6	1328.4	887
	313.1				224.5	21.5	485.2	23.3	132
	91.2						64.8		20

15-5 续表 15

指标	三、损益及分配						
	管理费用	税金	财务费用	利息收入	利息支出	资产减值损失	公允价值变动收益
厨房用具及日用杂品零售							
自行车零售							
其他日用品零售	798.1		6.9				
文化、体育用品及器材专门零售	1237.0	51.3	63.3	23.6	77.8	55.5	
文具用品零售							
体育用品及器材零售	102.3	3.2					
图书、报刊零售	1005.8	44.8	-3.5	23.6	11.0	55.5	
音像制品及电子出版物零售							
珠宝首饰零售							
工艺美术品及收藏品零售							
乐器零售							
照相器材零售							
其他文化用品零售	128.9	3.3	66.8		66.8		
医药及医疗器材专门零售	3401.7	72.8	1005.1	45.8	759.4	-7.6	
药品零售	3223.1	62.5	989.9	45.8	744.2	-7.6	
医疗用品及器材零售	178.6	10.3	15.2		15.2		
汽车、摩托车、燃料及零配件专门零售	5251.6	524.7	1007.3	101.2	412.1	43.4	
汽车零售	4944.8	521.4	946.9	101.2	351.7	43.4	
汽车零配件零售							
摩托车及零配件零售	306.8	3.3	60.4		60.4		
机动车燃料零售							
家用电器及电子产品专门零售	1382.6	36.9	141.2		65.8		
家用视听设备零售	704.7	11.0	122.6		47.2		
日用家电设备零售							
计算机、软件及辅助设备零售	677.9	25.9	18.6		18.6		
通信设备零售							
其他电子产品零售							
五金、家具及室内装饰材料专门零售	330.9	17.2	23.2	1.4	13.5		
五金零售	234.4	16.1	23.2	1.4	13.5		
灯具零售							
家具零售							
涂料零售							
卫生洁具零售	14.5						
木质装饰材料零售							
陶瓷、石材装饰材料零售							
其他室内装饰材料零售	82.0	1.1					
货摊、无店铺及其他零售业	546.2	60.8	28.0		26.6		
货摊食品零售							
货摊纺织、服装及鞋零售							
货摊日用品零售							
互联网零售							
邮购及电视、电话零售							
旧货零售							
生活用燃料零售	72.0	8.5	14.0		14.0		
其他未列明零售业	474.2	52.3	14.0		12.6		
2.按登记注册类型分							
按登记注册类型分							

单位：万元

三、损益及分配							四、人工成本及增值税		五、从事批发和零售业活动的从业人员平均人数（人）
投资收益	营业利润	营业外收入	政府补助	营业外支出	利润总额	应交所得税	应付职工薪酬（本年货方累计发生额）	应交增值税	
	951.3				809.5		486.0		156
	909.1	101.6	65.6	256.0	775.7	2.5	1086.2	113.1	237
		25.1			25.1	2.5	68.4	66.3	26
	345.9	76.5	65.6	31.2	375.7		824.2	26.7	157
	563.2			224.8	374.9		193.6	20.1	54
	1421.5	1.0		612.2	763.8	110.1	1873.9	1073.2	695
	1401.2	1.0		612.2	743.5	108.1	1846.6	967.9	651
	20.3				20.3	2.0	27.3	105.3	44
	1005.6	35.7		295.0	688.1	30.1	2837.5	243.2	855
	977.3	35.7		295.0	659.8	27.2	2761.2	69.6	816
	28.3				28.3	2.9	76.3	173.6	39
	229.9	24.8		87.8	243.2	17.7	726.4	755.6	373
	-156.5	24.8		87.8	-143.2	11.6	606.0	436.5	319
	386.4				386.4	6.1	120.4	319.1	54
	176.9				170.9	2.5	436.7	94.8	160
	152.2				146.2	2.3	165.6	94.8	60
	1.9				1.9	0.2	13.0	-1.1	15
	22.8				22.8		258.1	1.1	85
	1297.4			115.2	438.0		259.9	158.4	101
	480.2			115.2	365.0		154.9	91.6	57
	817.2				73.0		105.0	66.8	44

15-5 续表 16

指 标	三、损益及分配						
	管理费用	税 金	财务费用	利息收入	利息支出	资产减值损失	公允价值变动收益
内资企业	30897.4	1664.2	3582.4	410.1	2166.1	31.3	
国有企业	264.6	36.3	13.3		13.3		
集体企业	380.7	3.1	144.8		144.8		
股份合作企业	95.0	5.8	15.6		15.6		
联营企业							
国有联营企业							
集体联营企业							
国有与集体联营企业							
其他联营企业							
有限责任公司	13376.7	556.9	1533.7	362.3	851.5	31.1	
国有独资公司	895.5	42.9	0.9	18.9	11.0	56.9	
其他有限责任公司	12481.2	514.0	1532.8	343.4	840.5	-25.8	
股份有限公司	6232.2	223.8	771.4	26.8	238.3		
私营企业	10548.2	838.3	1103.6	21	902.6	0.2	
私营独资企业	167.3	9.7	40.4		5.2		
私营合伙企业							
私营有限责任公司	9647.7	813.4	965.1	21	829.4	0.2	
私营股份有限公司	733.2	15.2	98.1		68.0		
其他企业							
港、澳、台商投资企业							
合资经营企业(港或澳、台资)							
合作经营企业(港或澳、台资)							
港、澳、台商独资经营企业							
港、澳、台商投资股份有限公司							
其他港澳台投资企业							
外商投资企业	14.3	6.8	8.2				
中外合资经营企业							
中外合作经营企业							
外资企业	14.3	6.8	8.2				
外商投资股份有限公司							
其他外商投资企业							
3.按控股情况分							
国有控股	1756.5	106.8	37.3	24.6	48.7	55.5	
集体控股	4087.4	3.1	295.1		144.8		
私人控股	23852.4	1506.3	3153.6	381	1892.1	-24.2	
港澳台商控股							
外商控股							
其他	1215.4	54.8	104.6	4.5	80.5		
4.按经营形式分							
独立门店	28481.9	1630.8	3051.1	378.9	1655.1	32.7	
连锁总店	1751.9	13.8	506.9	25.4	481.2		
连锁门店	339.5	9.1	4.4	4.7	0.5	-1.4	
其他	338.4	17.3	28.2	1.1	29.3		
5.按单位规模分							
大型	3661.2		150.3				
中型	14100.3	1110.1	1512.0	64.7	916.1	-59.8	
小型	11964.1	515.2	1839.8	345.4	1163.0	91.1	
微型	1186.1	45.7	88.5		87.0		

单位：万元

三、损益及分配							四、人工成本及增值税		五、从事批发和零售业活动的从业人员平均人数(人)
投资收益	营业利润	营业外收入	政府补助	营业外支出	利润总额	应交所得税	应付职工薪酬(本年贷方累计发生额)	应交增值税	
	22974.5	696.1	68.2	2350.6	17705.0	1457.3	15862.4	5699.9	6299
	7.8				7.8	0.7	92.0	122.7	51
	711.6				711.6	1.4	308.2	3.6	143
	222.3				222.3	14.0	86.0	75.0	51
	9486.3	650.3	68.2	945.1	6545.8	598.4	7516.0	2999.9	2720
	297.4	76.3	65.6	8.6	365.2		756.0	8.7	132
	9188.9	574.0	2.6	936.5	6180.6	598.4	6760.0	2991.2	2588
	7605.4	15.1		372.8	7169.3	822.2	2334.5	1112.0	1059
	4941.1	30.7		1032.7	3048.2	20.6	5525.7	1386.7	2275
	187.1			188.8	-1.7		131.7	221.0	64
	4829.4	30.7		843.0	3126.2	20.6	4810.6	1161.9	1778
	-75.4			0.9	-76.3		583.4	3.8	433
	-165.3				-165.3	51.9	133.5	65.6	16
	-165.3				-165.3	51.9	133.5	65.6	16
	402.5	77.9	65.6	38.8	441.7	23.7	1096.5	153.1	250
	3950.6				3950.6	814.1	688.2	527.6	482
	17368.2	605.8		1413.2	12925.3	614.2	12806.9	4576.3	5056
	1087.9	12.4	2.6	898.6	222.1	57.2	1404.3	508.5	527
	20094.6	656.7	68.2	2324.6	17380.0	1457.3	14586.6	5634.4	5859
	218.0	7.4		1.8	118.7		998.1	39.8	351
	2524.7	31.5		22.6	70.2	51.9	247.7	127.6	67
	-28.1	0.5		1.6	-29.2		163.5	-36.3	38
	2977.9				2977.9	812.7	372.8	522.3	320
	9643.3	472.6		901.3	8950.5	369.9	9172.8	2265.7	3737
	9370.7	221.2	68.2	1138.1	5082.0	319.2	6133.4	2729.5	2125
	817.3	2.3		311.2	529.3	7.4	316.9	248.0	133

15-5 续表 17

指　　标	三、损益及分配						
	管理费用	税　金	财务费用	利息收入	利息支出	资产减值损　　失	公允价值变动收益
6.按零售业态分							
零售业态分组							
有店铺零售	30911.7	1671.0	3590.6	410.1	2166.1	31.3	
食杂店							
便利店	557.2	3.5	56.2		56.2		
折扣店							
超市	2099.4	26.7	287.1	221	16.1		
大型超市	447.7						
仓储会员店							
百货店	11299.3	232.0	862.8	17.1	703.9	-60.0	
专业店	4002.1	255.2	734.7	73.2	392.1	-2.7	
加油站							
专卖店	7861.7	478.5	1453.6	49.1	936.3	50.6	
家居建材商店							
购物中心	3429.8	617.3	81.1				
社区购物中心							
市区购物中心							
城郊购物中心							
厂家直销中心	1214.5	57.8	115.1	49.7	61.5	43.4	
无店铺零售							
电视购物							
邮购							
网上商店							
自动售货亭							
电话购物							
三、批发业按地区分组	**26125.9**	**725.2**	**16918.2**	**2612.4**	**10286.9**	**1682.0**	
按全国地区分组							
市辖区							
东昌区	16842.4	551.6	9349.9	2318.9	3317.4	1690.2	
二道江区	787.2		188.6				
通化县	2238.1	32.6	631.4	23.8	13.4	-8.5	
辉南县	783.9	23.2	1045.0	4.1	1019.4	0.3	
柳河县	2048.9	37.2	1544.3	35	1551.7		
梅河口市	3113.4	80.6	4159.0	230.6	4385.0		
集安市	312.0						
四、零售业按地区分组	**30911.7**	**1671.0**	**3590.6**	**410.1**	**2166.1**	**31.3**	
按全国地区分组							
市辖区							
东昌区	13636.1	1099.9	1192.0	126.8	169.6	39.3	
二道江区	1193.4	75.0	11.3	1.4	0.5		
通化县	463.0	0.9	195.0		194.5		
辉南县	1069.9	83.1	398.9	-10.5	346.8	42.8	
柳河县	2737.5	53.3	618.2	227.9	403.9	6.0	
梅河口市	10830.4	358.8	1111.1	64.5	986.7	-56.8	
集安市	981.4		64.1		64.1		

单位：万元

三、损益及分配							四、人工成本及增值税		五、从事批发和零售业活动的从业人员平均人数（人）
投资收益	营业利润	营业外收入	政府补助	营业外支出	利润总额	应交所得税	应付职工薪酬（本年货方累计发生额）	应交增值税	
	22809.2	696.1	68.2	2350.6	17539.7	1509.2	15995.9	5765.5	6315
	346.4				346.4		176.0		36
	4899.1	169.6	2.6		2496.9	169.2	1544.8	376.6	646
	609.8				609.8		926.8		587
	11418.2	363.4		898.1	10880.4	1148.8	4489.4	2569.4	2102
	2050.2	22.0	0.1	305.2	858.9	29.9	2501.8	618.5	848
	3189.5	139.2	65.5	1134.9	2231.6	138.3	4580.2	2233.6	1625
	409.6				239.8		1023.2		312
	-113.6	1.9		12.4	-124.1	23.0	753.7	-32.6	159
130.2	**41439.8**	**16709.7**	**13115.9**	**1569.7**	**53867.3**	**4835.6**	**14156.0**	**37079.5**	**3537**
130.2	41332.3	3505.4	217.0	242.8	44546.5	4510.2	7357.4	35557.6	1910
	2804.9				2303.0		181.6		285
	5305.8	25.7		1.7	3017.9	243.4	1309.1	618.7	433
	-2020.7	3666.4	3657.6	1211.2	584.4	8.1	1485.0	301.0	227
	-691.0	1786.7	1786.6	106.8	988.9	65.8	1051.1	4.4	201
	-6809.5	7725.5	7454.7	7.2	908.6	8.1	2613.4	597.8	420
	1518.0				1518.0		158.4		61
	22809.2	**696.1**	**68.2**	**2350.6**	**17539.7**	**1509.2**	**15995.9**	**5765.5**	**6315**
	2965.3	70.0	2.7	47.9	2347.5	912.3	6138.1	682.9	2427
	4817.0	31.3			1680.1	9.9	465.3	80.3	210
	401.5	4.0			405.5	1.4	302.0	23.5	182
	2790.1	8.4	0.4	2298.5	714.9	24.4	1440.1	1604.4	584
	1764.9	37.6	35.1	2.6	1799.9	93.6	644.8	151.8	173
	2814.5	544.8	30.0	1.6	3335.9	467.6	4427.9	3222.6	1710
	7255.9				7255.9		2577.7		1029

15-6 2015年限额以上住宿和

指标	法人企业数(个)	#执行《2006年企业会计准则》企业数(个)	一、年初存货	二、期末资产负债			
				流动资产合计	应收帐款	存货	固定资产合计
总计	**26**	**22**	**2342.9**	**38017.5**	**7118.6**	**2913.3**	**52803**
一、住宿业	**15**	**13**	**522.1**	**8958.4**	**1781.4**	**573.3**	**19406.1**
1.按住宿业行业小类分							
旅游饭店	13	11	451.1	8493	1424.4	522.5	17861.6
一般旅馆	1	1	12	393	356	13	606.7
其他住宿业	1	1	59	72.4	1	37.8	937.8
2.按登记注册类型分							
内资企业	15	13	522.1	8958.4	1781.4	573.3	19406.1
国有企业	2	2	49	2114.5	987.3	54.3	373.3
集体企业							
股份合作企业	1	1		46.5	30.7		861.9
联营企业							
国有联营企业							
集体联营企业							
国有与集体联营企业							
其他联营企业							
有限责任公司	1	1	59	72.4	1	37.8	937.8
国有独资公司							
其他有限责任公司	1	1	59	72.4	1	37.8	937.8
股份有限公司	2	1	83.9	155.1	46.8	75.7	2167.6
私营企业	8	7	314.2	6542.9	715.6	394.5	15065.5
私营独资企业	2	2	198.6	1318.7	462.4	248.1	2619.5
私营合伙企业							
私营有限责任公司	5	4	99.6	4849.2	11.2	127.4	8571
私营股份有限公司	1	1	16	375	242	19	3875
其他企业	1	1	16	27		11	
港、澳、台商投资企业							
与港澳台商合资经营企业							
与港澳台商合作经营企业							
港澳台商独资企业							
港澳台商投资股份有限公司							
其他港澳台投资企业							
外商投资企业							
中外合资经营企业							
中外合作经营企业							
外资企业							
外商投资股份有限公司							
其他外商投资企业							
3.按控股情况分							
国有控股	2	2	49	2114.5	987.3	54.3	373.3
集体控股	1	1		46.5	30.7		861.9
私人控股	10	8	395.4	6702.3	762.4	468.2	15233.4
港澳台商控股							
外商控股							
其他	2	2	77.7	95.1	1	50.8	2937.5
4.按经营形式分							
独立门店	14	12	428.9	8564.4	1770.2	452.3	18991.7
连锁总店(总部)							
连锁门店	1	1	93.2	394	11.2	121	414.4
其他							

餐饮业法人企业财务状况

单位：万元

二、期末资产负债								
固定资产原价	累计折旧	本年折旧	在建工程	资产总计	流动负债合计	应付账款	非流动负债合计	负债合计
80901.6	**28098.6**	**4710.1**	**9173.8**	**111707.1**	**22408.7**	**3390.2**	**18965.1**	**41373.8**
27156.2	**7750.1**	**439.6**	**1495.3**	**31102.7**	**9496.2**	**1166.8**	**3507.5**	**13003.7**
25196.4	7334.8	373.7	1495.3	29092.8	9453.7	1127	3507.5	12961.2
650	43.3	5.1		999.7	32.4	32.4		32.4
1309.8	372	60.8		1010.2	10.1	7.4		10.1
27156.2	7750.1	439.6	1495.3	31102.7	9496.2	1166.8	3507.5	13003.7
1924.2	1550.9	44.7	1495.3	4074.4	1012.6		1827.5	2840.1
1259.8	397.9	54.5		1247.7	595.5	473.7		595.5
1309.8	372	60.8		1010.2	10.1	7.4		10.1
1309.8	372	60.8		1010.2	10.1	7.4		10.1
5270.7	3103.1	13.4		2365.6	2367.7	149.2		2367.7
17391.7	2326.2	266.2		22377.8	5505.3	531.5	1680	7185.3
3806	1186.5	42.6		3938.2	1288.5	32.4		1288.5
9695.7	1124.7	218.6		14189.6	4145.8	428.1	1680	5825.8
3890	15	5		4250	71	71		71
				27	5	5		5
1924.2	1550.9	44.7	1495.3	4074.4	1012.6		1827.5	2840.1
1259.8	397.9	54.5		1247.7	595.5	473.7		595.5
17988.6	2755.2	279.6		22743.5	5851.1	685.7	1680	7531.1
5983.6	3046.1	60.8		3037.1	2037	7.4		2037
26392.6	7400.9	267.8	1495.3	30291.2	8032.6	1053.8	3507.5	11540.1
763.6	349.2	171.8		811.5	1463.6	113		1463.6

15-6 续表 1

指标	法人企业数(个)	#执行《2006年企业会计准则》企业数(个)	一、年初存货	二、期末资产负债			
				流动资产合计	应收帐款	存货	固定资产合计
5.按单位规模分							
大型							
中型	3	3	279.8	5262.7	117.6	356.1	7627.2
小型	12	10	242.3	3695.7	1663.8	217.2	11778.9
微型							
6.按星级分							
五星	1	1		3943			5200
四星	3	3	245.6	1476.1	107.4	272.9	3422.6
三星	7	6	155.3	2725.3	1306.8	155.4	8077.6
二星							
一星							
其他	4	3	121.2	814	367.2	145	2705.9
二、餐饮业	**11**	**9**	**1820.8**	**29059.1**	**5337.2**	**2340**	**33396.9**
1.按餐饮业行业小类分							
正餐服务	11	9	1820.8	29059.1	5337.2	2340	33396.9
快餐服务							
饮料及冷饮服务							
茶馆服务							
咖啡馆服务							
酒吧服务							
其他饮料及冷饮服务							
其他餐饮业							
小吃服务							
餐饮配送服务							
其他未列明餐饮业							
2.按登记注册类型分							
内资企业	11	9	1820.8	29059.1	5337.2	2340	33396.9
国有企业							
集体企业	1	1	18	381	146	20	513
股份合作企业							
联营企业							
国有联营企业							
集体联营企业							
国有与集体联营企业							
其他联营企业							
有限责任公司	4	2	1141.9	2225.8	128.8	1251.1	1678.1
国有独资公司							
其他有限责任公司	4	2	1141.9	2225.8	128.8	1251.1	1678.1
股份有限公司	2	2	427.8	807.2	108.7	196.8	778.6
私营企业	4	4	233.1	25645.1	4953.7	872.1	30427.2
私营独资企业							
私营合伙企业	1	1	10.1	176	65	9.2	229.9
私营有限责任公司	3	3	223	25469.1	4888.7	862.9	30197.3
私营股份有限公司							
其他企业							

单位：万元

二、期末资产负债								
固定资产原价	累计折旧	本年折旧	在建工程	资产总计	流动负债合计	应付账款	非流动负债合计	负债合计
9159.6	1532.4	209.3		12893	3719.7	113	1300	5019.7
17996.6	6217.7	230.3	1495.3	18209.7	5776.5	1053.8	2207.5	7984
5240	40			9143	1000		1300	2300
4965.8	1543.2	98.3		4898.7	1706.2	7.4	380	2086.2
13852	5774.4	164.4	1495.3	12819.6	4750.6	693.9	1827.5	6578.1
3098.4	392.5	176.9		4241.4	2039.4	465.5		2039.4
53745.4	**20348.5**	**4270.5**	**7678.5**	**80604.4**	**12912.5**	**2223.4**	**15457.6**	**28370.1**
53745.4	20348.5	4270.5	7678.5	80604.4	12912.5	2223.4	15457.6	28370.1
53745.4	20348.5	4270.5	7678.5	80604.4	12912.5	2223.4	15457.6	28370.1
750	237	15		894	232	87	203	435
4903.6	3225.5	518.8	4.6	11662.3	7707.1	94.7		7707.1
4903.6	3225.5	518.8	4.6	11662.3	7707.1	94.7		7707.1
1485	706.4	706.4	7673.9	11975.8	1904.6	1902.7	7800	9704.6
46606.8	16179.6	3030.3		56072.3	3068.8	139	7454.6	10523.4
362	132.1	14		405.9	208	29		208
46244.8	16047.5	3016.3		55666.4	2860.8	110	7454.6	10315.4

15-6 续表 2

指　标	法人企业数(个)	#执行《2006年企业会计准则》企业数(个)	一、年初存货	二、期末资产负债 流动资产合计	应收帐款	存货	固定资产合计
港、澳、台商投资企业							
与港澳台商合资经营企业							
与港澳台商合作经营企业							
港澳台商独资企业							
港澳台商投资股份有限公司							
其他港澳台投资企业							
外商投资企业							
中外合资经营企业							
中外合作经营企业							
外资企业							
外商投资股份有限公司							
其他外商投资企业							
3.按控股情况分							
国有控股	1	1	1078.2	1301.4	9.1	1078.2	203.6
集体控股	1	1	18	381	146	20	513
私人控股	9	7	724.6	27376.7	5182.1	1241.8	32680.3
港澳台商控股							
外商控股							
其他							
4.按经营形式分							
独立门店	11	9	1820.8	29059.1	5337.2	2340	33396.9
连锁总店(总部)							
连锁门店							
其他							
5.按单位规模分							
大型							
中型							
小型	11	8	1820.8	29059.1	5337.2	2340	33396.9
微型		1					
三、住宿业按地区分组	**15**	**13**	**522.1**	**8958.4**	**1781.4**	**573.3**	**19406.1**
按全国地区分组							
市辖区							
东昌区	5	5	310.3	1520.5	219.5	381.6	3534.6
二道江区	1	1	18.7	22.7		13	1999.7
通化县	2	1	59	72.4	1	37.8	2622.6
辉南县	2	2	28	768	598	32	4481.7
柳河县	1	1		46.5	30.7		861.9
梅河口市	1	1	40.9	1974.9	885.4	46.2	65.7
集安市	3	2	65.2	4553.4	46.8	62.7	5839.9
四、餐饮业按地区分组	**11**	**9**	**1820.8**	**29059.1**	**5337.2**	**2340**	**33396.9**
按全国地区分组							
市辖区							
东昌区	4	3	1530.5	2136.2	121.4	1295.9	982.2
二道江区	1	1	15.5	531.5	5.6	15.9	1284.4
通化县	4	2	246.7	25834.4	4999.2	999	30387.4
辉南县	2	3	28.1	557	211	29.2	742.9
柳河县							
梅河口市							
集安市							

单位：万元

二、期末资产负债								
固定资产原价	累计折旧	本年折旧	在建工程	资产总计	流动负债合计	应付账款	非流动负债合计	负债合计
2910.8	2707.2	15.7	4.6	9238.3	7048.3	5.7		7048.3
750	237	15		894	232	87	203	435
50084.6	17404.3	4239.8	7673.9	70472.1	5632.2	2130.7	15254.6	20886.8
53745.4	20348.5	4270.5	7678.5	80604.4	12912.5	2223.4	15457.6	28370.1
53745.4	20348.5	4270.5	7678.5	80604.4	12912.5	2223.4	15457.6	28370.1
27156.2	**7750.1**	**439.6**	**1495.3**	**31102.7**	**9496.2**	**1166.8**	**3507.5**	**13003.7**
6520.7	2986.1	284.2		5135.4	3527.8	118	188	3715.8
4673.8	2674.1			2026.9	2026.9			2026.9
2994.6	372	60.8		3413.4	548.5	322.5		548.5
4540	58.3	10.1		5249.7	103.4	103.4		103.4
1259.8	397.9	54.5		1247.7	595.5	473.7		595.5
830.4	764.7	16.6	1495.3	3597.9	913.3		1639.5	2552.8
6336.9	497	13.4		10431.7	1780.8	149.2	1680	3460.8
53745.4	**20348.5**	**4270.5**	**7678.5**	**80604.4**	**12912.5**	**2223.4**	**15457.6**	**28370.1**
4395.8	3413.6	722.1	7678.5	21241.7	9053.1	1972.8	7800	16853.1
1759.5	475.1	475.1		1815.9	195.5	13.5		195.5
46478.1	16090.7	3044.3		56246.9	3223.9	121.1	7454.6	10678.5
1112	369.1	29		1299.9	440	116	203	643

15-6 续表 3

指　　标	二、期末资产负债					
	所有者权　益	实收资本				
			国家资本	集体资本	法人资本	个人资本
总　计	**70333.3**	**65011**	**25**	**200**	**9858.2**	**54927.8**
一、住宿业	**18099**	**13234.4**	**25**		**5232**	**7977.4**
1.按住宿业行业小类分						
旅游饭店	16131.6	11534.4	25		3532	7977.4
一般旅馆	967.3	700			700	
其他住宿业	1000.1	1000			1000	
2.按登记注册类型分						
内资企业	18099	13234.4	25		5232	7977.4
国有企业	1234.3	209.8	25		184.8	
集体企业						
股份合作企业	652.2	552			552	
联营企业						
国有联营企业						
集体联营企业						
国有与集体联营企业						
其他联营企业						
有限责任公司	1000.1	1000			1000	
国有独资公司						
其他有限责任公司	1000.1	1000			1000	
股份有限公司	-2.1	326.3				326.3
私营企业	15192.5	11136.3			3485.2	7651.1
私营独资企业	2649.7	1385.2			1385.2	
私营合伙企业						
私营有限责任公司	8363.8	7751.1			100	7651.1
私营股份有限公司	4179	2000			2000	
其他企业	22	10			10	
港、澳、台商投资企业						
与港澳台商合资经营企业						
与港澳台商合作经营企业						
港澳台商独资企业						
港澳台商投资股份有限公司						
其他港澳台投资企业						
外商投资企业						
中外合资经营企业						
中外合作经营企业						
外资企业						
外商投资股份有限公司						
其他外商投资企业						
3.按控股情况分						
国有控股	1234.3	209.8	25		184.8	
集体控股	652.2	552			552	
私人控股	15212.4	11472.6			3495.2	7977.4
港澳台商控股						
外商控股						
其他	1000.1	1000			1000	
4.按经营形式分						
独立门店	18751.1	12734.4	25		5232	7477.4
连锁总店(总部)						
连锁门店	-652.1	500				500
其他						

单位：万元

二、期末资产负债		三、损益及分配							
港澳台资本	外商资本	营业收入	主营业务收入	营业成本	主营业务成本	营业税金及附加	主营业务税金及附加	其他业务利润	销售费用
		43124.1	**41877.5**	**27866.8**	**27020.9**	**1643**	**1520.1**	**2499.9**	**5371.2**
		26096	**24849.4**	**16210**	**15364.1**	**797.9**	**675**	**2492.9**	**3445.2**
		22789.7	21543.1	13982	13136.1	759.3	636.4	1696.7	3426.2
		1443.1	1443.1	1176	1176	23.6	23.6		
		1863.2	1863.2	1052	1052	15	15	796.2	19
		26096	24849.4	16210	15364.1	797.9	675	2492.9	3445.2
		2571	1869.3	1217.5	775.9	143.5	107.5	98.9	812.2
		339.7	339.7	143.1	143.1	30.6	30.6		171.4
		1863.2	1863.2	1052	1052	15	15	796.2	19
		1863.2	1863.2	1052	1052	15	15	796.2	19
		2876.6	2876.6	1705.3	1705.3	145.1	145.1		406
		18164.3	17619.4	11866.8	11462.5	448.3	361.4	1597.8	2036.6
		4935.5	4935.5	3150.5	3150.5	148.6	82.3	1071.2	654.1
		11898.1	11353.2	7664.3	7260	277.7	257.1	526.6	1382.5
		1330.7	1330.7	1052	1052	22	22		
		281.2	281.2	225.3	225.3	15.4	15.4		
		2571	1869.3	1217.5	775.9	143.5	107.5	98.9	812.2
		339.7	339.7	143.1	143.1	30.6	30.6		171.4
		18623.7	18078.8	12178.4	11774.1	473.9	387	1597.8	2133.5
		4561.6	4561.6	2671	2671	149.9	149.9	796.2	328.1
		23163.8	21935.5	15469.3	14623.4	633.7	511.8	2492.9	2731.2
		2932.2	2913.9	740.7	740.7	164.2	163.2		714

15-6 续表 4

指标	二、期末资产负债					
	所有者权益	实收资本				
			国家资本	集体资本	法人资本	个人资本
5.按单位规模分						
大型						
中型	7873.3	8028.2			685.2	7343
小型	10225.7	5206.2	25		4546.8	634.4
微型						
6.按星级分						
五星	6843	6843				6843
四星	2812.5	1815.2			1685.2	130
三星	6241.5	3266.2	25		2736.8	504.4
二星						
一星						
其他	2202	1310			810	500
二、餐饮业	**52234.3**	**51776.6**		**200**	**4626.2**	**46950.4**
1.按餐饮业行业小类分						
正餐服务	52234.3	51776.6		200	4626.2	46950.4
快餐服务						
饮料及冷饮服务						
茶馆服务						
咖啡馆服务						
酒吧服务						
其他饮料及冷饮服务						
其他餐饮业						
小吃服务						
餐饮配送服务						
其他未列明餐饮业						
2.按登记注册类型分						
内资企业	52234.3	51776.6		200	4626.2	46950.4
国有企业						
集体企业	459	200		200		
股份合作企业						
联营企业						
国有联营企业						
集体联营企业						
国有与集体联营企业						
其他联营企业						
有限责任公司	3955.2	3925.4			2205	1720.4
国有独资公司						
其他有限责任公司	3955.2	3925.4			2205	1720.4
股份有限公司	2271.2	2271.2			2271.2	
私营企业	45548.9	45380			150	45230
私营独资企业						
私营合伙企业	197.9	50			50	
私营有限责任公司	45351	45330			100	45230
私营股份有限公司						
其他企业						

单位：万元

二、期末资产负债		三、损益及分配							
港澳台资本	外商资本	营业收入	主营业务收入	营业成本	主营业务成本	营业税金及附加	主营业务税金及附加	其他业务利润	销售费用
		10350.8	10332.5	5503.4	5503.4	331.2	263.9	1071.2	1618.1
		15745.2	14516.9	10706.6	9860.7	466.7	411.1	1421.7	1827.1
		3926.2	3926.2	2788.2	2788.2	42	42		250
		8488.3	8488.3	5916.2	5916.2	148	81.7	1867.4	725.1
		8549.4	7321.1	4921.7	4165.9	399.9	344.3	625.5	1756.1
		5132.1	5113.8	2583.9	2493.8	208	207		714
		17028.1	**17028.1**	**11656.8**	**11656.8**	**845.1**	**845.1**	**7**	**1926**
		17028.1	17028.1	11656.8	11656.8	845.1	845.1	7	1926
		17028.1	17028.1	11656.8	11656.8	845.1	845.1	7	1926
		1108.6	1108.6	785	785	42	42		
		3812.1	3812.1	2571.2	2571.2	203.1	203.1		230.1
		3812.1	3812.1	2571.2	2571.2	203.1	203.1		230.1
		1869.3	1869.3	778.4	778.4	57.4	57.4		783.8
		10238.1	10238.1	7522.2	7522.2	542.6	542.6	7	912.1
		1333.8	1333.8	1119	1119	24	24		
		8904.3	8904.3	6403.2	6403.2	518.6	518.6	7	912.1

15-6 续表 5

指标	二、期末资产负债					
	所有者权益	实收资本				
			国家资本	集体资本	法人资本	个人资本
港、澳、台商投资企业						
与港澳台商合资经营企业						
与港澳台商合作经营企业						
港澳台商独资企业						
港澳台商投资股份有限公司						
其他港澳台投资企业						
外商投资企业						
中外合资经营企业						
中外合作经营企业						
外资企业						
外商投资股份有限公司						
其他外商投资企业						
3.按控股情况分						
国有控股	2190	2190			2190	
集体控股	459	200		200		
私人控股	49585.3	49386.6			2436.2	46950.4
港澳台商控股						
外商控股						
其他						
4.按经营形式分						
独立门店	52234.3	51776.6		200	4626.2	46950.4
连锁总店(总部)						
连锁门店						
其他						
5.按单位规模分						
大型						
中型						
小型	52234.3	51776.6		200	4626.2	46950.4
微型						
三、住宿业按地区分组	**18099**	**13234.4**	**25**		**5232**	**7977.4**
按全国地区分组						
市辖区						
东昌区	1419.6	1558.1			880	678.1
二道江区						
通化县	2864.9	1100			1100	
辉南县	5146.3	2700			2700	
柳河县	652.2	552			552	
梅河口市	1045.1	25	25			
集安市	6970.9	7299.3				7299.3
四、餐饮业按地区分组	**52234.3**	**51776.6**		**200**	**4626.2**	**46950.4**
按全国地区分组						
市辖区						
东昌区	4388.6	4561.2			4561.2	
二道江区	1620.4	1620.4				1620.4
通化县	45568.4	45345			15	45330
辉南县	656.9	250		200	50	
柳河县						
梅河口市						
集安市						

单位：万元

二、期末资产负债		三、损益及分配							
港澳台资本	外商资本	营业收入	主营业务收入	营业成本	主营业务成本	营业税金及附加	主营业务税金及附加	其他业务利润	销售费用
		533.9	533.9	238.8	238.8	30.2	30.2		
		1108.6	1108.6	785	785	42	42		
		15385.6	15385.6	10633	10633	772.9	772.9	7	1926
		17028.1	17028.1	11656.8	11656.8	845.1	845.1	7	1926
		17028.1	17028.1	11656.8	11656.8	845.1	845.1	7	1926
		26096	**24849.4**	**16210**	**15364.1**	**797.9**	**675**	**2492.9**	**3445.2**
		9751.6	8505	4649.3	3893.5	466.8	343.9	1696.7	2102.9
		2698.4	2698.4	1619	1619	134.9	134.9		309.1
		2338.8	2338.8	1493.9	1403.8	19.8	19.8	796.2	19
		2773.8	2773.8	2228	2228	45.6	45.6		
		339.7	339.7	143.1	143.1	30.6	30.6		171.4
		956.6	956.6	312.5	312.5	40	40		443.9
		7237.1	7237.1	5764.2	5764.2	60.2	60.2		398.9
		17028.1	**17028.1**	**11656.8**	**11656.8**	**845.1**	**845.1**	**7**	**1926**
		2668.9	2668.9	1070.9	1070.9	104.6	104.6	7	1135.9
		2569.8	2569.8	1955.7	1955.7	136.2	136.2		211.3
		9347	9347	6726.2	6726.2	538.3	538.3		578.8
		2442.4	2442.4	1904	1904	66	66		

15-6 续表 6

指标	三、损益及分配						
	管理费用	税金	财务费用	利息收入	利息支出	资产减值损失	公允价值变动收益
总计	**6784.2**	**62.2**	**771.3**	**30.6**	**149.4**		
一、住宿业	**4027.9**	**20.8**	**159.1**	**1.6**	**132.3**		
1.按住宿业行业小类分							
旅游饭店	3234.1	19.1	45.4	1.6	19.5		
一般旅馆	129.5		0.9				
其他住宿业	664.3	1.7	112.8		112.8		
2.按登记注册类型分							
内资企业	4027.9	20.8	159.1	1.6	132.3		
国有企业	355.6		2.5	0.6	0.3		
集体企业							
股份合作企业	199.6		0.2				
联营企业							
国有联营企业							
集体联营企业							
国有与集体联营企业							
其他联营企业							
有限责任公司	664.3	1.7	112.8		112.8		
国有独资公司							
其他有限责任公司	664.3	1.7	112.8		112.8		
股份有限公司	275.3	4.5	18.6		17.8		
私营企业	2478.6	14.6	25	1	1.4		
私营独资企业	773.4	12.4	7.6				
私营合伙企业							
私营有限责任公司	1590.2	2.2	16	1			
私营股份有限公司	115		1.4		1.4		
其他企业	54.5						
港、澳、台商投资企业							
与港澳台商合资经营企业							
与港澳台商合作经营企业							
港澳台商独资企业							
港澳台商投资股份有限公司							
其他港澳台投资企业							
外商投资企业							
中外合资经营企业							
中外合作经营企业							
外资企业							
外商投资股份有限公司							
其他外商投资企业							
3.按控股情况分							
国有控股	355.6		2.5	0.6	0.3		
集体控股	199.6		0.2				
私人控股	2549.3	19.1	42.8	1	19.2		
港澳台商控股							
外商控股							
其他	923.4	1.7	113.6		112.8		
4.按经营形式分							
独立门店	2922.6	20.7	145.8	0.6	132.3		
连锁总店(总部)							
连锁门店	1105.3	0.1	13.3	1			
其他							

单位：万元

三、损益及分配							四、人工成本及增值税		五、从事批发和零售业活动的从业人员平均人数（人）
投资收益	营业利润	营业外收入	政府补助	营业外支出	利润总额	应交所得税	应付职工薪酬（本年货方累计发生额）	应交增值税	
	712.2	**105.8**		**527.8**	**-267.4**	**38.4**	**5258.5**		**1841**
	1546	**103.2**		**141.5**	**1128.9**	**1.5**	**3828.7**		**1268**
	1432.8	74.2		141.5	986.7	1.5	3421.9		1113
	113.1	29			142.1		179		56
	0.1				0.1		227.8		99
	1546	103.2		141.5	1128.9	1.5	3828.7		1268
	39.7	5.3			-43.3		604.6		267
	-205.2	10.4		0.7	-195.6		199.5		59
	0.1				0.1		227.8		99
	0.1				0.1		227.8		99
	326.3	44.7		0.3	370.6	0.1	285.1		121
	1399.1	42.8		140.5	997.1	1.4	2432.7		697
	201.3	29			180.3		582.8		189
	1057.5	13.8		0.2	816.8	1.4	1727.9		463
	140.3			140.3			122		45
	-14						79		25
	39.7	5.3			-43.3		604.6		267
	-205.2	10.4		0.7	-195.6		199.5		59
	1335.9	87.5		140.8	992.2	1.5	2613.6		778
	375.6				375.6		411		164
	1351.3	89.4		141.3	933.1	1.5	2978.3		1128
	194.7	13.8		0.2	195.8		850.4		140

15-6 续表 7

指　标	三、损益及分配						
	管理费用		财务费用			资产减值损失	公允价值变动收益
		税　金		利息收入	利息支出		
5.按单位规模分							
大型							
中型	2099.2	12.5	20	1			
小型	1928.7	8.3	139.1	0.6	132.3		
微型							
6.按星级分							
五星	350						
四星	1366.2	14.1	119.5		112.8		
三星	1001.6	6.6	24.6	0.6	19.5		
二星							
一星							
其他	1310.1	0.1	15	1			
二、餐饮业	**2756.3**	**41.4**	**612.2**	**29**	**17.1**		
1.按餐饮业行业小类分							
正餐服务	2756.3	41.4	612.2	29	17.1		
快餐服务							
饮料及冷饮服务							
茶馆服务							
咖啡馆服务							
酒吧服务							
其他饮料及冷饮服务							
其他餐饮业							
小吃服务							
餐饮配送服务							
其他未列明餐饮业							
2.按登记注册类型分							
内资企业	2756.3	41.4	612.2	29	17.1		
国有企业							
集体企业	48	2.5	5.1		5.1		
股份合作企业							
联营企业							
国有联营企业							
集体联营企业							
国有与集体联营企业							
其他联营企业							
有限责任公司	1324	27.6	2.5				
国有独资公司							
其他有限责任公司	1324	27.6	2.5				
股份有限公司	376		510.7				
私营企业	1008.3	11.3	93.9	29	12		
私营独资企业							
私营合伙企业	21	1.7	12		12		
私营有限责任公司	987.3	9.6	81.9	29			
私营股份有限公司							
其他企业							

单位：万元

三、损益及分配							四、人工成本及增值税		五、从事批发和零售业活动的从业人员平均人数（人）
投资收益	营业利润	营业外收入	政府补助	营业外支出	利润总额	应交所得税	应付职工薪酬（本年货方累计发生额）	应交增值税	
	778.9	13.8		0.2	730		1557.8		388
	767.1	89.4		141.3	398.9	1.5	2270.9		880
	496				496		303.6		115
	213.3				163.3		887.7		329
	445.5	60.4		141.3	131.7	1.5	1397.2		538
	391.2	42.8		0.2	337.9		1240.2		286
	-833.8	**2.6**		**386.3**	**-1396.3**	**36.9**	**1429.8**		**573**
	-833.8	2.6		386.3	-1396.3	36.9	1429.8		573
	-833.8	2.6		386.3	-1396.3	36.9	1429.8		573
	228.5			228.5	21		142		48
	-531.3	2.6			-601.6		483.6		253
	-531.3	2.6			-601.6		483.6		253
	-637				-637	1.8	201.2		126
	106			157.8	-178.7	35.1	603		146
	157.8			157.8	7		85.4		27
	-51.8				-185.7	35.1	517.6		119

15-6 续表 8

指 标	三、损益及分配						
	管理费用		财务费用			资产减值损失	公允价值变动收益
		税 金		利息收入	利息支出		
港、澳、台商投资企业							
与港澳台商合资经营企业							
与港澳台商合作经营企业							
港澳台商独资企业							
港澳台商投资股份有限公司							
其他港澳台投资企业							
外商投资企业							
中外合资经营企业							
中外合作经营企业							
外资企业							
外商投资股份有限公司							
其他外商投资企业							
3.按控股情况分							
国有控股	812.9		0.1				
集体控股	48	2.5	5.1		5.1		
私人控股	1895.4	38.9	607	29	12		
港澳台商控股							
外商控股							
其他							
4.按经营形式分							
独立门店	2756.3	41.4	612.2	29	17.1		
连锁总店(总部)							
连锁门店							
其他							
5.按单位规模分							
大型							
中型							
小型	2756.3	41.4	612.2	29	17.1		
微型							
三、住宿业按地区分组	**4027.9**	**20.8**	**159.1**	**1.6**	**132.3**		
按全国地区分组							
市辖区							
东昌区	1969	14.6	22.8	1.6	0.3		
二道江区	259.1		0.8				
通化县	685.1	1.7	113.6		112.8		
辉南县	244.5		2.3		1.4		
柳河县	199.6		0.2				
梅河口市	246.4		1.6				
集安市	424.2	4.5	17.8		17.8		
四、餐饮业按地区分组	**2756.3**	**41.4**	**612.2**	**29**	**17.1**		
按全国地区分组							
市辖区							
东昌区	1257.6		512.7				
二道江区	181.2	27.6					
通化县	1248.5	9.6	82.4	29			
辉南县	69	4.2	17.1		17.1		
柳河县							
梅河口市							
集安市							

单位：万元

三、损益及分配							四、人工成本及增值税		五、从事批发和零售业活动的从业人员平均人数(人)
投资收益	营业利润	营业外收入	政府补助	营业外支出	利润总额	应交所得税	应付职工薪酬(本年贷方累计发生额)	应交增值税	
	-548.1				-548.1		224.4		164
	228.5			228.5	21		142		48
	-514.2	2.6		157.8	-869.2	36.9	1063.4		361
	-833.8	2.6		386.3	-1396.3	36.9	1429.8		573
	-833.8	2.6		386.3	-1396.3	36.9	1429.8		573
	1546	**103.2**		**141.5**	**1128.9**	**1.5**	**3828.7**		**1268**
	540.8	13.8		0.2	273.1	1.4	1812.3		499
	375.5				375.5		183.2		65
	97.5				0.1		359.6		164
	253.4	29		140.3	142.1		301		101
	-205.2	10.4		0.7	-195.6		199.5		59
	-87.8	5.3			-82.4		311.5		112
	571.8	44.7		0.3	616.1	0.1	661.6		268
	-833.8	**2.6**		**386.3**	**-1396.3**	**36.9**	**1429.8**		**573**
	-1465.8				-1465.8	13.1	482.6		309
	85.4						55.3		30
	160.3	2.6			41.5	23.8	664.5		159
	386.3			386.3	28		227.4		75

15-7 外贸、外经、旅游基本情况

指　标	单　位	2006年	2009年	2010年	2013年	2014年	2015年
一、外贸进出口总额	**万美元**	**35381**	**53237**	**49611**	**58172**	**76244**	**63094**
出　口	万美元	18049	14562	21404	18202	26120	25094
进　口	万美元	17332	38675	28207	39970	50124	38001
二、利用外资情况							
当年新签项目(合同)数	个	15	15	9	6	5	2
当年实际利用外资金额	万美元	3354	13978	17950	34006	38445	43647
三、旅游事业情况							
国内外旅游者人数	万人次	179.1	334.6	400.2	644.38	756.41	882.8
#外国人	万人次	1.66	5.61	7.43	13.23	16.65	19.9
旅游收入	万元	117659	292200	377200	779300	974100	1228000
外汇收入	万美元	557.4	960	1429	3034.7	3541.9	4356.5

16. 教育和文化事业

16-1 各级各类学校数、班数、学生数

指　　标	校数（所）	班　数（班）	招生数（人）	毕业生数（人）	在校学生数（人）	毕业班学生数（人）
合　计						
高等学校	1		3352	3164	12598	3506
中等职业学校	28		2815	2217	6717	2055
普通中专	6		1325	1166	3311	1072
成人中专	11		10		10	
职业高中	11		1480	1051	3396	983
普通中学	130	1853	25166	27811	80468	27958
高　中	20	632	10741	11338	32383	10919
初　中	110	1221	14425	16473	48085	17039
小　学	215	2920	14544	14621	93024	17187
特殊教育学校	6	29	53	31	220	
幼儿园	373	2005	14489	13843	41446	
成人高校	2		580	1175	1943	625

16-2 各级各类学校教职工数

单位：人

指　　标	合　计	专任教师	教辅人员	行政工勤人员	附设机构人员	校办工厂农(林)场职工	兼任教师	代课教师	教育和集体办教职工数
合　计									
普通高等学校	1028	802	70	156					
中等职业学校	1917	1452	141	324					1504
普通中学	11298	9944	682	672			1	56	10691
小　学	7166	6539	262	365				24	7096
特殊教育学校	133	102	15	16					133
幼儿园	3988	2225	859	904			24	59	605
成人高校	131	70	42	28					

16-3 分县(市、区)各类学校数、在校人数

指　　标	单位	通化市	市辖区	东昌区	二道江区	通化县	辉南县	柳河县	梅河口市	集安市
高等学校	所	1								
在校学生数	人	12598								
普通中学	所	130	16		4	21	21	23	28	17
在校学生数	人	93038	3209	12117	1174	9601	16353	16632	25651	8301
高　中	所	14	4			2	2	2	2	2
在校学生数	人	32383	7036		568	3813	5384	4078	8563	2941
初　中	所	63	11		3	8	17	14	4	6
在校学生数	人	48085	8590		613	5410	8508	7325	12636	5003
小　学	所	215	4	22	9	25	49	25	50	31
在校学生数	人	93024	3205	12117	1174	9599	16351	16630	25649	8299
特殊教育学校	所	6	1	1			1	1	1	1
在校学生数	人	508	90	38	16	110	54	77	70	53
幼儿园	所	373	3	72	15	43	68	66	64	42
在校学生数	人	41446	685	5825	1376	3926	6168	7345	12407	3714

16-4 全市文化、广播、电视事业基本情况

指　　标	单　位	2005年	2008年	2010年	2012年	2013年	2014年	2015年
一、文化事业								
影剧院	个	2	1	1	1	1	1	1
艺术表演团体	个	6	6	6	6	7	6	7
公共图书馆	个	8	8	8	8	8	8	8
图书馆藏书	千册	733	657.5	794	834	827	701	884.2
二、广播事业								
无线广播电台	座	1	1	1	1	3	3	3
制作广播节目	小时	13624	13707	13707	18801	18891	19117	20263.5
三、电视事业								
无线电视台	座	6	6	6	6	6	10	10.0
电视节目制作	小时	2546	2790	3950	3950	3950	7818	7947.3
四、广播人口覆盖率	%	96.5	98.5	98.5	98.8	98.8	98.8	98.8
五、电视人口覆盖率	%	97.6	98.7	98.7	99.1	99.2	99.2	99.2
六、有线电视入户率	%	51.64	58.7	58.7	68.4	67.4	67.3	69.2

17. 体育和卫生事业

17-1 全市体育工作基本情况

指　标	单　位	2000年	2005年	2008年	2010年	2012年	2013年	2014年	2015年
获奖牌总数	枚	69	206	184	201	163	143	222	72
在全国比赛中	枚	22	14	30	24	26	6	4	6
金　牌	枚	11	8	14	13	13	1	2	3
银　牌	枚	5	4	9	6	7	—	1	1
铜　牌	枚	6	2	7	5	6	5	1	2
在全省比赛中	枚	47	192	154	226	137	137	218	66
金　牌	枚	47	110	67	110	33	64	105	31
银　牌	枚		39	40	70	45	45	56	20
铜　牌	枚		43	47	46	59	38	57	15

17-2 卫生机构、床位、人员情况

(2015年)

指　标	卫生机构数(个)	卫生机构实有床位数(张)	卫生技术人员(人)
总　计	**832**	**13380**	**12348**
一、医　院	61	9710	7124
综合医院	31	7109	5692
县医院			
其他医院			
中医医院	7	1020	760
专科医院	21	1422	615
二、社区卫生服务中心	82	628	585
三、卫生院	90	2556	2190
街道卫生院			
乡镇卫生院	90	2556	2190
#中心卫生院	23	981	966
六、采供血机构	2	411	47
七、妇幼保健院(所、站)	8	84	707
八、专科疾病防治院(所、站)	7		103
九、疾病预防控制中心防疫站	6		317
十、卫生监督所	4		123
十一、诊所、卫生所、医务室	572		1152
诊所	546		1114
卫生所、医务室	26		38

17-3 卫生技术人员情况

(2015年) 单位：人

指　标	合计	执业医师	执业助理医师	注册护士	药剂人员	检验人员	其　他
总　计	**12660**	**4858**	**870**	**4516**	**708**	**603**	**1105**
一、医　院	7124	2559	208	3105	395	362	495
综合医院	5692	2094	128	2525	297	279	369
县医院							
其他医院							
中医医院	760	248	44	295	66	36	71
中西医结合医院	34	20		8	1	1	4
民族医院	23	5		7	2	5	4
专科医院	615	192	36	270	29	41	47
二、社区卫生服务中心	585	231	35	245	30	19	25
三、卫生院	2190	762	313	531	181	79	324
乡镇卫生院	2190	762	313	531	181	79	324
#中心卫生院	966	330	124	258	77	29	148
四、门诊院							
五、急救中心							
六、采供血机构	47	18	4	12	1	12	
七、　妇幼保健院(所、站)	707	288	36	247	27	50	59
八、专科疾病防治院(所、站)	103	49	12	20	8	9	5
九、疾病预防控制中心防疫站	317	141	23	36	7	68	42
十、卫生监督所	123						
十一、诊所、卫生所、医务室	1152	702	83	278	57	4	28
诊所	1114	677	78	271	56	4	28
卫生所、医务室	38	25	5	7	1		

17-4 分县(市、区)卫生机构、床位和人员数

(2015年)

指　标	单位	全　市	东昌区	二道江区	梅河口市	集安市	通化县	辉南县	柳河县
机构数	个	2060	251	65	506	203	213	393	429
床位数	张	13380	4147	711	2889	936	1636	1655	1406
卫生人员数	人	16698	3812	777	4799	1247	1582	2427	2054
卫生技术人员	人	12660	3057	611	3618	857	1266	1809	1442
#执业医师	人	4858	1189	228	1333	342	564	707	495
执业助理医师	人	870	95	20	244	72	124	155	160
注册护士	人	4516	1207	265	1378	323	334	506	503
药剂人员	人	708	132	36	213	62	103	100	62
检验人员	人	603	176	37	140	29	60	115	46
其他	人	1105	258	25	310	29	81	226	176
其他技术人员	人	687	263	33	128	46	50	119	48
管理人员	人	876	212	21	319	68	65	80	111
工勤人员	人	1160	247	85	457	85	45	153	88
医生人数	人	5728	1379	268	1821	486	812	1017	815
万人拥有医生	人	25.8	43.6	21.3	30.0	22.4	33.6	29.7	22.1

17-5 县及县以上医院诊疗动态

指　标	单　位	2000年	2005年	2008年	2010年	2012年	2013年	2014年	2015年
诊疗人次数	人	1556690	3553400	4510244	1945711	2865972	3308149	3385625	3580862
#门诊人次数	人	1410524	3093720	4115797	1849503	2455569	2779400	3193408	3408779
急诊人次数	人	134643	225252	335685	73994	332374	331958	347817	381719
#死亡人数	人	142	203	244	111	897	687	671	540
观察室收容病人数	人	36003	56887	91398	34944	21023	22982	25547	26790
#死亡人数	人	32	49	2	5	14	5	7	8
健康检查人数	人	73887	261978	110203	154027	110621	146284	154679	229735
急诊死亡率	%	0.11	0.09	0.07	0.15	0.27	0.21	0.19	0.14
观察室死亡率	%	0.09	0.09		0.01	0.07	0.02	0.03	0.03

18. 基本单位情况

18-1 按登记注册类型分组的法人单位、产业活动单位数

单位：个

登记注册类型	法人单位数	单产业法人	多产业法人	产业活动单位数
合计	**14776**	**14323**	**453**	**17502**
内资	14719	14267	452	17363
国有	3068	2775	293	4680
集体	360	344	16	517
股份合作	42	39	3	107
联营	39	36	3	54
国有联营	5	5		8
集体联营	20	17	3	27
国有与集体联营	1	1		3
其他联营	13	13		16
有限责任公司	3109	3074	35	3258
国有独资公司	41	36	5	57
其他有限责任公司	3068	3038	30	3201
股份有限公司	309	293	16	583
私营	4661	4636	25	4782
私营独资	1702	1695	7	1749
私营合伙	127	126	1	128
私营有限责任公司	2657	2644	13	2722
私营股份有限公司	175	171	4	183
其他内资	3131	3070	61	3382
港澳台商投资	20	19	1	89
与港澳台商合资经营	10	10		10
与港澳台商合作经营	1	1		1
港澳台商独资	8	7	1	77
港澳台商投资股份有限公司				
其他港、澳、台商投资	1	1		1
外商投资	37	37		50
中外合资经营	9	9		9
中外合作经营	3	3		3
外资企业	22	22		35
外商投资股份有限公司	1	1		1
其他外商投资	2	2		2

18-2 按行业分组的法人单位、产业活动单位数

单位：个

行业	法人单位数	单产业法人	多产业法人	产业活动单位数
合　计	**14776**	**14323**	**453**	**17502**
农、林、牧、渔业	**869**	**862**	**7**	**914**
农业	455	455		456
谷物种植	152	152		152
稻谷种植	97	97		97
玉米种植	48	48		48
其他谷物种植	7	7		7
豆类、油料和薯类种植	5	5		5
豆类种植	3	3		3
薯类种植	2	2		2
棉、麻、糖、烟草种植	9	9		9
烟草种植	9	9		9
蔬菜、食用菌及园艺作物种植	99	99		100
蔬菜种植	39	39		39
食用菌种植	41	41		42
花卉种植	3	3		3
其他园艺作物种植	16	16		16
水果种植	24	24		24
仁果类和核果类水果种植	8	8		8
葡萄种植	9	9		9
其他水果种植	7	7		7
坚果、含油果、香料和饮料作物种植	5	5		5
坚果种植	5	5		5
中药材种植	132	132		132
中药材种植	132	132		132
其他农业	29	29		29
其他农业	29	29		29
林业	85	82	3	87
林木育种和育苗	48	48		48
林木育种	14	14		14
林木育苗	34	34		34
造林和更新	2	1	1	2
造林和更新	2	1	1	2
森林经营和管护	33	31	2	35
森林经营和管护	33	31	2	35
木材和竹材采运	1	1		1
木材采运	1	1		1
林产品采集	1	1		1
非木竹材林产品采集	1	1		1
畜牧业	225	224	1	226
牲畜饲养	146	145	1	147
牛的饲养	45	45		46
马的饲养	1	1		1
猪的饲养	75	74	1	75
羊的饲养	8	8		8
其他牲畜饲养	17	17		17
家禽饲养	52	52		52
鸡的饲养	45	45		45
鹅的饲养	1	1		1
其他家禽饲养	6	6		6
狩猎和捕捉动物	2	2		2
狩猎和捕捉动物	2	2		2

18-2 续表 1

单位：个

行　业	法人单位数	单产业法人	多产业法人	产业活动单位数
其他畜牧业	**25**	25		25
其他畜牧业	**25**	25		25
渔业	**26**	26		26
水产养殖	**26**	26		26
海水养殖	**1**	1		1
内陆养殖	**25**	25		25
农、林、牧、渔服务业	**78**	75	3	119
农业服务业	**63**	62	1	76
农业机械服务	**15**	14	1	26
灌溉服务	**2**	2		2
农产品初加工服务	**13**	13		13
其他农业服务	**33**	33		35
林业服务业	**7**	6	1	21
林业有害生物防治服务	**1**	1		1
林产品初级加工服务	**1**	1		1
其他林业服务	**5**	4	1	19
畜牧服务业	**7**	6	1	20
畜牧服务业	**7**	6	1	20
渔业服务业	**1**	1		2
渔业服务业	**1**	1		2
采矿业	**230**	**227**	**3**	**234**
煤炭开采和洗选业	**36**	35	1	38
烟煤和无烟煤开采洗选	**25**	24	1	26
烟煤和无烟煤开采洗选	**25**	24	1	26
褐煤开采洗选	**9**	9		10
褐煤开采洗选	**9**	9		10
其他煤炭采选	**2**	2		2
其他煤炭采选	**2**	2		2
黑色金属矿采选业	**77**	76	1	78
铁矿采选	**76**	75	1	77
铁矿采选	**76**	75	1	77
其他黑色金属矿采选	**1**	1		1
其他黑色金属矿采选	**1**	1		1
有色金属矿采选业	**30**	29	1	31
常用有色金属矿采选	**16**	15	1	17
铜矿采选	**7**	6	1	8
铅锌矿采选	**3**	3		3
镍钴矿采选	**2**	2		2
镁矿采选	**1**	1		1
其他常用有色金属矿采选	**3**	3		3
贵金属矿采选	**14**	14		14
金矿采选	**14**	14		14
非金属矿采选业	**78**	78		78
土砂石开采	**68**	68		68
石灰石、石膏开采	**30**	30		30
建筑装饰用石开采	**19**	19		19
耐火土石开采	**2**	2		2
粘土及其他土砂石开采	**17**	17		17
石棉及其他非金属矿采选	**10**	10		10
石墨、滑石采选	**2**	2		2
其他未列明非金属矿采选	**8**	8		8
开采辅助活动	**4**	4		4

18-2 续表 2

单位：个

行　　业	法人单位数	单产业法人	多产业法人	产业活动单位数
煤炭开采和洗选辅助活动	2	2		2
煤炭开采和洗选辅助活动	2	2		2
石油和天然气开采辅助活动	2	2		2
石油和天然气开采辅助活动	2	2		2
其他采矿业	5	5		5
其他采矿业	5	5		5
其他采矿业	5	5		5
制造业	**2345**	**2333**	**12**	**2369**
农副食品加工业	448	445	3	450
谷物磨制	172	169	3	172
谷物磨制	172	169	3	172
饲料加工	25	25		25
饲料加工	25	25		25
植物油加工	8	8		9
食用植物油加工	8	8		9
屠宰及肉类加工	28	28		28
牲畜屠宰	5	5		5
禽类屠宰	14	14		14
肉制品及副产品加工	9	9		9
水产品加工	5	5		5
鱼糜制品及水产品干腌制加工	1	1		1
水产饲料制造	1	1		1
鱼油提取及制品制造	3	3		3
蔬菜、水果和坚果加工	178	178		179
蔬菜加工	22	22		22
水果和坚果加工	156	156		157
其他农副食品加工	32	32		32
淀粉及淀粉制品制造	3	3		3
豆制品制造	2	2		2
其他未列明农副食品加工	27	27		27
食品制造业	109	108	1	108
焙烤食品制造	28	28		28
糕点、面包制造	15	15		15
饼干及其他焙烤食品制造	13	13		13
方便食品制造	15	15		15
米、面制品制造	7	7		7
速冻食品制造	5	5		5
方便面及其他方便食品制造	3	3		3
乳制品制造	2	2		2
乳制品制造	2	2		2
罐头食品制造	2	2		2
肉、禽类罐头制造	1	1		1
蔬菜、水果罐头制造	1	1		1
调味品、发酵制品制造	9	9		9
酱油、食醋及类似制品制造	7	7		7
其他调味品、发酵制品制造	2	2		2
其他食品制造	53	52	1	52
营养食品制造	17	16	1	16
保健食品制造	22	22		22
冷冻饮品及食用冰制造	2	2		2
食品及饲料添加剂制造	3	3		3
其他未列明食品制造	9	9		9

18-2 续表 3

单位：个

行　　业	法人单位数	单产业法人	多产业法人	产业活动单位数
酒、饮料和精制茶制造业	170	169	1	171
酒的制造	116	115	1	116
酒精制造	4	4		4
白酒制造	33	33		33
啤酒制造	4	4		4
葡萄酒制造	67	66	1	67
其他酒制造	8	8		8
饮料制造	54	54		55
碳酸饮料制造	6	6		6
瓶(罐)装饮用水制造	29	29		30
果菜汁及果菜汁饮料制造	14	14		14
含乳饮料和植物蛋白饮料制造	2	2		2
茶饮料及其他饮料制造	3	3		3
纺织业	15	15		15
棉纺织及印染精加工	4	4		4
棉纺纱加工	3	3		3
棉织造加工	1	1		1
毛纺织及染整精加工	1	1		1
毛条和毛纱线加工	1	1		1
丝绢纺织及印染精加工	1	1		1
绢纺和丝织加工	1	1		1
家用纺织制成品制造	6	6		6
床上用品制造	4	4		4
窗帘、布艺类产品制造	2	2		2
非家用纺织制成品制造	3	3		3
其他非家用纺织制成品制造	3	3		3
纺织服装、服饰业	14	14		15
机织服装制造	10	10		11
机织服装制造	10	10		11
针织或钩针编织服装制造	1	1		1
针织或钩针编织服装制造	1	1		1
服饰制造	3	3		3
服饰制造	3	3		3
皮革、毛皮、羽毛及其制品和制鞋业	7	7		7
毛皮鞣制及制品加工	3	3		3
毛皮服装加工	2	2		2
其他毛皮制品加工	1	1		1
羽毛(绒)加工及制品制造	1	1		1
羽毛(绒)制品加工	1	1		1
制鞋业	3	3		3
纺织面料鞋制造	1	1		1
皮鞋制造	1	1		1
其他制鞋业	1	1		1
木材加工和木、竹、藤、棕、草制品业	147	147		150
木材加工	101	101		104
锯材加工	75	75		78
木片加工	11	11		11
单板加工	3	3		3
其他木材加工	12	12		12
人造板制造	18	18		18
胶合板制造	3	3		3
纤维板制造	1	1		1

18-2 续表 4

单位：个

行　业	法人单位数	单产业法人	多产业法人	产业活动单位数
刨花板制造	7	7		7
其他人造板制造	7	7		7
木制品制造	26	26		26
建筑用木料及木材组件加工	12	12		12
木门窗、楼梯制造	3	3		3
地板制造	1	1		1
木制容器制造	4	4		4
软木制品及其他木制品制造	6	6		6
竹、藤、棕、草等制品制造	2	2		2
竹制品制造	1	1		1
草及其他制品制造	1	1		1
家具制造业	41	41		41
木质家具制造	35	35		35
木质家具制造	35	35		35
塑料家具制造	1	1		1
塑料家具制造	1	1		1
其他家具制造	5	5		5
其他家具制造	5	5		5
造纸和纸制品业	29	29		29
造纸	6	6		6
机制纸及纸板制造	5	5		5
加工纸制造	1	1		1
纸制品制造	23	23		23
纸和纸板容器制造	11	11		11
其他纸制品制造	12	12		12
印刷和记录媒介复制业	86	86		88
印刷	78	78		80
书、报刊印刷	17	17		17
本册印制	11	11		11
包装装潢及其他印刷	50	50		52
装订及印刷相关服务	8	8		8
装订及印刷相关服务	8	8		8
文教、工美、体育和娱乐用品制造业	22	22		22
文教办公用品制造	1	1		1
文具制造	1	1		1
工艺美术品制造	19	19		19
雕塑工艺品制造	10	10		10
金属工艺品制造	2	2		2
天然植物纤维编织工艺品制造	4	4		4
抽纱刺绣工艺品制造	1	1		1
其他工艺美术品制造	2	2		2
体育用品制造	1	1		1
其他体育用品制造	1	1		1
游艺器材及娱乐用品制造	1	1		1
其他娱乐用品制造	1	1		1
石油加工、炼焦和核燃料加工业	8	8		8
精炼石油产品制造	8	8		8
原油加工及石油制品制造	5	5		5
人造原油制造	3	3		3
化学原料和化学制品制造业	106	106		107
基础化学原料制造	30	30		31
无机酸制造	2	2		2

18-2 续表 5 单位：个

行业	法人单位数	单产业法人	多产业法人	产业活动单位数
无机盐制造	3	3		3
有机化学原料制造	8	8		8
其他基础化学原料制造	17	17		18
肥料制造	28	28		28
氮肥制造	2	2		2
复混肥料制造	8	8		8
有机肥料及微生物肥料制造	14	14		14
其他肥料制造	4	4		4
农药制造	3	3		3
化学农药制造	3	3		3
涂料、油墨、颜料及类似产品制造	14	14		14
涂料制造	11	11		11
油墨及类似产品制造	2	2		2
颜料制造	1	1		1
合成材料制造	9	9		9
初级形态塑料及合成树脂制造	1	1		1
合成纤维单(聚合)体制造	1	1		1
其他合成材料制造	7	7		7
专用化学产品制造	11	11		11
化学试剂和助剂制造	4	4		4
信息化学品制造	1	1		1
环境污染处理专用药剂材料制造	1	1		1
动物胶制造	2	2		2
其他专用化学产品制造	3	3		3
炸药、火工及焰火产品制造	3	3		3
炸药及火工产品制造	2	2		2
焰火、鞭炮产品制造	1	1		1
日用化学产品制造	8	8		8
肥皂及合成洗涤剂制造	3	3		3
化妆品制造	3	3		3
口腔清洁用品制造	1	1		1
其他日用化学产品制造	1	1		1
医药制造业	432	431	1	433
化学药品原料药制造	2	2		2
化学药品原料药制造	2	2		2
化学药品制剂制造	8	8		8
化学药品制剂制造	8	8		8
中药饮片加工	299	299		300
中药饮片加工	299	299		300
中成药生产	99	98	1	99
中成药生产	99	98	1	99
兽用药品制造	3	3		3
兽用药品制造	3	3		3
生物药品制造	12	12		12
生物药品制造	12	12		12
卫生材料及医药用品制造	9	9		9
卫生材料及医药用品制造	9	9		9
化学纤维制造业	1	1		1
合成纤维制造	1	1		1
其他合成纤维制造	1	1		1
橡胶和塑料制品业	56	56		56
橡胶制品业	3	3		3

18-2 续表 6

单位：个

行　　业	法人单位数	单产业法人	多产业法人	产业活动单位数
橡胶板、管、带制造	1	1		1
橡胶零件制造	1	1		1
其他橡胶制品制造	1	1		1
塑料制品业	53	53		53
塑料薄膜制造	1	1		1
塑料板、管、型材制造	15	15		15
塑料丝、绳及编织品制造	4	4		4
泡沫塑料制造	12	12		12
塑料包装箱及容器制造	4	4		4
日用塑料制品制造	4	4		4
塑料零件制造	4	4		4
其他塑料制品制造	9	9		9
非金属矿物制品业	245	244	1	248
水泥、石灰和石膏制造	26	26		26
水泥制造	16	16		16
石灰和石膏制造	10	10		10
石膏、水泥制品及类似制品制造	43	43		43
水泥制品制造	19	19		19
砼结构构件制造	3	3		3
轻质建筑材料制造	8	8		8
其他水泥类似制品制造	13	13		13
砖瓦、石材等建筑材料制造	113	113		115
粘土砖瓦及建筑砌块制造	71	71		72
建筑陶瓷制品制造	1	1		1
建筑用石加工	26	26		26
防水建筑材料制造	1	1		1
隔热和隔音材料制造	6	6		6
其他建筑材料制造	8	8		9
玻璃制造	1	1		1
其他玻璃制造	1	1		1
玻璃制品制造	7	7		7
技术玻璃制品制造	1	1		1
日用玻璃制品制造	2	2		2
玻璃包装容器制造	2	2		2
制镜及类似品加工	1	1		1
其他玻璃制品制造	1	1		1
陶瓷制品制造	2	2		2
特种陶瓷制品制造	2	2		2
耐火材料制品制造	32	31	1	33
石棉制品制造	5	5		5
云母制品制造	1	1		1
耐火陶瓷制品及其他耐火材料制造	26	25	1	27
石墨及其他非金属矿物制品制造	21	21		21
石墨及碳素制品制造	6	6		6
其他非金属矿物制品制造	15	15		15
黑色金属冶炼和压延加工业	31	31		31
炼铁	8	8		8
炼铁	8	8		8
黑色金属铸造	10	10		10
黑色金属铸造	10	10		10
钢压延加工	9	9		9
钢压延加工	9	9		9

18-2 续表 7

单位：个

行 业	法人单位数	单产业法人	多产业法人	产业活动单位数
铁合金冶炼	4	4		4
铁合金冶炼	4	4		4
有色金属冶炼和压延加工业	10	10		10
常用有色金属冶炼	4	4		4
铅锌冶炼	1	1		1
铝冶炼	1	1		1
镁冶炼	1	1		1
其他常用有色金属冶炼	1	1		1
贵金属冶炼	2	2		2
金冶炼	2	2		2
有色金属合金制造	3	3		3
有色金属合金制造	3	3		3
有色金属铸造	1	1		1
有色金属铸造	1	1		1
金属制品业	79	77	2	82
结构性金属制品制造	35	34	1	37
金属结构制造	20	20		20
金属门窗制造	15	14	1	17
金属工具制造	8	8		8
刀剪及类似日用金属工具制造	3	3		3
其他金属工具制造	5	5		5
集装箱及金属包装容器制造	4	3	1	4
金属压力容器制造	1	1		1
金属包装容器制造	3	2	1	3
金属丝绳及其制品制造	5	5		5
金属丝绳及其制品制造	5	5		5
建筑、安全用金属制品制造	10	10		10
建筑、家具用金属配件制造	5	5		5
建筑装饰及水暖管道零件制造	4	4		4
其他建筑、安全用金属制品制造	1	1		1
金属制日用品制造	2	2		2
金属制餐具和器皿制造	1	1		1
其他金属制日用品制造	1	1		1
其他金属制品制造	15	15		16
锻件及粉末冶金制品制造	6	6		7
交通及公共管理用金属标牌制造	1	1		1
其他未列明金属制品制造	8	8		8
通用设备制造业	88	85	3	92
锅炉及原动设备制造	10	10		10
锅炉及辅助设备制造	7	7		7
风能原动设备制造	1	1		1
其他原动设备制造	2	2		2
金属加工机械制造	17	16	1	17
铸造机械制造	5	4	1	5
金属切割及焊接设备制造	1	1		1
机床附件制造	1	1		1
其他金属加工机械制造	10	10		10
物料搬运设备制造	8	8		8
起重机制造	2	2		2
连续搬运设备制造	4	4		4
电梯、自动扶梯及升降机制造	1	1		1
其他物料搬运设备制造	1	1		1

18-2 续表 8

单位：个

行　业	法人单位数	单产业法人	多产业法人	产业活动单位数
泵、阀门、压缩机及类似机械制造	4	4		4
泵及真空设备制造	2	2		2
液压和气压动力机械及元件制造	2	2		2
轴承、齿轮和传动部件制造	1	1		1
轴承制造	1	1		1
烘炉、风机、衡器、包装等设备制造	6	6		6
风机、风扇制造	3	3		3
制冷、空调设备制造	1	1		1
风动和电动工具制造	2	2		2
通用零部件制造	33	31	2	37
紧固件制造	2	2		2
弹簧制造	2	2		2
机械零部件加工	26	24	2	30
其他通用零部件制造	3	3		3
其他通用设备制造业	9	9		9
其他通用设备制造业	9	9		9
专用设备制造业	68	68		68
采矿、冶金、建筑专用设备制造	31	31		31
矿山机械制造	5	5		5
石油钻采专用设备制造	19	19		19
建筑工程用机械制造	2	2		2
建筑材料生产专用机械制造	2	2		2
冶金专用设备制造	3	3		3
化工、木材、非金属加工专用设备制造	6	6		6
炼油、化工生产专用设备制造	1	1		1
塑料加工专用设备制造	2	2		2
木材加工机械制造	1	1		1
模具制造	1	1		1
其他非金属加工专用设备制造	1	1		1
食品、饮料、烟草及饲料生产专用设备制造	2	2		2
食品、酒、饮料及茶生产专用设备制造	1	1		1
农副食品加工专用设备制造	1	1		1
印刷、制药、日化及日用品生产专用设备制造	5	5		5
制浆和造纸专用设备制造	4	4		4
照明器具生产专用设备制造	1	1		1
纺织、服装和皮革加工专用设备制造	1	1		1
纺织专用设备制造	1	1		1
电子和电工机械专用设备制造	1	1		1
电工机械专用设备制造	1	1		1
农、林、牧、渔专用机械制造	12	12		12
拖拉机制造	1	1		1
机械化农业及园艺机具制造	4	4		4
畜牧机械制造	2	2		2
农林牧渔机械配件制造	3	3		3
其他农、林、牧、渔业机械制造	2	2		2
医疗仪器设备及器械制造	7	7		7
医疗诊断、监护及治疗设备制造	2	2		2
口腔科用设备及器具制造	1	1		1
机械治疗及病房护理设备制造	1	1		1
其他医疗设备及器械制造	3	3		3
环保、社会公共服务及其他专用设备制造	3	3		3
环境保护专用设备制造	1	1		1

18-2 续表 9

单位：个

行　　业	法人单位数	单产业法人	多产业法人	产业活动单位数
其他专用设备制造	2	2		2
汽车制造业	23	23		24
汽车车身、挂车制造	2	2		2
汽车车身、挂车制造	2	2		2
汽车零部件及配件制造	21	21		22
汽车零部件及配件制造	21	21		22
铁路、船舶、航空航天和其他运输设备制造业	5	5		5
铁路运输设备制造	4	4		4
铁路机车车辆配件制造	1	1		1
铁路专用设备及器材、配件制造	3	3		3
非公路休闲车及零配件制造	1	1		1
非公路休闲车及零配件制造	1	1		1
电气机械和器材制造业	35	35		35
电机制造	2	2		2
电动机制造	2	2		2
输配电及控制设备制造	15	15		15
变压器、整流器和电感器制造	9	9		9
配电开关控制设备制造	3	3		3
电力电子元器件制造	1	1		1
其他输配电及控制设备制造	2	2		2
电线、电缆、光缆及电工器材制造	5	5		5
电线、电缆制造	2	2		2
绝缘制品制造	2	2		2
其他电工器材制造	1	1		1
家用电力器具制造	4	4		4
家用制冷电器具制造	2	2		2
家用厨房电器具制造	1	1		1
其他家用电力器具制造	1	1		1
非电力家用器具制造	1	1		1
其他非电力家用器具制造	1	1		1
照明器具制造	5	5		5
照明灯具制造	5	5		5
其他电气机械及器材制造	3	3		3
其他未列明电气机械及器材制造	3	3		3
计算机、通信和其他电子设备制造业	3	3		3
电子器件制造	1	1		1
半导体分立器件制造	1	1		1
电子元件制造	2	2		2
电子元件及组件制造	2	2		2
仪器仪表制造业	8	8		8
通用仪器仪表制造	4	4		4
电工仪器仪表制造	4	4		4
专用仪器仪表制造	1	1		1
环境监测专用仪器仪表制造	1	1		1
光学仪器及眼镜制造	2	2		2
光学仪器制造	1	1		1
眼镜制造	1	1		1
其他仪器仪表制造业	1	1		1
其他仪器仪表制造业	1	1		1
其他制造业	26	26		27
煤制品制造	7	7		7
煤制品制造	7	7		7

18-2 续表 10

单位：个

行　业	法人单位数	单产业法人	多产业法人	产业活动单位数
核辐射加工	2	2		2
核辐射加工	2	2		2
其他未列明制造业	17	17		18
其他未列明制造业	17	17		18
废弃资源综合利用业	17	17		17
金属废料和碎屑加工处理	8	8		8
金属废料和碎屑加工处理	8	8		8
非金属废料和碎屑加工处理	9	9		9
非金属废料和碎屑加工处理	9	9		9
金属制品、机械和设备修理业	16	16		18
金属制品修理	1	1		1
金属制品修理	1	1		1
通用设备修理	9	9		11
通用设备修理	9	9		11
专用设备修理	1	1		1
专用设备修理	1	1		1
其他机械和设备修理业	5	5		5
其他机械和设备修理业	5	5		5
电力、热力、燃气及水生产和供应业	**146**	**142**	**4**	**241**
电力、热力生产和供应业	104	100	4	198
电力生产	52	52		53
火力发电	4	4		5
水力发电	43	43		43
太阳能发电	2	2		2
其他电力生产	3	3		3
电力供应	10	6	4	103
电力供应	10	6	4	103
热力生产和供应	42	42		42
热力生产和供应	42	42		42
燃气生产和供应业	17	17		17
燃气生产和供应业	17	17		17
燃气生产和供应业	17	17		17
水的生产和供应业	25	25		26
自来水生产和供应	19	19		20
自来水生产和供应	19	19		20
污水处理及其再生利用	6	6		6
污水处理及其再生利用	6	6		6
建筑业	**481**	**476**	**5**	**509**
房屋建筑业	121	119	2	131
房屋建筑业	121	119	2	131
房屋建筑业	121	119	2	131
土木工程建筑业	77	76	1	88
铁路、道路、隧道和桥梁工程建筑	36	35	1	46
铁路工程建筑	2	2		2
公路工程建筑	13	12	1	22
市政道路工程建筑	14	14		15
其他道路、隧道和桥梁工程建筑	7	7		7
水利和内河港口工程建筑	13	13		13
水源及供水设施工程建筑	5	5		5
河湖治理及防洪设施工程建筑	8	8		8
工矿工程建筑	5	5		5
工矿工程建筑	5	5		5

18-2 续表 11

单位：个

行　业	法人单位数	单产业法人	多产业法人	产业活动单位数
架线和管道工程建筑	10	10		10
架线及设备工程建筑	8	8		8
管道工程建筑	2	2		2
其他土木工程建筑	13	13		14
其他土木工程建筑	13	13		14
建筑安装业	110	108	2	115
电气安装	41	41		41
电气安装	41	41		41
管道和设备安装	22	22		22
管道和设备安装	22	22		22
其他建筑安装业	47	45	2	52
其他建筑安装业	47	45	2	52
建筑装饰和其他建筑业	173	173		175
建筑装饰业	125	125		126
建筑装饰业	125	125		126
工程准备活动	18	18		18
建筑物拆除活动	12	12		12
其他工程准备活动	6	6		6
提供施工设备服务	3	3		3
提供施工设备服务	3	3		3
其他未列明建筑业	27	27		28
其他未列明建筑业	27	27		28
批发和零售业	**3348**	**3311**	**37**	**3590**
批发业	1630	1612	18	1680
农、林、牧产品批发	256	254	2	262
谷物、豆及薯类批发	82	82		82
种子批发	61	60	1	67
饲料批发	9	9		9
棉、麻批发	1	1		1
林业产品批发	22	22		22
牲畜批发	30	30		30
其他农牧产品批发	51	50	1	51
食品、饮料及烟草制品批发	234	232	2	246
米、面制品及食用油批发	32	32		33
糕点、糖果及糖批发	8	8		8
果品、蔬菜批发	61	61		61
肉、禽、蛋、奶及水产品批发	10	10		10
盐及调味品批发	2	1	1	8
营养和保健品批发	13	13		13
酒、饮料及茶叶批发	49	49		49
烟草制品批发	2	1	1	7
其他食品批发	57	57		57
纺织、服装及家庭用品批发	55	55		56
纺织品、针织品及原料批发	4	4		4
服装批发	11	11		11
化妆品及卫生用品批发	10	10		10
厨房、卫生间用具及日用杂货批发	8	8		8
灯具、装饰物品批发	4	4		4
家用电器批发	3	3		4
其他家庭用品批发	15	15		15
文化、体育用品及器材批发	14	14		14
文具用品批发	5	5		5

18-2 续表 12

单位：个

行　业	法人单位数	单产业法人	多产业法人	产业活动单位数
体育用品及器材批发	1	1		1
首饰、工艺品及收藏品批发	2	2		2
其他文化用品批发	6	6		6
医药及医疗器材批发	135	135		137
西药批发	14	14		14
中药批发	92	92		94
医疗用品及器材批发	29	29		29
矿产品、建材及化工产品批发	540	528	12	566
煤炭及制品批发	79	79		79
石油及制品批发	23	21	2	27
非金属矿及制品批发	21	21		21
金属及金属矿批发	53	53		53
建材批发	143	142	1	143
化肥批发	111	103	8	128
农药批发	83	83		87
农用薄膜批发	7	7		7
其他化工产品批发	20	19	1	21
机械设备、五金产品及电子产品批发	136	135	1	138
农业机械批发	22	21	1	23
汽车批发	4	4		4
汽车零配件批发	11	11		11
摩托车及零配件批发	2	2		2
五金产品批发	34	34		34
电气设备批发	8	8		8
计算机、软件及辅助设备批发	12	12		12
通讯及广播电视设备批发	4	4		4
其他机械设备及电子产品批发	39	39		40
贸易经纪与代理	176	176		177
贸易代理	13	13		13
其他贸易经纪与代理	163	163		164
其他批发业	84	83	1	84
再生物资回收与批发	37	37		38
其他未列明批发业	47	46	1	46
零售业	1718	1699	19	1910
综合零售	219	212	7	237
百货零售	62	62		63
超级市场零售	18	15	3	28
其他综合零售	139	135	4	146
食品、饮料及烟草制品专门零售	256	255	1	264
粮油零售	24	24		25
糕点、面包零售	7	7		8
果品、蔬菜零售	26	26		26
肉、禽、蛋、奶及水产品零售	85	85		86
营养和保健品零售	27	27		29
酒、饮料及茶叶零售	34	34		35
烟草制品零售	2	1	1	4
其他食品零售	51	51		51
纺织、服装及日用品专门零售	102	102		102
纺织品及针织品零售	9	9		9
服装零售	39	39		39
鞋帽零售	2	2		2
化妆品及卫生用品零售	11	11		11

18-2 续表 13

单位：个

行 业	法人单位数	单产业法人	多产业法人	产业活动单位数
钟表、眼镜零售	10	10		10
箱、包零售	4	4		4
厨房用具及日用杂品零售	6	6		6
其他日用品零售	21	21		21
文化、体育用品及器材专门零售	65	64	1	71
文具用品零售	18	18		18
体育用品及器材零售	6	6		6
图书、报刊零售	13	12	1	17
音像制品及电子出版物零售	1	1		1
珠宝首饰零售	6	6		7
工艺美术品及收藏品零售	9	9		10
乐器零售	2	2		2
其他文化用品零售	10	10		10
医药及医疗器材专门零售	277	270	7	342
药品零售	229	223	6	294
医疗用品及器材零售	48	47	1	48
汽车、摩托车、燃料及零配件专门零售	273	273		364
汽车零售	143	143		143
汽车零配件零售	37	37		39
摩托车及零配件零售	22	22		22
机动车燃料零售	71	71		160
家用电器及电子产品专门零售	143	141	2	146
家用视听设备零售	24	24		24
日用家电设备零售	17	17		17
计算机、软件及辅助设备零售	60	60		61
通信设备零售	16	14	2	18
其他电子产品零售	26	26		26
五金、家具及室内装饰材料专门零售	205	204	1	205
五金零售	105	104	1	105
灯具零售	3	3		3
家具零售	13	13		13
涂料零售	6	6		6
卫生洁具零售	3	3		3
木质装饰材料零售	11	11		11
陶瓷、石材装饰材料零售	10	10		10
其他室内装饰材料零售	54	54		54
货摊、无店铺及其他零售业	178	178		179
货摊食品零售	2	2		2
互联网零售	2	2		2
旧货零售	1	1		1
生活用燃料零售	29	29		29
其他未列明零售业	144	144		145
交通运输、仓储和邮政业	**325**	**314**	**11**	**462**
铁路运输业	2	2		9
铁路旅客运输				3
铁路旅客运输				3
铁路货物运输	2	2		4
铁路货物运输	2	2		4
铁路运输辅助活动				2
其他铁路运输辅助活动				2
道路运输业	181	176	5	195

18-2 续表 14

单位：个

行业	法人单位数	单产业法人	多产业法人	产业活动单位数
城市公共交通运输	23	23		23
公共电汽车客运	3	3		3
出租车客运	18	18		18
其他城市公共交通运输	2	2		2
公路旅客运输	21	18	3	21
公路旅客运输	21	18	3	21
道路货物运输	108	106	2	112
道路货物运输	108	106	2	112
道路运输辅助活动	29	29		39
客运汽车站	5	5		15
公路管理与养护	17	17		17
其他道路运输辅助活动	7	7		7
水上运输业	1	1		1
水上旅客运输	1	1		1
内河旅客运输	1	1		1
装卸搬运和运输代理业	35	34	1	37
装卸搬运	14	14		14
装卸搬运	14	14		14
运输代理业	21	20	1	23
货物运输代理	12	11	1	13
旅客票务代理	1	1		2
其他运输代理业	8	8		8
仓储业	60	59	1	61
谷物、棉花等农产品仓储	43	43		43
谷物仓储	41	41		41
其他农产品仓储	2	2		2
其他仓储业	17	16	1	18
其他仓储业	17	16	1	18
邮政业	46	42	4	159
邮政基本服务	4	3	1	106
邮政基本服务	4	3	1	106
快递服务	42	39	3	53
快递服务	42	39	3	53
住宿和餐饮业	**149**	**149**		**157**
住宿业	68	68		72
旅游饭店	29	29		33
旅游饭店	29	29		33
一般旅馆	33	33		33
一般旅馆	33	33		33
其他住宿业	6	6		6
其他住宿业	6	6		6
餐饮业	81	81		85
正餐服务	72	72		72
正餐服务	72	72		72
快餐服务	4	4		8
快餐服务	4	4		8
饮料及冷饮服务	1	1		1
咖啡馆服务	1	1		1
其他餐饮业	4	4		4
小吃服务	1	1		1
餐饮配送服务	2	2		2
其他未列明餐饮业	1	1		1

18-2 续表 15

单位：个

行　业	法人单位数	单产业法人	多产业法人	产业活动单位数
信息传输、软件和信息技术服务业	**144**	**133**	**11**	**363**
电信、广播电视和卫星传输服务	27	16	11	230
电信	12	8	4	152
固定电信服务	3	2	1	28
移动电信服务	4	3	1	28
其他电信服务	5	3	2	96
广播电视传输服务	14	7	7	77
有线广播电视传输服务	11	4	7	73
无线广播电视传输服务	3	3		4
卫星传输服务	1	1		1
卫星传输服务	1	1		1
互联网和相关服务	36	36		52
互联网接入及相关服务	2	2		14
互联网接入及相关服务	2	2		14
互联网信息服务	25	25		29
互联网信息服务	25	25		29
其他互联网服务	9	9		9
其他互联网服务	9	9		9
软件和信息技术服务业	81	81		81
软件开发	44	44		44
软件开发	44	44		44
信息系统集成服务	5	5		5
信息系统集成服务	5	5		5
信息技术咨询服务	26	26		26
信息技术咨询服务	26	26		26
其他信息技术服务业	6	6		6
其他未列明信息技术服务业	6	6		6
金融业	**155**	**120**	**35**	**737**
货币金融服务	82	64	18	527
中央银行服务	1		1	11
中央银行服务	1		1	11
货币银行服务	22	6	16	452
货币银行服务	22	6	16	452
非货币银行服务	58	58		62
金融租赁服务	1	1		2
典当	10	10		11
其他非货币银行服务	47	47		49
银行监管服务	1		1	2
银行监管服务	1		1	2
资本市场服务	29	29		36
证券市场服务	7	7		14
证券经纪交易服务	2	2		7
基金管理服务	5	5		7
资本投资服务	15	15		15
资本投资服务	15	15		15
其他资本市场服务	7	7		7
其他资本市场服务	7	7		7
保险业	36	19	17	166
人身保险	12	3	9	73
人寿保险	11	2	9	68

18-2 续表 16

单位：个

行业	法人单位数	单产业法人	多产业法人	产业活动单位数
健康和意外保险	1	1		5
财产保险	13	5	8	75
财产保险	13	5	8	75
再保险				6
再保险				6
保险经纪与代理服务	10	10		11
保险经纪与代理服务	10	10		11
其他保险活动	1	1		1
风险和损失评估	1	1		1
其他金融业	8	8		8
金融信息服务	2	2		2
金融信息服务	2	2		2
其他未列明金融业	6	6		6
其他未列明金融业	6	6		6
房地产业	**392**	**390**	**2**	**401**
房地产业	392	390	2	401
房地产开发经营	198	196	2	201
房地产开发经营	198	196	2	201
物业管理	135	135		140
物业管理	135	135		140
房地产中介服务	47	47		47
房地产中介服务	47	47		47
自有房地产经营活动	3	3		3
自有房地产经营活动	3	3		3
其他房地产业	9	9		10
其他房地产业	9	9		10
租赁和商务服务业	**838**	**831**	**7**	**896**
租赁业	92	92		94
机械设备租赁	90	90		92
汽车租赁	42	42		42
农业机械租赁	28	28		28
建筑工程机械与设备租赁	13	13		14
计算机及通讯设备租赁				1
其他机械与设备租赁	7	7		7
文化及日用品出租	2	2		2
娱乐及体育设备出租	1	1		1
其他文化及日用品出租	1	1		1
商务服务业	746	739	7	802
企业管理服务	122	122		125
企业总部管理	10	10		12
投资与资产管理	50	50		50
单位后勤管理服务	3	3		3
其他企业管理服务	59	59		60
法律服务	38	38		76
律师及相关法律服务	30	30		47
公证服务	6	6		6
其他法律服务	2	2		23
咨询与调查	167	167		169
会计、审计及税务服务	32	32		32
市场调查	1	1		1
社会经济咨询	61	61		62

18-2 续表 17

单位：个

行 业	法人单位数	单产业法人	多产业法人	产业活动单位数
其他专业咨询	73	73		74
广告业	143	142	1	146
广告业	143	142	1	146
知识产权服务	5	5		5
知识产权服务	5	5		5
人力资源服务	43	42	1	44
公共就业服务	1	1		1
职业中介服务	10	10		10
劳务派遣服务	26	25	1	26
其他人力资源服务	6	6		7
旅行社及相关服务	72	67	5	79
旅行社服务	56	51	5	63
旅游管理服务	14	14		14
其他旅行社相关服务	2	2		2
安全保护服务	12	12		12
安全服务	9	9		9
安全系统监控服务	2	2		2
其他安全保护服务	1	1		1
其他商务服务业	144	144		146
市场管理	43	43		43
会议及展览服务	5	5		5
包装服务	2	2		2
办公服务	4	4		4
信用服务	1	1		1
担保服务	33	33		33
其他未列明商务服务业	56	56		58
科学研究和技术服务业	**476**	**469**	**7**	**500**
研究和试验发展	71	71		71
自然科学研究和试验发展	9	9		9
自然科学研究和试验发展	9	9		9
工程和技术研究和试验发展	18	18		18
工程和技术研究和试验发展	18	18		18
农业科学研究和试验发展	19	19		19
农业科学研究和试验发展	19	19		19
医学研究和试验发展	15	15		15
医学研究和试验发展	15	15		15
社会人文科学研究	10	10		10
社会人文科学研究	10	10		10
专业技术服务业	209	204	5	215
气象服务	7	7		8
气象服务	7	7		8
地震服务	2	2		2
地震服务	2	2		2
海洋服务	1	1		1
海洋服务	1	1		1
测绘服务	15	15		15
测绘服务	15	15		15
质检技术服务	32	32		32
质检技术服务	32	32		32
环境与生态监测	7	6	1	7
环境保护监测	7	6	1	6

18-2　续表 18

单位：个

行　　业	法人单位数	单产业法人	多产业法人	产业活动单位数
生态监测				1
地质勘查	10	10		10
能源矿产地质勘查	2	2		2
固体矿产地质勘查	3	3		3
水、二氧化碳等矿产地质勘查	2	2		2
地质勘查技术服务	3	3		3
工程技术	69	67	2	71
工程管理服务	31	30	1	34
工程勘察设计	25	24	1	24
规划管理	13	13		13
其他专业技术服务业	66	64	2	69
专业化设计服务	10	10		10
摄影扩印服务	7	7		7
兽医服务	40	38	2	42
其他未列明专业技术服务业	9	9		10
科技推广和应用服务业	196	194	2	214
技术推广服务	174	172	2	192
农业技术推广服务	139	137	2	155
生物技术推广服务	19	19		21
新材料技术推广服务	4	4		4
节能技术推广服务	1	1		1
其他技术推广服务	11	11		11
科技中介服务	1	1		1
科技中介服务	1	1		1
其他科技推广和应用服务业	21	21		21
其他科技推广和应用服务业	21	21		21
水利、环境和公共设施管理业	**184**	**182**	**2**	**222**
水利管理业	88	86	2	124
防洪除涝设施管理	10	10		10
防洪除涝设施管理	10	10		10
水资源管理	12	11	1	25
水资源管理	12	11	1	25
天然水收集与分配	15	15		15
天然水收集与分配	15	15		15
水文服务	5	5		6
水文服务	5	5		6
其他水利管理业	46	45	1	68
其他水利管理业	46	45	1	68
生态保护和环境治理业	5	5		5
生态保护	2	2		2
其他自然保护	2	2		2
环境治理业	3	3		3
水污染治理	1	1		1
大气污染治理	1	1		1
其他污染治理	1	1		1
公共设施管理业	91	91		93
市政设施管理	19	19		20
市政设施管理	19	19		20
环境卫生管理	21	21		21
环境卫生管理	21	21		21
城乡市容管理	6	6		6

18-2 续表 19

单位：个

行　　业	法人单位数	单产业法人	多产业法人	产业活动单位数
城乡市容管理	6	6		6
绿化管理	17	17		17
绿化管理	17	17		17
公园和游览景区管理	28	28		29
公园管理	4	4		5
游览景区管理	24	24		24
居民服务、修理和其他服务业	**224**	**224**		**228**
居民服务业	96	96		97
家庭服务	11	11		11
家庭服务	11	11		11
托儿所服务	2	2		2
托儿所服务	2	2		2
洗染服务	2	2		2
洗染服务	2	2		2
理发及美容服务	7	7		7
理发及美容服务	7	7		7
洗浴服务	10	10		10
洗浴服务	10	10		10
保健服务	5	5		5
保健服务	5	5		5
婚姻服务	8	8		8
婚姻服务	8	8		8
殡葬服务	15	15		15
殡葬服务	15	15		15
其他居民服务业	36	36		37
其他居民服务业	36	36		37
机动车、电子产品和日用产品修理业	47	47		48
汽车、摩托车修理与维护	37	37		37
汽车修理与维护	37	37		37
计算机和办公设备维修	2	2		3
计算机和辅助设备修理	2	2		2
其他办公设备维修				1
家用电器修理	7	7		7
家用电子产品修理	1	1		1
日用电器修理	6	6		6
其他日用产品修理业	1	1		1
其他未列明日用产品修理业	1	1		1
其他服务业	81	81		83
清洁服务	34	34		34
建筑物清洁服务	5	5		5
其他清洁服务	29	29		29
其他未列明服务业	47	47		49
其他未列明服务业	47	47		49
教育	**505**	**462**	**43**	**615**
教育	505	462	43	615
学前教育	74	73	1	76
学前教育	74	73	1	76
初等教育	134	101	33	238
普通小学教育	130	98	32	235
成人小学教育	4	3	1	3
中等教育	153	144	9	153

18-2 续表 20

单位：个

行　业	法人单位数	单产业法人	多产业法人	产业活动单位数
普通初中教育	105	96	9	105
职业初中教育	9	9		9
普通高中教育	20	20		20
成人高中教育	4	4		4
中等职业学校教育	15	15		15
高等教育	12	12		12
普通高等教育	4	4		4
成人高等教育	8	8		8
特殊教育	8	8		8
特殊教育	8	8		8
技能培训、教育辅助及其他教育	124	124		128
职业技能培训	67	67		70
体校及体育培训	5	5		5
文化艺术培训	12	12		12
教育辅助服务	16	16		17
其他未列明教育	24	24		24
卫生和社会工作	**416**	**400**	**16**	**587**
卫生	269	253	16	437
医院	70	68	2	70
综合医院	33	32	1	33
中医医院	5	5		5
中西医结合医院	1		1	1
民族医院	1	1		1
专科医院	27	27		27
疗养院	3	3		3
社区医疗与卫生院	122	108	14	165
社区卫生服务中心(站)	33	31	2	61
街道卫生院	3	3		3
乡镇卫生院	86	74	12	101
门诊部(所)	26	26		149
门诊部(所)	26	26		149
计划生育技术服务活动	19	19		19
计划生育技术服务活动	19	19		19
妇幼保健院(所、站)	8	8		8
妇幼保健院(所、站)	8	8		8
专科疾病防治院(所、站)	10	10		10
专科疾病防治院(所、站)	10	10		10
疾病预防控制中心	6	6		6
疾病预防控制中心	6	6		6
其他卫生活动	8	8		10
其他卫生活动	8	8		10
社会工作	147	147		150
提供住宿社会工作	128	128		130
干部休养所	3	3		3
护理机构服务	4	4		4
精神康复服务	1	1		1
老年人、残疾人养护服务	107	107		107
孤残儿童收养和庇护服务	3	3		4
其他提供住宿社会救助	10	10		11
不提供住宿社会工作	19	19		20
社会看护与帮助服务	2	2		2
其他不提供住宿社会工作	17	17		18

18-2 续表 21

单位：个

行 业	法人单位数	单产业法人	多产业法人	产业活动单位数
文化、体育和娱乐业	**302**	**299**	**3**	**386**
新闻和出版业	4	4		4
出版业	4	4		4
报纸出版	3	3		3
音像制品出版	1	1		1
广播、电视、电影和影视录音制作业	26	25	1	39
广播	2	2		4
广播	2	2		4
电视	7	6	1	17
电视	7	6	1	17
电影和影视节目制作	2	2		2
电影和影视节目制作	2	2		2
电影放映	14	14		15
电影放映	14	14		15
录音制作	1	1		1
录音制作	1	1		1
文化艺术业	114	112	2	185
文艺创作与表演	12	12		12
文艺创作与表演	12	12		12
艺术表演场馆	2	2		3
艺术表演场馆	2	2		3
图书馆与档案馆	27	27		27
图书馆	10	10		10
档案馆	17	17		17
文物及非物质文化遗产保护	7	6	1	7
文物及非物质文化遗产保护	7	6	1	7
博物馆	4	4		7
博物馆	4	4		7
烈士陵园、纪念馆	5	5		5
烈士陵园、纪念馆	5	5		5
群众文化活动	52	51	1	119
群众文化活动	52	51	1	119
其他文化艺术业	5	5		5
其他文化艺术业	5	5		5
体育	18	18		18
体育组织	8	8		8
体育组织	8	8		8
体育场馆	1	1		1
体育场馆	1	1		1
休闲健身活动	9	9		9
休闲健身活动	9	9		9
娱乐业	140	140		140
室内娱乐活动	125	125		125
歌舞厅娱乐活动	13	13		13
电子游艺厅娱乐活动	3	3		3
网吧活动	104	104		104
其他室内娱乐活动	5	5		5
游乐园	2	2		2
游乐园	2	2		2
彩票活动	4	4		4

18-2 续表 22

单位：个

行　业	法人单位数	单产业法人	多产业法人	产业活动单位数
彩票活动	4	4		4
文化、娱乐、体育经纪代理	2	2		2
其他文化艺术经纪代理	2	2		2
其他娱乐业	7	7		7
其他娱乐业	7	7		7
公共管理、社会保障和社会组织	**3247**	**2999**	**248**	**4091**
中国共产党机关	59	48	11	75
中国共产党机关	59	48	11	75
中国共产党机关	59	48	11	75
国家机构	1373	1186	187	2166
国家权力机构	10	9	1	17
国家权力机构	10	9	1	17
国家行政机构	1337	1160	177	2104
综合事务管理机构	379	279	100	554
对外事务管理机构	5	5		5
公共安全管理机构	71	58	13	208
社会事务管理机构	300	277	23	470
经济事务管理机构	432	398	34	687
行政监督检查机构	150	143	7	180
人民法院和人民检察院	22	13	9	40
人民法院	10	3	7	23
人民检察院	12	10	2	17
其他国家机构	4	4		5
其他国家机构	4	4		5
人民政协、民主党派	16	15	1	22
人民政协	8	7	1	14
人民政协	8	7	1	14
民主党派	8	8		8
民主党派	8	8		8
社会保障	14	14		14
社会保障	14	14		14
社会保障	14	14		14
群众团体、社会团体和其他成员组织	596	591	5	622
群众团体	57	55	2	58
工会	19	17	2	20
妇联	8	8		8
共青团	6	6		6
其他群众团体	24	24		24
社会团体	358	355	3	367
专业性团体	119	117	2	122
行业性团体	122	122		129
其他社会团体	117	116	1	116
基金会	3	3		3
基金会	3	3		3
宗教组织	178	178		194
宗教组织	178	178		194
基层群众自治组织	1189	1145	44	1192
社区自治组织	199	186	13	202
社区自治组织	199	186	13	202
村民自治组织	990	959	31	990
村民自治组织	990	959	31	990

18-3 按行业分组的企业法人单位数及就业人数

行业	单位数（个）	单产业法人（个）	就业人数（人）	
				#单产业法人
合　计	**9784**	**9655**	**397227**	**306811**
农、林、牧、渔业	**623**	**619**	**15439**	**14857**
农业	288	288	7248	7248
谷物种植	77	77	1350	1350
稻谷种植	46	46	644	644
玉米种植	28	28	665	665
其他谷物种植	3	3	41	41
豆类、油料和薯类种植	5	5	97	97
豆类种植	3	3	67	67
薯类种植	2	2	30	30
棉、麻、糖、烟草种植	3	3	2048	2048
烟草种植	3	3	2048	2048
蔬菜、食用菌及园艺作物种植	72	72	1020	1020
蔬菜种植	23	23	333	333
食用菌种植	33	33	437	437
花卉种植	1	1	8	8
其他园艺作物种植	15	15	242	242
水果种植	15	15	249	249
仁果类和核果类水果种植	7	7	84	84
葡萄种植	4	4	79	79
其他水果种植	4	4	86	86
坚果、含油果、香料和饮料作物种植	3	3	16	16
坚果种植	3	3	16	16
中药材种植	100	100	2095	2095
中药材种植	100	100	2095	2095
其他农业	13	13	373	373
其他农业	13	13	373	373
林业	73	70	5212	4637
林木育种和育苗	38	38	1087	1087
林木育种	12	12	159	159
林木育苗	26	26	928	928
造林和更新	2	1	119	10
造林和更新	2	1	119	10
森林经营和管护	31	29	3937	3471
森林经营和管护	31	29	3937	3471
木材和竹材采运	1	1	60	60
木材采运	1	1	60	60
林产品采集	1	1	9	9
非木竹材林产品采集	1	1	9	9
畜牧业	188	187	2101	2094
牲畜饲养	121	120	1220	1213
牛的饲养	34	34	297	297
猪的饲养	64	63	782	775
羊的饲养	7	7	34	34
其他牲畜饲养	16	16	107	107
家禽饲养	45	45	679	679
鸡的饲养	39	39	621	621
鹅的饲养	1	1	3	3
其他家禽饲养	5	5	55	55
狩猎和捕捉动物	1	1	3	3
狩猎和捕捉动物	1	1	3	3

18-3 续表 1

行业	单位数(个)	单产业法人(个)	就业人数(人)	
				#单产业法人
其他畜牧业	21	21	199	199
其他畜牧业	21	21	199	199
渔业	24	24	286	286
水产养殖	24	24	286	286
海水养殖	1	1	1	1
内陆养殖	23	23	285	285
农、林、牧、渔服务业	50	50	592	592
农业服务业	43	43	492	492
农业机械服务	5	5	30	30
农产品初加工服务	11	11	120	120
其他农业服务	27	27	342	342
林业服务业	4	4	67	67
林产品初级加工服务	1	1	6	6
其他林业服务	3	3	61	61
畜牧服务业	2	2	21	21
畜牧服务业	2	2	21	21
渔业服务业	1	1	12	12
渔业服务业	1	1	12	12
采矿业	**230**	**227**	**22224**	**21766**
煤炭开采和洗选业	36	35	9952	9609
烟煤和无烟煤开采洗选	25	24	2409	2066
烟煤和无烟煤开采洗选	25	24	2409	2066
褐煤开采洗选	9	9	7307	7307
褐煤开采洗选	9	9	7307	7307
其他煤炭采选	2	2	236	236
其他煤炭采选	2	2	236	236
黑色金属矿采选业	77	76	5581	5536
铁矿采选	76	75	5576	5531
铁矿采选	76	75	5576	5531
其他黑色金属矿采选	1	1	5	5
其他黑色金属矿采选	1	1	5	5
有色金属矿采选业	30	29	3913	3843
常用有色金属矿采选	16	15	2094	2024
铜矿采选	7	6	1222	1152
铅锌矿采选	3	3	237	237
镍钴矿采选	2	2	603	603
镁矿采选	1	1	1	1
其他常用有色金属矿采选	3	3	31	31
贵金属矿采选	14	14	1819	1819
金矿采选	14	14	1819	1819
非金属矿采选业	78	78	2460	2460
土砂石开采	68	68	2355	2355
石灰石、石膏开采	30	30	1519	1519
建筑装饰用石开采	19	19	211	211
耐火土石开采	2	2	55	55
粘土及其他土砂石开采	17	17	570	570
石棉及其他非金属矿采选	10	10	105	105
石墨、滑石采选	2	2	50	50
其他未列明非金属矿采选	8	8	55	55
开采辅助活动	4	4	288	288
煤炭开采和洗选辅助活动	2	2	164	164

18-3 续表 2

行　　业	单位数	单产业法人	就业人数	#单产业法人
煤炭开采和洗选辅助活动	2	2	164	164
石油和天然气开采辅助活动	2	2	124	124
石油和天然气开采辅助活动	2	2	124	124
其他采矿业	5	5	30	30
其他采矿业	5	5	30	30
其他采矿业	5	5	30	30
制造业	**2345**	**2333**	**213380**	**144255**
农副食品加工业	448	445	29980	29790
谷物磨制	172	169	8024	7834
谷物磨制	172	169	8024	7834
饲料加工	25	25	1032	1032
饲料加工	25	25	1032	1032
植物油加工	8	8	727	727
食用植物油加工	8	8	727	727
屠宰及肉类加工	28	28	4987	4987
牲畜屠宰	5	5	1450	1450
禽类屠宰	14	14	3259	3259
肉制品及副产品加工	9	9	278	278
水产品加工	5	5	419	419
鱼糜制品及水产品干腌制加工	1	1	300	300
水产饲料制造	1	1	2	2
鱼油提取及制品制造	3	3	117	117
蔬菜、水果和坚果加工	178	178	13769	13769
蔬菜加工	22	22	842	842
水果和坚果加工	156	156	12927	12927
其他农副食品加工	32	32	1022	1022
淀粉及淀粉制品制造	3	3	18	18
豆制品制造	2	2	14	14
其他未列明农副食品加工	27	27	990	990
食品制造业	109	108	3692	3683
焙烤食品制造	28	28	1310	1310
糕点、面包制造	15	15	590	590
饼干及其他焙烤食品制造	13	13	720	720
方便食品制造	15	15	267	267
米、面制品制造	7	7	40	40
速冻食品制造	5	5	179	179
方便面及其他方便食品制造	3	3	48	48
乳制品制造	2	2	33	33
乳制品制造	2	2	33	33
罐头食品制造	2	2	8	8
肉、禽类罐头制造	1	1	4	4
蔬菜、水果罐头制造	1	1	4	4
调味品、发酵制品制造	9	9	423	423
酱油、食醋及类似制品制造	7	7	417	417
其他调味品、发酵制品制造	2	2	6	6
其他食品制造	53	52	1651	1642
营养食品制造	17	16	431	422
保健食品制造	22	22	931	931
冷冻饮品及食用冰制造	2	2	65	65
食品及饲料添加剂制造	3	3	105	105
其他未列明食品制造	9	9	119	119

18-3 续表 3

行业	单位数(个)	单产业法人(个)	就业人数(人)	#单产业法人
酒、饮料和精制茶制造业	170	169	11382	11302
酒的制造	116	115	9997	9917
酒精制造	4	4	1927	1927
白酒制造	33	33	1317	1317
啤酒制造	4	4	913	913
葡萄酒制造	67	66	5225	5145
其他酒制造	8	8	615	615
饮料制造	54	54	1385	1385
碳酸饮料制造	6	6	178	178
瓶(罐)装饮用水制造	29	29	721	721
果菜汁及果菜汁饮料制造	14	14	311	311
含乳饮料和植物蛋白饮料制造	2	2	47	47
茶饮料及其他饮料制造	3	3	128	128
纺织业	15	15	929	929
棉纺织及印染精加工	4	4	439	439
棉纺纱加工	3	3	429	429
棉织造加工	1	1	10	10
毛纺织及染整精加工	1	1	60	60
毛条和毛纱线加工	1	1	60	60
丝绢纺织及印染精加工	1	1	5	5
绢纺和丝织加工	1	1	5	5
家用纺织制成品制造	6	6	422	422
床上用品制造	4	4	406	406
窗帘、布艺类产品制造	2	2	16	16
非家用纺织制成品制造	3	3	3	3
其他非家用纺织制成品制造	3	3	3	3
纺织服装、服饰业	14	14	504	504
机织服装制造	10	10	486	486
机织服装制造	10	10	486	486
针织或钩针编织服装制造	1	1	2	2
针织或钩针编织服装制造	1	1	2	2
服饰制造	3	3	16	16
服饰制造	3	3	16	16
皮革、毛皮、羽毛及其制品和制鞋业	7	7	549	549
毛皮鞣制及制品加工	3	3	366	366
毛皮服装加工	2	2	155	155
其他毛皮制品加工	1	1	211	211
羽毛(绒)加工及制品制造	1	1	150	150
羽毛(绒)制品加工	1	1	150	150
制鞋业	3	3	33	33
纺织面料鞋制造	1	1	8	8
皮鞋制造	1	1	1	1
其他制鞋业	1	1	24	24
木材加工和木、竹、藤、棕、草制品业	147	147	4086	4086
木材加工	101	101	2060	2060
锯材加工	75	75	1335	1335
木片加工	11	11	69	69
单板加工	3	3	97	97
其他木材加工	12	12	559	559
人造板制造	18	18	965	965
胶合板制造	3	3	19	19

18-3 续表 4

行　　业	单位数(个)	单产业法人(个)	就业人数(人)	#单产业法人
纤维板制造	1	1	80	80
刨花板制造	7	7	466	466
其他人造板制造	7	7	400	400
木制品制造	26	26	1056	1056
建筑用木料及木材组件加工	12	12	264	264
木门窗、楼梯制造	3	3	70	70
地板制造	1	1	80	80
木制容器制造	4	4	362	362
软木制品及其他木制品制造	6	6	280	280
竹、藤、棕、草等制品制造	2	2	5	5
竹制品制造	1	1	2	2
草及其他制品制造	1	1	3	3
家具制造业	41	41	2170	2170
木质家具制造	35	35	1995	1995
木质家具制造	35	35	1995	1995
塑料家具制造	1	1	10	10
塑料家具制造	1	1	10	10
其他家具制造	5	5	165	165
其他家具制造	5	5	165	165
造纸和纸制品业	29	29	2484	2484
造纸	6	6	892	892
机制纸及纸板制造	5	5	872	872
加工纸制造	1	1	20	20
纸制品制造	23	23	1592	1592
纸和纸板容器制造	11	11	717	717
其他纸制品制造	12	12	875	875
印刷和记录媒介复制业	86	86	4153	4153
印刷	78	78	3850	3850
书、报刊印刷	17	17	1875	1875
本册印制	11	11	96	96
包装装潢及其他印刷	50	50	1879	1879
装订及印刷相关服务	8	8	303	303
装订及印刷相关服务	8	8	303	303
文教、工美、体育和娱乐用品制造业	22	22	509	509
文教办公用品制造	1	1	10	10
文具制造	1	1	10	10
工艺美术品制造	19	19	244	244
雕塑工艺品制造	10	10	113	113
金属工艺品制造	2	2	7	7
天然植物纤维编织工艺品制造	4	4	100	100
抽纱刺绣工艺品制造	1	1	3	3
其他工艺美术品制造	2	2	21	21
体育用品制造	1	1	250	250
其他体育用品制造	1	1	250	250
游艺器材及娱乐用品制造	1	1	5	5
其他娱乐用品制造	1	1	5	5
石油加工、炼焦和核燃料加工业	8	8	255	255
精炼石油产品制造	8	8	255	255
原油加工及石油制品制造	5	5	225	225
人造原油制造	3	3	30	30
化学原料和化学制品制造业	106	106	5991	5991

18-3 续表 5

行　　业	单位数(个)	单产业法人(个)	就业人数(人)	#单产业法人
基础化学原料制造	30	30	2143	2143
无机酸制造	2	2	270	270
无机盐制造	3	3	492	492
有机化学原料制造	8	8	562	562
其他基础化学原料制造	17	17	819	819
肥料制造	28	28	2048	2048
氮肥制造	2	2	691	691
复混肥料制造	8	8	1008	1008
有机肥料及微生物肥料制造	14	14	329	329
其他肥料制造	4	4	20	20
农药制造	3	3	94	94
化学农药制造	3	3	94	94
涂料、油墨、颜料及类似产品制造	14	14	514	514
涂料制造	11	11	507	507
油墨及类似产品制造	2	2	2	2
颜料制造	1	1	5	5
合成材料制造	9	9	122	122
初级形态塑料及合成树脂制造	1	1	2	2
合成纤维单(聚合)体制造	1	1	77	77
其他合成材料制造	7	7	43	43
专用化学产品制造	11	11	389	389
化学试剂和助剂制造	4	4	122	122
信息化学品制造	1	1		
环境污染处理专用药剂材料制造	1	1	8	8
动物胶制造	2	2	245	245
其他专用化学产品制造	3	3	14	14
炸药、火工及焰火产品制造	3	3	141	141
炸药及火工产品制造	2	2	131	131
焰火、鞭炮产品制造	1	1	10	10
日用化学产品制造	8	8	540	540
肥皂及合成洗涤剂制造	3	3	22	22
化妆品制造	3	3	249	249
口腔清洁用品制造	1	1	186	186
其他日用化学产品制造	1	1	83	83
医药制造业	432	431	96266	28381
化学药品原料药制造	2	2	134	134
化学药品原料药制造	2	2	134	134
化学药品制剂制造	8	8	1318	1318
化学药品制剂制造	8	8	1318	1318
中药饮片加工	299	299	7454	7454
中药饮片加工	299	299	7454	7454
中成药生产	99	98	85567	17682
中成药生产	99	98	85567	17682
兽用药品制造	3	3	201	201
兽用药品制造	3	3	201	201
生物药品制造	12	12	1116	1116
生物药品制造	12	12	1116	1116
卫生材料及医药用品制造	9	9	476	476
卫生材料及医药用品制造	9	9	476	476
化学纤维制造业	1	1	130	130
合成纤维制造	1	1	130	130

18-3 续表 6

行业	单位数(个)	单产业法人(个)	就业人数(人)	#单产业法人
其他合成纤维制造	1	1	130	130
橡胶和塑料制品业	56	56	3903	3903
橡胶制品业	3	3	251	251
橡胶板、管、带制造	1	1	86	86
橡胶零件制造	1	1	1	1
其他橡胶制品制造	1	1	164	164
塑料制品业	53	53	3652	3652
塑料薄膜制造	1	1	15	15
塑料板、管、型材制造	15	15	1063	1063
塑料丝、绳及编织品制造	4	4	267	267
泡沫塑料制造	12	12	763	763
塑料包装箱及容器制造	4	4	590	590
日用塑料制品制造	4	4	105	105
塑料零件制造	4	4	359	359
其他塑料制品制造	9	9	490	490
非金属矿物制品业	245	244	15204	14555
水泥、石灰和石膏制造	26	26	2297	2297
水泥制造	16	16	1632	1632
石灰和石膏制造	10	10	665	665
石膏、水泥制品及类似制品制造	43	43	1391	1391
水泥制品制造	19	19	518	518
砼结构构件制造	3	3	68	68
轻质建筑材料制造	8	8	227	227
其他水泥类似制品制造	13	13	578	578
砖瓦、石材等建筑材料制造	113	113	6892	6892
粘土砖瓦及建筑砌块制造	71	71	3771	3771
建筑陶瓷制品制造	1	1	98	98
建筑用石加工	26	26	798	798
防水建筑材料制造	1	1	63	63
隔热和隔音材料制造	6	6	399	399
其他建筑材料制造	8	8	1763	1763
玻璃制造	1	1	5	5
其他玻璃制造	1	1	5	5
玻璃制品制造	7	7	623	623
技术玻璃制品制造	1	1	80	80
日用玻璃制品制造	2	2	124	124
玻璃包装容器制造	2	2	394	394
制镜及类似品加工	1	1	5	5
其他玻璃制品制造	1	1	20	20
陶瓷制品制造	2	2	210	210
特种陶瓷制品制造	2	2	210	210
耐火材料制品制造	32	31	2567	1918
石棉制品制造	5	5	566	566
云母制品制造	1	1	8	8
耐火陶瓷制品及其他耐火材料制造	26	25	1993	1344
石墨及其他非金属矿物制品制造	21	21	1219	1219
石墨及碳素制品制造	6	6	493	493
其他非金属矿物制品制造	15	15	726	726
黑色金属冶炼和压延加工业	31	31	13891	13891
炼铁	8	8	903	903
炼铁	8	8	903	903

18-3 续表 7

行　　业	单位数(个)	单产业法人(个)	就业人数(人)	#单产业法人
黑色金属铸造	10	10	163	163
黑色金属铸造	10	10	163	163
钢压延加工	9	9	12401	12401
钢压延加工	9	9	12401	12401
铁合金冶炼	4	4	424	424
铁合金冶炼	4	4	424	424
有色金属冶炼和压延加工业	10	10	544	544
常用有色金属冶炼	4	4	484	484
铅锌冶炼	1	1	79	79
铝冶炼	1	1	19	19
镁冶炼	1	1	376	376
其他常用有色金属冶炼	1	1	10	10
贵金属冶炼	2	2	11	11
金冶炼	2	2	11	11
有色金属合金制造	3	3	46	46
有色金属合金制造	3	3	46	46
有色金属铸造	1	1	3	3
有色金属铸造	1	1	3	3
金属制品业	79	77	3485	3306
结构性金属制品制造	35	34	1612	1582
金属结构制造	20	20	621	621
金属门窗制造	15	14	991	961
金属工具制造	8	8	389	389
刀剪及类似日用金属工具制造	3	3	329	329
其他金属工具制造	5	5	60	60
集装箱及金属包装容器制造	4	3	227	78
金属压力容器制造	1	1	6	6
金属包装容器制造	3	2	221	72
金属丝绳及其制品制造	5	5	238	238
金属丝绳及其制品制造	5	5	238	238
建筑、安全用金属制品制造	10	10	195	195
建筑、家具用金属配件制造	5	5	103	103
建筑装饰及水暖管道零件制造	4	4	80	80
其他建筑、安全用金属制品制造	1	1	12	12
金属制日用品制造	2	2	239	239
金属制餐具和器皿制造	1	1	44	44
其他金属制日用品制造	1	1	195	195
其他金属制品制造	15	15	585	585
锻件及粉末冶金制品制造	6	6	121	121
交通及公共管理用金属标牌制造	1	1	42	42
其他未列明金属制品制造	8	8	422	422
通用设备制造业	88	85	2793	2660
锅炉及原动设备制造	10	10	390	390
锅炉及辅助设备制造	7	7	363	363
风能原动设备制造	1	1	15	15
其他原动设备制造	2	2	12	12
金属加工机械制造	17	16	340	330
铸造机械制造	5	4	237	227
金属切割及焊接设备制造	1	1	2	2
机床附件制造	1	1	6	6
其他金属加工机械制造	10	10	95	95

18-3 续表 8

行业	单位数(个)	单产业法人(个)	就业人数(人)	#单产业法人
物料搬运设备制造	8	8	751	751
起重机制造	2	2	119	119
连续搬运设备制造	4	4	409	409
电梯、自动扶梯及升降机制造	1	1	10	10
其他物料搬运设备制造	1	1	213	213
泵、阀门、压缩机及类似机械制造	4	4	34	34
泵及真空设备制造	2	2	23	23
液压和气压动力机械及元件制造	2	2	11	11
轴承、齿轮和传动部件制造	1	1	3	3
轴承制造	1	1	3	3
烘炉、风机、衡器、包装等设备制造	6	6	208	208
风机、风扇制造	3	3	43	43
制冷、空调设备制造	1	1	3	3
风动和电动工具制造	2	2	162	162
通用零部件制造	33	31	1037	914
紧固件制造	2	2	22	22
弹簧制造	2	2	10	10
机械零部件加工	26	24	992	869
其他通用零部件制造	3	3	13	13
其他通用设备制造业	9	9	30	30
其他通用设备制造业	9	9	30	30
专用设备制造业	68	68	4006	4006
采矿、冶金、建筑专用设备制造	31	31	1741	1741
矿山机械制造	5	5	226	226
石油钻采专用设备制造	19	19	976	976
建筑工程用机械制造	2	2	13	13
建筑材料生产专用机械制造	2	2	10	10
冶金专用设备制造	3	3	516	516
化工、木材、非金属加工专用设备制造	6	6	81	81
炼油、化工生产专用设备制造	1	1	7	7
塑料加工专用设备制造	2	2	55	55
木材加工机械制造	1	1	6	6
模具制造	1	1	8	8
其他非金属加工专用设备制造	1	1	5	5
食品、饮料、烟草及饲料生产专用设备制造	2	2	35	35
食品、酒、饮料及茶生产专用设备制造	1	1	20	20
农副食品加工专用设备制造	1	1	15	15
印刷、制药、日化及日用品生产专用设备制造	5	5	425	425
制浆和造纸专用设备制造	4	4	210	210
照明器具生产专用设备制造	1	1	215	215
纺织、服装和皮革加工专用设备制造	1	1	193	193
纺织专用设备制造	1	1	193	193
电子和电工机械专用设备制造	1	1	137	137
电工机械专用设备制造	1	1	137	137
农、林、牧、渔专用机械制造	12	12	835	835
拖拉机制造	1	1	5	5
机械化农业及园艺机具制造	4	4	535	535
畜牧机械制造	2	2	29	29
农林牧渔机械配件制造	3	3	207	207
其他农、林、牧、渔业机械制造	2	2	59	59
医疗仪器设备及器械制造	7	7	266	266

18-3 续表 9

行　　业	单位数（个）	单产业法人（个）	就业人数（人）	#单产业法人
医疗诊断、监护及治疗设备制造	2	2	9	9
口腔科用设备及器具制造	1	1	35	35
机械治疗及病房护理设备制造	1	1	48	48
其他医疗设备及器械制造	3	3	174	174
环保、社会公共服务及其他专用设备制造	3	3	293	293
环境保护专用设备制造	1	1	135	135
其他专用设备制造	2	2	158	158
汽车制造业	23	23	1178	1178
汽车车身、挂车制造	2	2	54	54
汽车车身、挂车制造	2	2	54	54
汽车零部件及配件制造	21	21	1124	1124
汽车零部件及配件制造	21	21	1124	1124
铁路、船舶、航空航天和其他运输设备制造业	5	5	288	288
铁路运输设备制造	4	4	287	287
铁路机车车辆配件制造	1	1	36	36
铁路专用设备及器材、配件制造	3	3	251	251
非公路休闲车及零配件制造	1	1	1	1
非公路休闲车及零配件制造	1	1	1	1
电气机械和器材制造业	35	35	1543	1543
电机制造	2	2	82	82
电动机制造	2	2	82	82
输配电及控制设备制造	15	15	785	785
变压器、整流器和电感器制造	9	9	483	483
配电开关控制设备制造	3	3	70	70
电力电子元器件制造	1	1	28	28
其他输配电及控制设备制造	2	2	204	204
电线、电缆、光缆及电工器材制造	5	5	201	201
电线、电缆制造	2	2	20	20
绝缘制品制造	2	2	117	117
其他电工器材制造	1	1	64	64
家用电力器具制造	4	4	220	220
家用制冷电器具制造	2	2	5	5
家用厨房电器具制造	1	1	5	5
其他家用电力器具制造	1	1	210	210
非电力家用器具制造	1	1	80	80
其他非电力家用器具制造	1	1	80	80
照明器具制造	5	5	149	149
照明灯具制造	5	5	149	149
其他电气机械及器材制造	3	3	26	26
其他未列明电气机械及器材制造	3	3	26	26
计算机、通信和其他电子设备制造业	3	3	315	315
电子器件制造	1	1	58	58
半导体分立器件制造	1	1	58	58
电子元件制造	2	2	257	257
电子元件及组件制造	2	2	257	257
仪器仪表制造业	8	8	557	557
通用仪器仪表制造	4	4	86	86
电工仪器仪表制造	4	4	86	86
专用仪器仪表制造	1	1	27	27
环境监测专用仪器仪表制造	1	1	27	27
光学仪器及眼镜制造	2	2	436	436

18-3 续表 10

行　　业	单位数 (个)	单产业法人 (个)	就业人数 (人)	
				#单产业法人
光学仪器制造	1	1	200	200
眼镜制造	1	1	236	236
其他仪器仪表制造业	1	1	8	8
其他仪器仪表制造业	1	1	8	8
其他制造业	26	26	858	858
煤制品制造	7	7	170	170
煤制品制造	7	7	170	170
核辐射加工	2	2	91	91
核辐射加工	2	2	91	91
其他未列明制造业	17	17	597	597
其他未列明制造业	17	17	597	597
废弃资源综合利用业	17	17	1564	1564
金属废料和碎屑加工处理	8	8	1361	1361
金属废料和碎屑加工处理	8	8	1361	1361
非金属废料和碎屑加工处理	9	9	203	203
非金属废料和碎屑加工处理	9	9	203	203
金属制品、机械和设备修理业	16	16	171	171
金属制品修理	1	1	2	2
金属制品修理	1	1	2	2
通用设备修理	9	9	107	107
通用设备修理	9	9	107	107
专用设备修理	1	1	5	5
专用设备修理	1	1	5	5
其他机械和设备修理业	5	5	57	57
其他机械和设备修理业	5	5	57	57
电力、热力、燃气及水生产和供应业	**145**	**141**	**9557**	**8622**
电力、热力生产和供应业	103	99	6507	5572
电力生产	52	52	3125	3125
火力发电	4	4	1737	1737
水力发电	43	43	1262	1262
太阳能发电	2	2	4	4
其他电力生产	3	3	122	122
电力供应	9	5	1232	297
电力供应	9	5	1232	297
热力生产和供应	42	42	2150	2150
热力生产和供应	42	42	2150	2150
燃气生产和供应业	17	17	979	979
燃气生产和供应业	17	17	979	979
燃气生产和供应业	17	17	979	979
水的生产和供应业	25	25	2071	2071
自来水生产和供应	19	19	1956	1956
自来水生产和供应	19	19	1956	1956
污水处理及其再生利用	6	6	115	115
污水处理及其再生利用	6	6	115	115
建筑业	**481**	**476**	**43239**	**40155**
房屋建筑业	121	119	20932	20557
房屋建筑业	121	119	20932	20557
房屋建筑业	121	119	20932	20557
土木工程建筑业	77	76	12053	11880
铁路、道路、隧道和桥梁工程建筑	36	35	7829	7656
铁路工程建筑	2	2	221	221

18-3 续表 11

行业	单位数(个)	单产业法人(个)	就业人数(人)	#单产业法人
公路工程建筑	13	12	5923	5750
市政道路工程建筑	14	14	912	912
其他道路、隧道和桥梁工程建筑	7	7	773	773
水利和内河港口工程建筑	13	13	559	559
水源及供水设施工程建筑	5	5	251	251
河湖治理及防洪设施工程建筑	8	8	308	308
工矿工程建筑	5	5	1152	1152
工矿工程建筑	5	5	1152	1152
架线和管道工程建筑	10	10	783	783
架线及设备工程建筑	8	8	768	768
管道工程建筑	2	2	15	15
其他土木工程建筑	13	13	1730	1730
其他土木工程建筑	13	13	1730	1730
建筑安装业	110	108	6890	4354
电气安装	41	41	1782	1782
电气安装	41	41	1782	1782
管道和设备安装	22	22	911	911
管道和设备安装	22	22	911	911
其他建筑安装业	47	45	4197	1661
其他建筑安装业	47	45	4197	1661
建筑装饰和其他建筑业	173	173	3364	3364
建筑装饰业	125	125	2417	2417
建筑装饰业	125	125	2417	2417
工程准备活动	18	18	355	355
建筑物拆除活动	12	12	296	296
其他工程准备活动	6	6	59	59
提供施工设备服务	3	3	89	89
提供施工设备服务	3	3	89	89
其他未列明建筑业	27	27	503	503
其他未列明建筑业	27	27	503	503
批发和零售业	**3348**	**3311**	**40565**	**38174**
批发业	1630	1612	21901	20870
农、林、牧产品批发	256	254	4377	4338
谷物、豆及薯类批发	82	82	1675	1675
种子批发	61	60	546	541
饲料批发	9	9	127	127
棉、麻批发	1	1	3	3
林业产品批发	22	22	770	770
牲畜批发	30	30	622	622
其他农牧产品批发	51	50	634	600
食品、饮料及烟草制品批发	234	232	3090	2501
米、面制品及食用油批发	32	32	561	561
糕点、糖果及糖批发	8	8	71	71
果品、蔬菜批发	61	61	716	716
肉、禽、蛋、奶及水产品批发	10	10	168	168
盐及调味品批发	2	1	114	3
营养和保健品批发	13	13	155	155
酒、饮料及茶叶批发	49	49	375	375
烟草制品批发	2	1	490	12
其他食品批发	57	57	440	440
纺织、服装及家庭用品批发	55	55	326	326

18-3 续表 12

行　　业	单位数（个）	单产业法人（个）	就业人数（人）	#单产业法人
纺织品、针织品及原料批发	4	4	76	76
服装批发	11	11	36	36
化妆品及卫生用品批发	10	10	38	38
厨房、卫生间用具及日用杂货批发	8	8	29	29
灯具、装饰物品批发	4	4	20	20
家用电器批发	3	3	12	12
其他家庭用品批发	15	15	115	115
文化、体育用品及器材批发	14	14	88	88
文具用品批发	5	5	40	40
体育用品及器材批发	1	1	3	3
首饰、工艺品及收藏品批发	2	2	5	5
其他文化用品批发	6	6	40	40
医药及医疗器材批发	135	135	2232	2232
西药批发	14	14	385	385
中药批发	92	92	1646	1646
医疗用品及器材批发	29	29	201	201
矿产品、建材及化工产品批发	540	528	4704	4332
煤炭及制品批发	79	79	879	879
石油及制品批发	23	21	400	210
非金属矿及制品批发	21	21	248	248
金属及金属矿批发	53	53	543	543
建材批发	143	142	1181	1105
化肥批发	111	103	946	860
农药批发	83	83	296	296
农用薄膜批发	7	7	42	42
其他化工产品批发	20	19	169	149
机械设备、五金产品及电子产品批发	136	135	966	959
农业机械批发	22	21	123	116
汽车批发	4	4	18	18
汽车零配件批发	11	11	108	108
摩托车及零配件批发	2	2	6	6
五金产品批发	34	34	169	169
电气设备批发	8	8	41	41
计算机、软件及辅助设备批发	12	12	89	89
通讯及广播电视设备批发	4	4	45	45
其他机械设备及电子产品批发	39	39	367	367
贸易经纪与代理	176	176	5353	5353
贸易代理	13	13	59	59
其他贸易经纪与代理	163	163	5294	5294
其他批发业	84	83	765	741
再生物资回收与批发	37	37	265	265
其他未列明批发业	47	46	500	476
零售业	1718	1699	18664	17304
综合零售	219	212	3531	2719
百货零售	62	62	1053	1053
超级市场零售	18	15	1600	810
其他综合零售	139	135	878	856
食品、饮料及烟草制品专门零售	256	255	3416	3414
粮油零售	24	24	393	393
糕点、面包零售	7	7	70	70
果品、蔬菜零售	26	26	710	710

18-3 续表 13

行　　业	单位数（个）	单产业法人（个）	就业人数（人）	#单产业法人
肉、禽、蛋、奶及水产品零售	85	85	1191	1191
营养和保健品零售	27	27	179	179
酒、饮料及茶叶零售	34	34	458	458
烟草制品零售	2	1	4	2
其他食品零售	51	51	411	411
纺织、服装及日用品专门零售	102	102	1830	1830
纺织品及针织品零售	9	9	77	77
服装零售	39	39	1125	1125
鞋帽零售	2	2	13	13
化妆品及卫生用品零售	11	11	212	212
钟表、眼镜零售	10	10	87	87
箱、包零售	4	4	34	34
厨房用具及日用杂品零售	6	6	28	28
其他日用品零售	21	21	254	254
文化、体育用品及器材专门零售	65	64	682	633
文具用品零售	18	18	159	159
体育用品及器材零售	6	6	46	46
图书、报刊零售	13	12	220	171
音像制品及电子出版物零售	1	1	3	3
珠宝首饰零售	6	6	78	78
工艺美术品及收藏品零售	9	9	65	65
乐器零售	2	2	17	17
其他文化用品零售	10	10	94	94
医药及医疗器材专门零售	277	270	1991	1656
药品零售	229	223	1781	1451
医疗用品及器材零售	48	47	210	205
汽车、摩托车、燃料及零配件专门零售	273	273	2793	2793
汽车零售	143	143	1666	1666
汽车零配件零售	37	37	311	311
摩托车及零配件零售	22	22	271	271
机动车燃料零售	71	71	545	545
家用电器及电子产品专门零售	143	141	1381	1367
家用视听设备零售	24	24	536	536
日用家电设备零售	17	17	129	129
计算机、软件及辅助设备零售	60	60	448	448
通信设备零售	16	14	123	109
其他电子产品零售	26	26	145	145
五金、家具及室内装饰材料专门零售	205	204	1728	1580
五金零售	105	104	878	730
灯具零售	3	3	33	33
家具零售	13	13	201	201
涂料零售	6	6	49	49
卫生洁具零售	3	3	42	42
木质装饰材料零售	11	11	97	97
陶瓷、石材装饰材料零售	10	10	67	67
其他室内装饰材料零售	54	54	361	361
货摊、无店铺及其他零售业	178	178	1312	1312
货摊食品零售	2	2	7	7
互联网零售	2	2	9	9
旧货零售	1	1	10	10
生活用燃料零售	29	29	297	297
其他未列明零售业	144	144	989	989

18-3 续表 14

行　　业	单位数（个）	单产业法人（个）	就业人数（人）	#单产业法人
交通运输、仓储和邮政业	**312**	**301**	**8232**	**6111**
铁路运输业	2	2	22	22
铁路货物运输	2	2	22	22
铁路货物运输	2	2	22	22
道路运输业	170	165	4984	4082
城市公共交通运输	23	23	1518	1518
公共电汽车客运	3	3	1134	1134
出租车客运	18	18	367	367
其他城市公共交通运输	2	2	17	17
公路旅客运输	20	17	1564	684
公路旅客运输	20	17	1564	684
道路货物运输	107	105	1055	1033
道路货物运输	107	105	1055	1033
道路运输辅助活动	20	20	847	847
客运汽车站	5	5	231	231
公路管理与养护	8	8	581	581
其他道路运输辅助活动	7	7	35	35
水上运输业	1	1	26	26
水上旅客运输	1	1	26	26
内河旅客运输	1	1	26	26
装卸搬运和运输代理业	35	34	680	606
装卸搬运	14	14	276	276
装卸搬运	14	14	276	276
运输代理业	21	20	404	330
货物运输代理	12	11	182	108
旅客票务代理	1	1	5	5
其他运输代理业	8	8	217	217
仓储业	59	58	1129	1127
谷物、棉花等农产品仓储	43	43	793	793
谷物仓储	41	41	785	785
其他农产品仓储	2	2	8	8
其他仓储业	16	15	336	334
其他仓储业	16	15	336	334
邮政业	45	41	1391	248
邮政基本服务	3	2	1120	2
邮政基本服务	3	2	1120	2
快递服务	42	39	271	246
快递服务	42	39	271	246
住宿和餐饮业	**147**	**147**	**3571**	**3571**
住宿业	66	66	1966	1966
旅游饭店	28	28	1300	1300
旅游饭店	28	28	1300	1300
一般旅馆	32	32	480	480
一般旅馆	32	32	480	480
其他住宿业	6	6	186	186
其他住宿业	6	6	186	186
餐饮业	81	81	1605	1605
正餐服务	72	72	1486	1486
正餐服务	72	72	1486	1486
快餐服务	4	4	69	69

18-3 续表 15

行业	单位数(个)	单产业法人(个)	就业人数(人)	#单产业法人
快餐服务	4	4	69	69
饮料及冷饮服务	1	1	20	20
咖啡馆服务	1	1	20	20
其他餐饮业	4	4	30	30
小吃服务	1	1	8	8
餐饮配送服务	2	2	19	19
其他未列明餐饮业	1	1	3	3
信息传输、软件和信息技术服务业	**131**	**122**	**4348**	**1031**
电信、广播电视和卫星传输服务	19	10	3454	137
电信	11	7	2499	47
固定电信服务	3	2	315	15
移动电信服务	3	2	152	6
其他电信服务	5	3	2032	26
广播电视传输服务	7	2	873	8
有线广播电视传输服务	7	2	873	8
卫星传输服务	1	1	82	82
卫星传输服务	1	1	82	82
互联网和相关服务	33	33	228	228
互联网接入及相关服务	2	2	13	13
互联网接入及相关服务	2	2	13	13
互联网信息服务	22	22	78	78
互联网信息服务	22	22	78	78
其他互联网服务	9	9	137	137
其他互联网服务	9	9	137	137
软件和信息技术服务业	79	79	666	666
软件开发	44	44	173	173
软件开发	44	44	173	173
信息系统集成服务	4	4	150	150
信息系统集成服务	4	4	150	150
信息技术咨询服务	26	26	124	124
信息技术咨询服务	26	26	124	124
其他信息技术服务业	5	5	219	219
其他未列明信息技术服务业	5	5	219	219
金融业	**151**	**118**	**8742**	**978**
货币金融服务	79	63	6891	535
货币银行服务	22	6	6499	143
货币银行服务	22	6	6499	143
非货币银行服务	57	57	392	392
金融租赁服务	1	1	3	3
典当	10	10	58	58
其他非货币银行服务	46	46	331	331
资本市场服务	29	29	290	290
证券市场服务	7	7	44	44
证券经纪交易服务	2	2	17	17
基金管理服务	5	5	27	27
资本投资服务	15	15	187	187
资本投资服务	15	15	187	187
其他资本市场服务	7	7	59	59
其他资本市场服务	7	7	59	59
保险业	35	18	1519	111
人身保险	12	3	937	47

18-3 续表 16

行　　业	单位数 (个)	单产业法人 (个)	就业人数 (人)	
				#单产业法人
人寿保险	11	2	925	35
健康和意外保险	1	1	12	12
财产保险	13	5	551	33
财产保险	13	5	551	33
保险经纪与代理服务	9	9	26	26
保险经纪与代理服务	9	9	26	26
其他保险活动	1	1	5	5
风险和损失评估	1	1	5	5
其他金融业	8	8	42	42
金融信息服务	2	2	18	18
金融信息服务	2	2	18	18
其他未列明金融业	6	6	24	24
其他未列明金融业	6	6	24	24
房地产业	**381**	**379**	**8567**	**8085**
房地产业	381	379	8567	8085
房地产开发经营	198	196	4020	3538
房地产开发经营	198	196	4020	3538
物业管理	130	130	3768	3768
物业管理	130	130	3768	3768
房地产中介服务	44	44	591	591
房地产中介服务	44	44	591	591
自有房地产经营活动	3	3	49	49
自有房地产经营活动	3	3	49	49
其他房地产业	6	6	139	139
其他房地产业	6	6	139	139
租赁和商务服务业	**747**	**740**	**7000**	**6956**
租赁业	80	80	554	554
机械设备租赁	79	79	551	551
汽车租赁	42	42	190	190
农业机械租赁	17	17	240	240
建筑工程机械与设备租赁	13	13	78	78
其他机械与设备租赁	7	7	43	43
文化及日用品出租	1	1	3	3
其他文化及日用品出租	1	1	3	3
商务服务业	667	660	6446	6402
企业管理服务	82	82	1116	1116
企业总部管理	8	8	651	651
投资与资产管理	50	50	314	314
单位后勤管理服务	1	1	40	40
其他企业管理服务	23	23	111	111
法律服务	14	14	96	96
律师及相关法律服务	13	13	91	91
公证服务	1	1	5	5
咨询与调查	162	162	971	971
会计、审计及税务服务	29	29	247	247
市场调查	1	1	2	2
社会经济咨询	60	60	405	405
其他专业咨询	72	72	317	317
广告业	143	142	787	772
广告业	143	142	787	772

18-3 续表 17

行　　业	单位数(个)	单产业法人(个)	就业人数(人)	#单产业法人
知识产权服务	4	4	35	35
知识产权服务	4	4	35	35
人力资源服务	39	38	493	486
职业中介服务	8	8	50	50
劳务派遣服务	26	25	415	408
其他人力资源服务	5	5	28	28
旅行社及相关服务	72	67	598	576
旅行社服务	56	51	471	449
旅游管理服务	14	14	117	117
其他旅行社相关服务	2	2	10	10
安全保护服务	12	12	619	619
安全服务	9	9	562	562
安全系统监控服务	2	2	10	10
其他安全保护服务	1	1	47	47
其他商务服务业	139	139	1731	1731
市场管理	41	41	745	745
会议及展览服务	5	5	25	25
包装服务	2	2	207	207
办公服务	4	4	14	14
信用服务	1	1	3	3
担保服务	32	32	236	236
其他未列明商务服务业	54	54	501	501
科学研究和技术服务业	**237**	**235**	**3388**	**3275**
研究和试验发展	54	54	407	407
自然科学研究和试验发展	9	9	43	43
自然科学研究和试验发展	9	9	43	43
工程和技术研究和试验发展	18	18	98	98
工程和技术研究和试验发展	18	18	98	98
农业科学研究和试验发展	13	13	112	112
农业科学研究和试验发展	13	13	112	112
医学研究和试验发展	13	13	152	152
医学研究和试验发展	13	13	152	152
社会人文科学研究	1	1	2	2
社会人文科学研究	1	1	2	2
专业技术服务业	105	103	1297	1184
地震服务	1	1	3	3
地震服务	1	1	3	3
海洋服务	1	1	5	5
海洋服务	1	1	5	5
测绘服务	13	13	139	139
测绘服务	13	13	139	139
质检技术服务	14	14	186	186
质检技术服务	14	14	186	186
地质勘查	6	6	48	48
能源矿产地质勘查	1	1	20	20
固体矿产地质勘查	1	1	5	5
水、二氧化碳等矿产地质勘查	2	2	16	16
地质勘查技术服务	2	2	7	7
工程技术	45	43	783	670
工程管理服务	21	20	404	348

18-3 续表 18

行业	单位数(个)	单产业法人(个)	就业人数(人)	#单产业法人
工程勘察设计	20	19	305	248
规划管理	4	4	74	74
其他专业技术服务业	25	25	133	133
专业化设计服务	9	9	36	36
摄影扩印服务	7	7	40	40
兽医服务	1	1	26	26
其他未列明专业技术服务业	8	8	31	31
科技推广和应用服务业	78	78	1684	1684
技术推广服务	67	67	1636	1636
农业技术推广服务	41	41	1381	1381
生物技术推广服务	19	19	178	178
新材料技术推广服务	4	4	41	41
节能技术推广服务	1	1	30	30
其他技术推广服务	2	2	6	6
科技中介服务	1	1	3	3
科技中介服务	1	1	3	3
其他科技推广和应用服务业	10	10	45	45
其他科技推广和应用服务业	10	10	45	45
水利、环境和公共设施管理业	**64**	**64**	**2262**	**2262**
水利管理业	4	4	205	205
其他水利管理业	4	4	205	205
其他水利管理业	4	4	205	205
生态保护和环境治理业	2	2	39	39
环境治理业	2	2	39	39
大气污染治理	1	1	15	15
其他污染治理	1	1	24	24
公共设施管理业	58	58	2018	2018
市政设施管理	11	11	232	232
市政设施管理	11	11	232	232
环境卫生管理	12	12	174	174
环境卫生管理	12	12	174	174
城乡市容管理	1	1	6	6
城乡市容管理	1	1	6	6
绿化管理	12	12	177	177
绿化管理	12	12	177	177
公园和游览景区管理	22	22	1429	1429
公园管理	1	1	49	49
游览景区管理	21	21	1380	1380
居民服务、修理和其他服务业	**205**	**205**	**2821**	**2821**
居民服务业	78	78	815	815
家庭服务	11	11	124	124
家庭服务	11	11	124	124
托儿所服务	1	1	5	5
托儿所服务	1	1	5	5
洗染服务	2	2	11	11
洗染服务	2	2	11	11
理发及美容服务	7	7	80	80
理发及美容服务	7	7	80	80
洗浴服务	10	10	168	168
洗浴服务	10	10	168	168

18-3 续表 19

行业	单位数（个）	单产业法人（个）	就业人数（人）	
				#单产业法人
保健服务	5	5	94	94
保健服务	5	5	94	94
婚姻服务	5	5	14	14
婚姻服务	5	5	14	14
殡葬服务	5	5	37	37
殡葬服务	5	5	37	37
其他居民服务业	32	32	282	282
其他居民服务业	32	32	282	282
机动车、电子产品和日用产品修理业	47	47	457	457
汽车、摩托车修理与维护	37	37	418	418
汽车修理与维护	37	37	418	418
计算机和办公设备维修	2	2	3	3
计算机和辅助设备修理	2	2	3	3
家用电器修理	7	7	34	34
家用电子产品修理	1	1	2	2
日用电器修理	6	6	32	32
其他日用产品修理业	1	1	2	2
其他未列明日用产品修理业	1	1	2	2
其他服务业	80	80	1549	1549
清洁服务	33	33	350	350
建筑物清洁服务	5	5	33	33
其他清洁服务	28	28	317	317
其他未列明服务业	47	47	1199	1199
其他未列明服务业	47	47	1199	1199
教育	**33**	**33**	**390**	**390**
教育	33	33	390	390
学前教育	3	3	14	14
学前教育	3	3	14	14
初等教育	1	1	50	50
普通小学教育	1	1	50	50
中等教育	1	1	55	55
普通初中教育	1	1	55	55
特殊教育	1	1	3	3
特殊教育	1	1	3	3
技能培训、教育辅助及其他教育	27	27	268	268
职业技能培训	23	23	243	243
文化艺术培训	3	3	23	23
教育辅助服务	1	1	2	2
卫生和社会工作	**34**	**34**	**1672**	**1672**
卫生	27	27	1623	1623
医院	13	13	1490	1490
综合医院	5	5	1322	1322
中医医院	1	1	4	4
专科医院	7	7	164	164
社区医疗与卫生院	4	4	9	9
社区卫生服务中心(站)	4	4	9	9
门诊部(所)	6	6	80	80
门诊部(所)	6	6	80	80
专科疾病防治院(所、站)	1	1	5	5
专科疾病防治院(所、站)	1	1	5	5

18-3 续表 20

行业	单位数（个）	单产业法人（个）	就业人数（人）	
				#单产业法人
其他卫生活动	3	3	39	39
其他卫生活动	3	3	39	39
社会工作	7	7	49	49
提供住宿社会工作	7	7	49	49
护理机构服务	1	1	9	9
老年人、残疾人养护服务	6	6	40	40
文化、体育和娱乐业	**170**	**170**	**1830**	**1830**
新闻和出版业	2	2	175	175
出版业	2	2	175	175
报纸出版	1	1	174	174
音像制品出版	1	1	1	1
广播、电视、电影和影视录音制作业	17	17	373	373
广播	1	1	25	25
广播	1	1	25	25
电视	1	1	66	66
电视	1	1	66	66
电影和影视节目制作	2	2	25	25
电影和影视节目制作	2	2	25	25
电影放映	12	12	233	233
电影放映	12	12	233	233
录音制作	1	1	24	24
录音制作	1	1	24	24
文化艺术业	17	17	412	412
文艺创作与表演	5	5	74	74
文艺创作与表演	5	5	74	74
艺术表演场馆	2	2	18	18
艺术表演场馆	2	2	18	18
文物及非物质文化遗产保护	2	2	194	194
文物及非物质文化遗产保护	2	2	194	194
群众文化活动	5	5	119	119
群众文化活动	5	5	119	119
其他文化艺术业	3	3	7	7
其他文化艺术业	3	3	7	7
体育	4	4	57	57
体育场馆	1	1	10	10
体育场馆	1	1	10	10
休闲健身活动	3	3	47	47
休闲健身活动	3	3	47	47
娱乐业	130	130	813	813
室内娱乐活动	120	120	598	598
歌舞厅娱乐活动	13	13	151	151
电子游艺厅娱乐活动	3	3	13	13
网吧活动	99	99	364	364
其他室内娱乐活动	5	5	70	70
游乐园	2	2	55	55
游乐园	2	2	55	55
文化、娱乐、体育经纪代理	2	2	4	4
其他文化艺术经纪代理	2	2	4	4
其他娱乐业	6	6	156	156
其他娱乐业	6	6	156	156

19. 城市社会经济基本情况

19-1　2015年城市基本情况表

指　　标	单位	顺序码	全市	#市辖区
一、行政区划				
所辖行政区数	个	1	2	
所辖行政县(旗)数	个	2	3	
所辖行政县级市数	个	3	2	
二、土地面积及水资源				
行政区域土地面积	平方公里	4	15612	746
建成区面积	平方公里	5	119	53
城市现状建设用地面积	平方公里	6	101	53
# 居住用地面积	平方公里	7	42	18
公共管理与公共服务用地	平方公里	8	7.24	4.33
商业服务业设施用地	平方公里	9	14.71	10.42
工业用地	平方公里	10	7.32	5.02
物流仓储用地	平方公里	11	2.86	1.9
道路与交通设施用地	平方公里	12	14.92	6.26
公共设施用地	平方公里	13	2.99	1.72
绿地与广场用地	平方公里	14	9.06	5.03
本年征用土地面积	平方公里	15	0.27	0.25
# 耕地	平方公里	16	0.17	0.17
水资源总量	万立方米	17	407500	
三、人口与就业				
(一)人口				
年末户籍人口	万人	18	221.1	44.05
# 女	万人	19	108.89	22.28
农业人口	万人	20	105.04	4.73
年平均人口	万人	21	221.65	44.18
年出生人口	人	22	14477	2439
年死亡人口	人	23	14199	2986
年末总户数	万户	24	85.24	17.38
常住人口	万人	25	221.10	44.05
# 城镇人口	万人	26	116.05	41.69
(二)从业人员				
从业人员期末人数(城镇)	人	27	280660	150246
第一产业(农、林、牧、渔业)	人	28	4406	124
第二产业	人	29	157410	104786
# 采矿业	人	30	7273	558
制造业	人	31	117541	92341
电力、热力、燃气及水生产和供应业	人	32	7378	3721
建筑业	人	33	25218	8166
第三产业	人	34	118844	45336
# 批发和零售业	人	35	7904	3065
交通运输、仓储和邮政业	人	36	6186	3547
住宿、餐饮业	人	37	1227	489
信息传输、计算机服务和软件业	人	38	4644	2836
金融业	人	39	9882	5988
房地产业	人	40	4302	1890
租赁和商务服务业	人	41	2597	1052
科学研究、技术服务和地质勘查业	人	42	3791	1257
水利、环境和公共设施管理业	人	43	5383	1397
居民服务和其他服务业	人	44	1570	1054

19-1 续表 1

指　　标	单位	顺序码	全市	#市辖区
教育	人	45	24784	6786
卫生、社会保障和社会福利业	人	46	13108	4774
文化、体育和娱乐业	人	47	2349	1050
公共管理和社会组织	人	48	31117	10151
国际组织	人	49		
城镇私营和个体从业人员	人	50	354812	99009
城镇登记失业人数	人	51	8400	
四、综合经济				
(一)地区生产总值(当年价格)	万元	52	10012129	
第一产业增加值	万元	53	924120	
第二产业增加值	万元	54	5120043	
第三产业增加值	万元	55	3967966	
地区生产总值(2010年价格)	万元	56	9770818	
人均地区生产总值	元	57	45171	
地区生产总值增长率	%	58	7.2	
(二)财政				
公共财政收入	万元	59	781264	155447
# 税收收入	万元	60	566531	124066
# 企业所得税	万元	61	66527	9838
个人所得税	万元	62	15983	2862
公共财政支出	万元	63	2302612	695870
# 一般性公共服务支出	万元	64	157926	57095
科学技术支出	万元	65	47010	17665
教育支出	万元	66	348004	86456
文化体育与传媒支出	万元	67	52609	24324
医疗卫生支出	万元	68	179217	44802
节能保护支出	万元	69	74247	25947
城乡社区事务支出	万元	70	232433	70962
交通运输支出	万元	71	73741	27028
社会保障和就业支出	万元	72	398885	120549
住房保障支出	万元	73	138476	56097
(三)金融				
年末金融机构各项存款余额	万元	74	10403324	3661680
#城乡居民储蓄存款余额	万元	75	7212460	2192458
年末金融机构各项贷款余额	万元	76	6616889	2507276
(四)保险				
保费收入	万元	77	336458	
# 财产险	万元	78	64690	
人身险	万元	79	271768	
赔款、给付	万元	80	72321	
# 财产险	万元	81	27760	
人身险	万元	82	44561	
五、规模以上工业				
(一)工业企业数	个	83	596	138
# 内资企业	个	84	574	134
# 国有企业	个	85	7	2
私营企业	个	86	258	20
港、澳、台商投资企业	个	87	5	1
外商投资企业	个	88	17	3
(二)工业总产值(当年价)	万元	89	21450859	9933905

19-1 续表 2

指　标	单位	顺序码	全市	#市辖区
#内资企业	万元	90	20231772	9791579
#国有企业	万元	91	46242	9439
私营企业	万元	92	6080630	388166
港、澳、台商投资企业	万元	93	363204	108731
外商投资企业	万元	94	855883	33595
(三)企业财务				
从业人员年平均人数	万人	95	16.77	10.08
流动资产合计	万元	96	6183300	3250877
固定资产合计	万元	97	4116989	2562905
主营业务收入	万元	98	19840255	9090484
主营业务成本	万元	99	14991509	6783012
主营业务税金及附加	万元	100	163076	25206
本年应交增值税	万元	101	454435	82261
利润总额	万元	102	1366729	413720
(四)战略性新兴产业总产值	万元	103	9025316	6363247
六、交通运输、通讯与能源				
(一)交通运输				
铁路旅客运量	万人	104	318.7	
铁路货物运量	万吨	105	601.2	
公路客运量(全社会)	万人	106	2673	
公路货运量(全社会)	万吨	107	2084	
水运客运量(全社会)	万人	108	24.9	
水运货运量(全社会)	万吨	109		
民用航空客运量	万人	110	3.78	
民用航空货邮运量	吨	111	248.9	
沿海港口货物吞吐量(规模以上)	万吨	112		
内河港口货物吞吐量(规模以上)	万吨	113		
境内公路总里程	公里	114	7100	
# 高速公路里程	公里	115	314	
民用汽车拥有量	辆	116	177839	
# 私人汽车拥有量	辆	117	154843	
(二)邮电通信				
年末邮政局(所)数	处	118	114	19
邮政业务收入	万元	119	34442.38	
电信业务收入	万元	120	120237	
固定电话年末用户数	万户	121	53	
移动电话年末用户数	万户	122	185	
# 3G移动电话用户	万户	123	94.06	
互联网宽带接入用户数	万户	124	34.63	
(三)能源电力				
能源消费总量	万吨标准煤	125	863.78	
# 第一产业能源消费量	万吨标准煤	126	10.15	
第二产业能源消费量	万吨标准煤	127	708.27	
第三产业能源消费量	万吨标准煤	128	82.89	
居民生活用能	万吨标准煤	129	62.47	
全社会用电量	万千瓦时	130	508202.56	198210.32
# 工业用电	万千瓦时	131	351830.82	148860.98
城乡居民生活用电	万千瓦时	132	83357.77	30841.9

19-1　续表 3

指　　标	单位	顺序码	全市	#市辖区
七、贸易、外经与旅游				
(一)贸易				
社会消费品零售总额	万元	133	4832797	1335938
限额以上批发零售贸易业商品销售总额	万元	134	3029156	1931172
限额以上批发零售企业数(法人数)	个	135	189	70
# 零售业	个	136	131	52
限额以上批发零售贸易业企业财务				
# 从事批发和零售业活动的从业人员平均人数	万人	137	1	
流动资产合计	万元	138	922286	524644
固定资产合计	万元	139	247371.8	132877.9
主营业务收入	万元	140	2987159	1880771
主营业务成本	万元	141	2637918	1612576
主营业务税金及附加	万元	142	51615	42971
本年应交增值税	万元	143	42845	36303
利润总额	万元	144	71407	50866.8
(二)外经				
货物进口额(海关数)	万美元	145	38000	
货物出口额(海关数)	万美元	146	25094	
外商直接投资合同项目	个	147	3	
当年实际使用外资金额	万美元	148	43085	14137
(三)旅游				
入境游客人数(含一日游游客)	人次	149	199018	
# 外国人	人次	150	196789	
港、澳、台同胞	人次	151	2229	
国际旅游(外汇)收入	万美元	152	4356.47	
国内游客	人次	153	8629000	
国内旅游收入	万元	154	1200800	
八、固定资产投资				
(一)固定资产投资				
全社会固定资产投资	万元	155	9791051	1941501
固定资产投资(不含农户)	万元	156	9640251	1919501
# 房地产开发投资	万元	157	632000	165631
# 住宅	万元	158	437860	126390
全年新增固定资产	万元	159	7371895	1220183
(二)房地产				
商品房屋销售面积	万平方米	160	148.96	55.53
# 住宅	万平方米	161	115.17	39.62
# 别墅、高档公寓	万平方米	162		
商品房屋销售额	万元	163	570427	229047
# 住宅	万元	164	383094	137997
# 别墅、高档公寓	万元	165		
待售面积	万平方米	166	214.25	99.80
(三)保障性住房建设				
保障性住房本年完成投资	万元	167	3090	300
# 廉租房	万元	168		
公共租赁住房	万元	169	3090	300
保障性住房施工面积	万平方米	170	2.60	1.00
# 廉租房	万平方米	171		
公共租赁住房	万平方米	172	2.60	1.00
保障性住房竣工面积	万平方米	173	6.01	6.01
# 廉租房	万平方米	174		
公共租赁住房	万平方米	175	6.01	6.01

19-1 续表 4

指 标	单位	顺序码	全市	#市辖区
九、教育、科技、体育、文化与卫生				
(一)教育				
学校数				
# 普通高等学校数	所	176	1	1
中等职业教育学校数	所	177	28	11
普通中学数	所	178	130	20
普通小学数	所	179	215	35
成人高等学校数	所	180	2	2
专任教师数				
# 普通高等学校专任教师数	人	181	802	802
中等职业教育学校专任教师数	人	182	1452	659
普通中学专任教师数	人	183	9944	1703
普通小学专任教师数	人	184	6539	1364
成人高等专任教师数	人	185	71	71
在校学生数				
# 普通高等学校在校学生数	人	186	12598	12598
中等职业教育学校在校学生数	人	187	6717	3387
普通中学在校学生数	万人	188	8.05	1.68
普通小学在校学生数	万人	189	9.30	1.65
成人高等学校在校学生数	人	190	6254	6254
初中毕业生升学率	%	191	82.26	100
(二)科技				
科技活动人员	人	192	4316	
R&D人员数	人	193	2184	
R&D内部经费支出	万元	194	72726	
专利申请受理量	项	195	168	
专利申请授权量	项	196	168	
# 发明	项	197	103	
(三)文化				
体育场馆数	个	198	9	3
剧场、影剧院数	个	199	1	
公共图书馆图书总藏量	千册	200	884.22	333.04
订销报刊杂志累计份数	千份	201	24731	8659
广播节目综合人口覆盖率	%	202	98.82	98.04
电视节目综合人口覆盖率	%	203	99.22	99.95
有线电视入户率	%	204	69.16	92.21
(四)卫生				
医院、卫生院数	个	205	151	30
医院、卫生院床位数	张	206	12257	4224
医生数(执业医师+执业助理医师)	人	207	5728	1532
注册护士	人	208	4516	1472
十、人民生活				
在岗职工平均人数	万人	209	27.37	14.72
在岗职工工资总额	万元	210	1215311.3	669766.2
在岗职工平均工资	元	211	44405	45501
(一)居民收支				
工资性收入	元	212	15629	14654
经营净收入	元	213	3828	3702
财产性收入	元	214	1611	1551

19-1 续表 5

指 标	单位	顺序码	全市	#市辖区
转移性收入	元	215	7362	6794
城镇居民人均可支配收入	元	216	28430	26701
城镇居民人均消费支出	元	217	19807	18225
# 食品烟酒	元	218	6182	5809
衣着	元	219	2323	2156
居住	元	220	3538	3322
生活用品及服务	元	221	1010	958
交通和通信	元	222	2032	1822
教育文化和娱乐	元	223	1969	1715
医疗保健	元	224	1869	1968
其他用品及服务	元	225	583	475
(二)居民生活				
每百户居民家庭拥有量				
#家用汽车	辆	226	6	7
消毒碗柜	台	227	2	1
洗碗机	台	228		
固定电话	部	229	62	59
移动电话	部	230	205	197
# 接入互联网	部	231	39	39
计算机	台	232	67	63
# 接入互联网	台	233	62	62
电冰箱(柜)	台	234	89	89
彩色电视机	台	235	114	110
中高档乐器	架	236	5	9
照相机	架	237	18	24
摄像机	架	238	1	3
洗衣机	台	239	97	99
城镇人均住房建筑面积	平方米	240	30.1	29.20
居民消费价格指数(上年为100)	%	241	101.6	101.90
十一、社会保障				
城镇职工基本养老保险参保人数	人	242	546989	231922
城镇居民社会养老保险参保人数	人	243	291803	132518
城镇职工基本医疗保险参保人数	人	244	1154812	15854
城镇居民基本医疗保险参保人数	人	245	671245	
失业保险参保人数	人	246	145076	76391
工伤保险参保人数	人	247	305289	
生育保险参保人数	人	248	273973	
社会福利院数	个	249	161	66
社会福利院床位数	张	250	8751	1094
社区服务设施数	个	251	100	46
城市社区综合服务设施覆盖率	%	252	100%	100%
城镇居民最低生活保障人数	人	253	69926	20597
十二、公共管理				
(一)事故				
交通事故死亡人数	人	254	81	13
交通事故损失额	万元	255	72	5
火灾事故死亡人数	人	256		
火灾事故损失额	万元	257	532	43
(二)社会治安				
刑事案件立案数	起	258	2186	560
刑事罪犯人数	人	259	2482	500
# 青少年人数(年龄14-25周岁)	人	260	149	4

19-1 续表 6

指 标	单位	顺序码	全市	#市辖区
十三、市政公用事业				
(一)基础设施				
城市维护建设资金支出	万元	261	121200.00	29346.00
年末实有城市道路面积	万平方米	262	1139	414
排水管道长度	公里	263	530	165
供水综合生产能力(包括自备水源)	万立方米/日	264	71.42	31.58
供水总量	万吨	265	17429.56	8301.68
售水量	万吨	266	9615	2747
# 居民家庭用水量	万吨	267	5490	2728
用水人口	万人	268	194	87
用水普及率	%	269	89.89	93.18
供气总量(人工、天然气)	万立方米	270		3752.00
# 居民家庭用量	万立方米	271		2575
用气人口	人	272		410000
液化石油气供气总量	吨	273		2037
# 居民家庭用量	吨	274		1300
用液化气人口	人	275		50000
(二)公共交通				
年末实有公共汽(电)车运营车辆数	辆	276		398
全年公共汽(电)车客运总量	万人次	277		7780
年末实有出租汽车数	辆	278		1503
轨道交通线路长度	公里	279		
轨道交通客运总量	万人次	280		
(三)绿地				
绿化覆盖面积	公顷	281	5760.96	2027
# 建成区	公顷	282	4122.62	2027
绿地面积	公顷	283	4115.16	1871
# 建成区	公顷	284	3842.16	1871
公园绿地面积	公顷	285	1440.07	605
公园面积	公顷	286	1060.69	556
十四、环境保护				
工业废水排放量	万吨	287	12078	8351
工业废气排放量	万立方米	288	22872273	20325424
工业二氧化硫产生量	吨	289	58489	32439
工业二氧化硫排放量	吨	290	40201	19184
工业氮氧化物产生量	吨	291	34866	25944
工业氮氧化物排放量	吨	292	34866	25944
工业烟(粉)尘产生量	吨	293	1430439	1385448
工业烟(粉)尘排放量	吨	294	25433	22069
工业重金属产生量	吨	295		
工业重金属排放量	吨	296		
一般工业固体废物综合利用率	%	297	88.89	94.84
污水处理率	%	298	89.8	
污水处理厂集中处理率	%	299	89.8	
生活垃圾无害化处理率	%	300	97.82	
空气质量达到及好于二级的天数	天	301	278	